读写进阶

主 编

王 涛

编 委

陈柳红 韩黎明 李汇真
李海燕 李 岩 孙春梅
熊惠彬 许亚琦 杨宗涛
郑文桥

（署名不分先后）

天利38套® / 教学考试

新课标大语文

U0871616

时文精选

Shiwen Jingxuan

新时代年度精华版

教学考试研究院 编

增值下载　反馈建议

增值服务客服微信：TianLi38zzkf

增值服务截止日期：2028年7月31日

西藏藏文古籍出版社

图书在版编目(CIP)数据

读写进阶. 2/教学考试研究院编.
—拉萨:西藏藏文古籍出版社，2023. 3(2025. 1 重印)
ISBN 978-7-5700-0818-6

Ⅰ. ①读… Ⅱ. ①教… Ⅲ. ①阅读课—高中—升学参考资料②作文课－高中－升学参考资料 Ⅳ. ①G634. 303

中国国家版本馆 CIP 数据核字(2023)第 018927 号

读写进阶. 2

作　　者	教学考试研究院
	【时文精选 新时代年度精华版】
责任编辑	白慧鑫　侯瑞红
装帧设计	于　婧
出　　版	西藏藏文古籍出版社
社　　址	拉萨市色拉路 4 号　　**邮政编码**　850000
	北京发行部:100013　北京市东土城路 8 号林达大厦 A 座 13 层
	电　　话:010－61420186
	打 击 盗 版:0891－6649998　18008908791
印　　刷	大厂回族自治县德诚印务有限公司
开　　本	16 开(880×1 230)　　**字　　数**　320 千
印　　张	11. 5
版　　次	2023 年 3 月第 1 版
印　　次	2025 年 1 月第 2 次印刷
标准书号	ISBN 978-7-5700-0818-6
定　　价	45. 00 元

读透优秀时文，写好考场作文

王 涛

读时文，写时文，是一件传统而时髦的事情。

说它传统，是因为时文古已有之。韩愈的《师说》就是典型的时文。时任国子监四门博士的韩愈针对士大夫阶层中存在的既不愿求师，又"羞于为师"的观念和现象，撰写《师说》一文，以澄清人们在"求师"和"为师"上的模糊认识。文章甫一发表，影响颇巨。韩愈的好友柳宗元的《答韦中立论师道书》有如下记载：

世果群怪聚骂，指目牵引，而增与为言辞。愈以是得狂名，居长安，炊不暇熟，又挈挈而东，如是者数矣。

韩愈因为写时文被辱骂、"得狂名"，甚至"炊不暇熟"，何其狼狈。但是也从一个侧面说明这篇《师说》确实做到了针砭时弊，切中肯綮，像医术高明的医生使用手术刀一般，直击痼疾。有人说，宋、明以降的私人讲学之风正是起源于韩愈的《师说》。我们只要对宋、元、明、清各代的私人讲学做一鸟瞰，就能了解《师说》的潜在影响是怎么高估都不为过的。另外，也有学者认为《师说》这样一篇时文推动了"天地君亲师"这一足以和三纲五常匹敌的伦理观的发展。可见，这篇时文的影响何其大也。

我们教科书中的一些经典文章就是当时的时文。比如《劝学》《过秦论》《六国论》《马说》，又如《在马克思墓前的讲话》，等等。从某种意义上讲，我国诗歌的源头《诗经》中的"国风"，也有时文的影子。可见，读时文，写时文，是很好的传统。

唐朝的白居易响亮地提出了"文章合为时而著，歌诗合为事而作"的口号。"为时而著"的"时"，即时代之意也。"为时而著"，对于读书人而言，意味着对时代的一种关注，对现实社会的一种关切，对改造社会、促进社会进步的一种责任和使命。要想真正做到"为时而著"，就必须倾听时代的足音，呼吸时代的空气，把握时代的脉搏，让自己的心合着时代的节奏一起跳动，真正用心去感悟时代、体验时代，为时代而唱。

时文，正是为时代而唱的。

时文已经逐渐演变为一种社会现象和文化现象，它有着时代痕迹，是现实社会的折射。高考中，最受关注的作文题也往往与时文相关，对它的要求，不仅应着眼于考出学生水平，还应该体现在教育的思想上，即我们需要培养什么样的学生，我们需要学生具备什么样的素质。人们之所以对那些折射现实的作文题“情有独钟”，正是出于推动学生从“两耳不闻窗外事”，走向“家事国事天下事，事事关心”的初衷。“一心只读圣贤书”的学生难以在考试中胜出，因为关注现实，心忧苍生，已成为众多高校选拔人才的标准。

高考作文要想取得好的成绩，时文是必须读的，而且要把读和写结合起来。

当前时代的显著特点之一就是信息的大爆炸，它如海浪般从四面八方涌入人类的生活，使人们无处可躲。而“吾生也有涯”，时文也无涯，作为高中生该如何在有限的学习中快速甄别出优秀时文呢？

本书组织一线老师，优选主流媒体的时文，网中选文，文中选优，优中选精，帮助大家节约时间，甄选出优秀时文。

其次，本书还梳理出时文的结构脉络，注意对学生理性思维能力的培养，尤其是对分析质疑、多元解读的思辨能力的培养。

因为社会的复杂性、人生的多彩性要求我们除了“博学之”，更要“审问之，慎思之，明辨之”。只有这样，才能使我们具有明辨是非的能力，以积极昂扬的状态和崇高的生活信念，鄙弃假、恶、丑，追求真、善、美。综观近年来的高考作文，无论是“社会时事型”“文学作品型”，还是“理论观点型”的命题，一个鲜明的共同特点是：立足于现实，依托于情境，最终归结于理性的思辨。正如康德所说：人生所有的实践和阅历，都不过是在训练自己的判断力。希望学生能够练就更锐利的眼睛和更睿智的头脑，穿过语言的雾霾，厘清文本的事实和逻辑，还原事实的真相，理性、中立、客观地分析问题，提高思辨性阅读能力。与此同时，积累写作素材，丰富写作语言，进而锻炼思维，升华精神，提升素养。

最后，本书还设置相关作文题，展示高分佳作，读写结合。

“熟读唐诗三百首，不会作诗也会吟。”很多人并没有专门学习过写作，但成了文章高手和大家。鲁迅如此，莫言也是如此。他们都是在阅读中学会了写作；而且鲁迅根本就不相信“小说作法”之类的“作文教学”。由此观之，考生要重视读与写的结合。读时文，要读阅读策略、读选文、读分析、读点评，其中，更加重要的是要厘清作者的行文思路和文章的中心意旨。简而言之，就是文寻其脉，篇会其旨。在此基础上，积累时文素材，学习写作方法和思路，鉴赏佳作，去审视、去质疑、去辨析，然后准确、清晰、生动、有逻辑性地表达自己的认识，抒发自己的感情。有真情实感需要抒发，有个人见解需要表达，这样就产生了写作冲动。于是不吐不快，奔涌而出。有见识、有思想、有内涵、有格调的高分作文就此问世。

目录 | CONTENTS

第一章　12周打卡时文精选，作文拿高分

第二章　4节作文升格点铁成金，冲刺满分

说明：①文章中画波浪线的句子表示可积累的语句；②“总评”中铺色的句子表示需要考生注意的地方；③“总评”中的作文等级评分标准参考下表。（北京卷作文等级评分标准见P151。）

作文等级评分标准（满分60分）

等　级		一等(20~16分)	二等(15~11分)	三等(10~6分)	四等(5~0分)
基础等级	内容20分	符合题意	符合题意	基本符合题意	偏离题意
		中心突出	中心明确	中心基本明确	中心不明确
		内容充实	内容较充实	内容单薄	内容不当
		思想健康	思想健康	思想基本健康	思想不健康
		感情真挚	感情真实	感情基本真实	感情虚假
	表达20分	符合文体要求	符合文体要求	基本符合文体要求	不符合文体要求
		结构严谨	结构完整	结构基本完整	结构混乱
		语言流畅	语言通顺	语言基本通顺	语言不通顺，语病多
		字迹工整	字迹清楚	字迹基本清楚	字迹潦草难辨
发展等级	特征20分	深刻	较深刻	略显深刻	个别语句有深意
		丰富	较丰富	略显丰富	个别例子较好
		有文采	较有文采	略有文采	个别语句较精彩
		有创意	较有创意	略有创意	个别地方有新意

第一章

12周打卡时文精选，作文拿高分

第1周 热考主题：激扬青春 与时代共振

主题阐释

青春与时代紧密相连，两者呈现出一种密切而深刻的关系。时代以其丰富的资源、开放的环境和层出不穷的机遇，为青春提供了广阔的驰骋空间。科技的迅猛发展、文化的多元交融、社会的持续进步，都成为青春绽放绚丽光彩的背景与助力。青年应凭借其与生俱来的朝气、不受拘束的思维和敢于冒险的精神，在时代的浪潮中奋勇搏击。他们积极投身于科技创新的前沿，用奇思妙想推动科技变革；在文化传承与创新的领域，以新颖视角赋予传统文化新的生命力；于社会变革的进程中，以热血激情倡导新的理念与风尚。

青春与时代的作文选材范围比较广，如科技领域的发展与成就、文化传播的传承与创新、体育竞技的拼搏与崛起、乡村振兴的力量与奉献等，都可以成为我们的写作素材。立意上，我们应聚焦青春与时代的共生共荣，凸显青春的活力与创新，以及责任与担当，倡导青年在科技、文化、社会等领域勇攀高峰，以实际行动诠释青春意义，推动时代的发展。

命题角度

命题角度	试题链接	
使命与挑战、责任和担当、交友处事、读书求知	2023• 天津卷	与有肝胆人共事 从无字句处读书 一代人有一代人的使命与挑战，一代人有一代人的责任和担当。一个世纪前，在津求学的青年周恩来撰写了这副对联，在交友处事与读书求知方面警勉自己。品读此联，你有怎样的联想和思考？请任选角度，结合自己的体验与感悟，写一篇文章。

续表

命题角度	试题链接	
青春与时代、青年责任与担当、青春奋斗与梦想	2024·山东一模	在百年大变局、祖国正复兴的历史关口，仰望星汉苍穹，无数的热血青年洒汗九州，踔厉前行。苏翊鸣踏一滑板，驰骋冰雪，闪耀冬奥；韦东奕携一水一馒头，解码神秘的数学王国；宋令东乘“神十九”，奔向太空，打开新世界大门……“我们是五月的花海，用青春拥抱时代！”祖国向前，青春向上。时代需要我们，我们必不负时代！这是一份责任，更是一份担当。讲述你我的青春故事，谱写你我的人生华章。 上面语段引发了你怎样的思考？请以“奋斗的青春最美丽”为话题，写一篇文章。
青春之美、青春记忆	必修上册 第一单元·单元学习任务四	青春之美，在人的一生中是弥足珍贵的。结合本单元诗作和能够引发你思考的其他作品，发挥想象写一首诗，抒写你的青春岁月，给未来留下宝贵的记忆。注意借鉴本单元诗歌在意象选择、语言锤炼等方面的手法，使诗作多一些“诗味”。汇总所有同学的诗作，全班合作编辑一本诗集作为青春的纪念。
青年的使命与抱负、青年发展与时代共振	必修下册 第五单元·单元学习任务一（节选）	本单元的文章展现了革命导师和革命先烈对时代使命的深刻理解，表现了他们将个人抱负与时代要求相结合的人生选择。 联系当下社会生活，以《我们的使命》为题写一篇不少于800字的演讲稿。

时文精选

00后来袭，时代是他们唯一的标签

【阅读策略】

阅读此文时，首先要把握核心观点与情感倾向，由标题切入并关注首尾段。其次要剖析文章结构与逻辑关系，借助中心句来划分层次，厘清段落衔接与论述逻辑。然后聚焦论据运用与细节支撑，考量其对论点的作用。领会关键词语与表达技巧，留意特殊词语与修辞等。最后结合实际思考拓展，联系生活与社会，思索观点的延伸影响与意义。

【批注式精读】

00后来袭，时代是他们唯一的标签

（题目点出青年和时代的关系，直接点明文章是围绕00后与时代的关系来写的。）

①青春从来不止一种颜色，但如果有主色，那一定是中国红。（此句采用“……从来不止……，但如果……，那一定是……”的句式，呈现出从一般到特殊的逻辑推理过程。

通过前面的铺垫和转折，最后“那一定是中国红”被着重强调，让读者深刻感受到“中国红”在青春中的独特地位和重要意义。）爱国之心、报国之志，从80后到90后，再到如今的00后，一以贯之。

（开篇点明了青春的底色是爱国，体现了不同代际年轻人在爱国情怀上的传承。）

②“有啥生日愿望？”面对记者追问，潘展乐直言：“没有，先把比赛比好再说，先为国再为家。”夺冠后，郑钦文喊话父亲“终于光宗耀祖了一回”，并表示“奥运会比大满贯重要得多，国家的荣誉超过个人”。

（以运动员为国家荣誉而战为例，生动地体现了青年的爱国之情，使抽象的爱国情怀有了具体的体现。）

③由家及国、先国后家，传承千年的家国情怀，早已融入这一代年轻人的血脉，成为“脱口而出的习惯”。从出生起就拥有“平视世界”的条件和底气的年轻人，面对镜头平静地诉说对祖国的感情，没有刻意表演，没有空洞的表态，很直接、很坦率、很热烈，也很中国。（采用排比句式“很……、很……、很……，也很……”增强语势，前面三个“很”与最后的“也很”将个体行为上升到国家的高度，形成一种强烈的节奏感和感染力，生动地描写出一个充满活力、真诚且炽热爱国的年轻人群体。）

（深入分析了年轻人这些优秀特质产生的根源，将个人特质与家庭、国家联系起来，体现了家国对年轻人性格塑造的重要影响。）

④自信从容，是国家的气度，也是“这一届”年轻人的鲜明特点。

（论点清晰，指出年轻人自信从容的特点。）

⑤人们从奥运小将身上读出了“松弛感”。松弛不是松垮、废弛，而是见惯“大场面”、拥有硬实力后，由内而外的自信，也是赢得了、输得起的那份坦然。（“不是……，而是……，也是……”是一种否肯说理方法，通过先破后立的方式，精准地界定概念，有助于读者更好地接受作者想要表达的观点。）

（从奥运健儿身上提炼出“松弛感”这一特质，并指出其背后是年轻人的自信坦然，角度新颖。）

⑥“人淡如菊、宠辱不惊”的“阿条姐”“干饭哥”，看似轻松夺冠，背后却是日复一日的高强度训练；“刮腻子”刮成世界冠军的“00后”大国工匠马宏达，一天训练量不低于7小时，把每个动作刻进肌肉记忆里；在巴黎奥运会上演“水花消失术”的全红婵，面对赞美时说：“我并不是天才少女”，从东京到巴黎的三年，她克服身体、心理上的一个个障碍，用拼搏战胜心中对自我的怀疑……

（通过不同领域的人物事例，强调成功背后的努力。）

⑦“松”的背后恰恰是“紧”，正因为人后的千磨万砺、千锤百炼，才换来人前的淡定与从容。

（总结性地说明了年轻人自信的两大来源，使前文的各种阐述有了一个归纳性的结论，逻辑清晰。）

⑧年轻一代的自信，源于蒸蒸日上的国家，也源于自强不息的奋斗。

（总结阐述年轻人自信从容的原因。）

⑨坦率真诚，是这一代年轻人身上的又一特质。整顿职场、整顿采访、整顿酒桌文化……年轻人“初生牛犊不怕虎”，不落窠臼、不按套路出牌，敢于跳出条条框框，反而让人感到直率、真诚、可爱。

（通过具体事件展现年轻人的性格特质，让读者更直观地感受到年轻人的坦率真诚。）

⑩“我不想做一个浑身带刺的人”“我不想做一个流水线上制造出来的人”“我不想做一个油腻的人”……2021 年五四青年节前夕，全国各地 955 位初中生以《我不想做这样的人》为题写下思考，走红网络。

（点出年轻人对“我不想做这样的人”的思考。）

⑪“我不想”，另一面恰是“我想”。看似负面清单，实则人生梦想。年轻一代的坦率真诚，不仅表现在对人对事，更是对己对心。他们有立场、有态度、有想法，敢表达、敢突破、敢创新，必将创造无限可能。

（指出“我不想”的背后其实是“我想”，巧妙地将看似消极的表达转化为积极的青春梦想的体现。）

⑫青春是什么模样？青春就是他们的模样！

（简洁有力地结尾，通过设问的方式，强化了对年轻人青春风采的赞美，使文章主题更加突出。）

（选自《人民日报》，2024 年 8 月 27 日　作者：任新平　有删改）

【结构梳理】

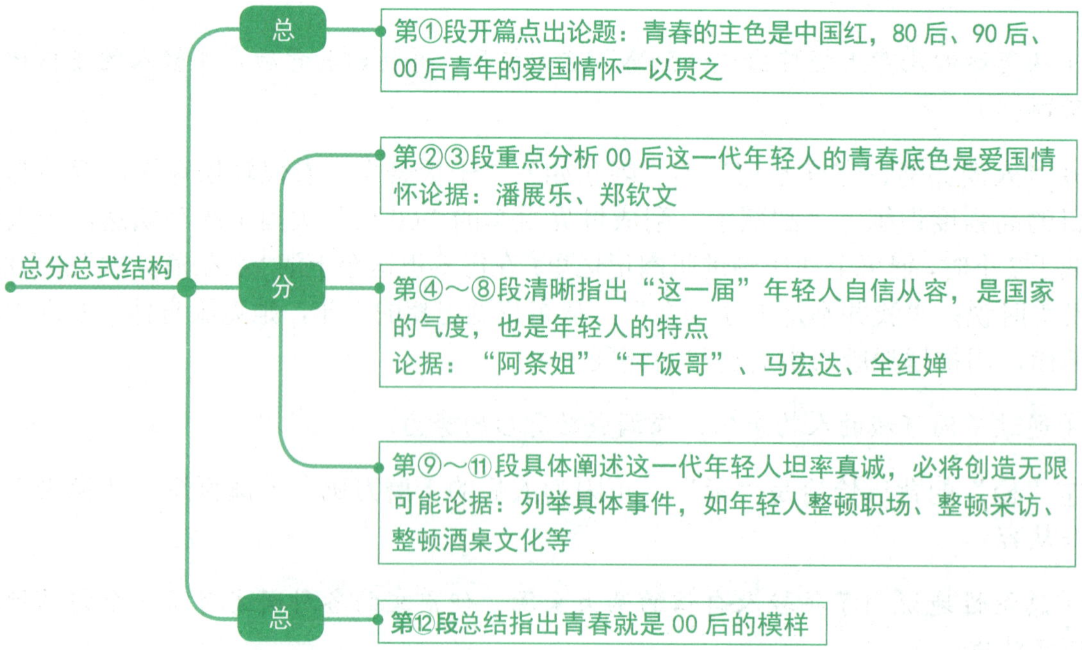

【时文点评】

文章以总分总结构布局，先点明“青春激扬奋斗”的主题，中间分板块列举不同领域的事例，结尾升华主旨。事例选取多元化且典型生动，既展现年轻人的奋斗，又体现其松弛与自信等特质。阅读这篇文章，可以学习这种结构设置，多领域选材，注重细节描写以展人物时代特征。

扬青春风采，做“时代舞者”

【阅读策略】

阅读此文，需先紧扣文章开篇所述的事例与现象，洞察其与主题的关联。再深入剖析主体行为，像青年在各领域的作为及其意义，领会其精神品质。梳理从具体到抽象、个体到群体的升华脉络，把握文章逻辑架构与主旨深度广度。最后结合时代背景，思索文中对青年责任使命的强调，挖掘其对当代青年价值观与行动的引导意义。

【批注式精读】

扬青春风采，做“时代舞者”

（题目新颖巧妙，点明了青年与时代的关系。“青春风采”精练地表达出青年的活力与风姿，“时代舞者”则寓意青年在时代舞台上的作为。）

①广东中山，“红色基因代代传”街舞快闪活动，抒发了新时代青少年爱党爱国的炽烈情怀；重庆大渡口区，“跟着赛事去旅行”体育赛事进街区系列活动吸引众多青少年参与，以街舞竞赛形式为国庆添彩……2024年的国庆假期，街舞快闪、街舞比拼在许多城市上演，引得人们纷纷为又酷又飒的青春风采点赞欢呼。

（开篇列举广东中山和重庆大渡口区的街舞相关活动，指出街舞在国庆期间备受瞩目的现象，为下文论述奠定基础。）

②街舞兼具体育的爆发力和舞蹈的艺术性，颇受青少年欢迎。2024年以来街舞赛事精彩纷呈，不仅成为青少年以舞强身、磨炼技艺的平台，也搭建起以舞会友、交流交往的桥梁。中国运动员刘清漪在巴黎奥运会霹雳舞女子比赛中获得铜牌，为中国霹雳舞队赢得首枚奥运奖牌，在街舞职业选手和青少年街舞爱好者中引发热烈反响。用街舞对话世界，青年舞者以自己的努力，“舞”出了新时代青年的新气象，向世人展示出潮流运动的“中国范儿”。（采用动宾结构简洁传达出青年借助街舞与世界互动的信息，突出青年舞者的时代影响。“舞”这一动词，生动地表现出青年舞者通过街舞展现出的成果。）透过日益风靡的街舞，可以触摸新时代青年的精神气质，感知新时代中国精神的底蕴魅力。

（进一步阐述街舞受青少年欢迎的原因，并从赛事角度说明街舞对青少年的积极意义，从而引出街舞所反映的新时代青年的精神气质。）

③除了在技术上对标国际水准，青年舞者对街舞的理解和表达也越来越呈现出鲜明风格。在2024年8月举办的全国街舞大会演出活动中，街舞作品《常山赵子龙》融合霹雳舞与传统武术招式，将战马奔腾、战场厮杀等情节演绎得惟妙惟肖，用既有现代艺术气息又充满东方韵味的方式再现了经典人物形象，赢得满堂喝彩。从中华优秀传统文化中汲取创作灵感、赋予作品更深厚的文化底蕴，成为近年来中国街舞创新发展的一大亮点。这是青年一代阳光气质的生动体现，也是文化自信自强力量的有力折射。

（进一步深入探讨青年舞者对街舞的理解和表达风格，通过街舞作品《常山赵子龙》赢得喝彩的例子，强调中国街舞创新发展中与传统文化的融合，体现出青年舞者的文化自信。）

④在青春赛道上奋力奔跑，在新征程上奋勇搏击，正是青年一代最美的样子。（句子采用比喻的修辞手法，将青春比作赛道，生动地描绘出青春充满活力又充满竞争压力的状态。）吸吮着中华民族漫长奋斗积累的文化养分，见证着国家日新月异的发展变化，沐浴着党和人民团结一心的奋斗氛围，新时代青年有平视世界、拥抱世界的自信，有赓续荣光、创造辉煌的自觉。越来越多优秀街舞作品、街舞选手涌现出来，必能让全世界看到中华优秀传统文化的深厚积淀，看到中国开放包容、昂扬进取的时代风貌，看到中国人民的志气、锐气和底气。

（从街舞青年延伸到青年一代，从街舞文化延伸到时代风貌，升华了文章的主题。）

⑤从最初的跟随、学习到如今的发展、创新，各行各业、各条战线几乎都有自己的"时代舞者"。网球运动员郑钦文勇夺中国乃至亚洲历史上首枚奥运会网球个人项目金牌；返乡创业青年杨丽娜通过"企业+村集体+农户"利益共享模式，助力落后村变旅游村；湖北光谷实验室青年科学家高亮，与团队攻克短波红外成像芯片新技术，打破了国外技术垄断……在新时代中国精神的浸润和滋养下，青年一代挺身而出、勇挑重担，敢于创新、乐于奉献，书写下精彩非凡的青春篇章。

（列举网球运动员郑钦文、返乡创业青年杨丽娜、青年科学家高亮的事例，展现新时代青年在不同领域的奋斗成果，进一步强调青年一代在新时代中的积极作用。）

⑥美好是青春的别名，奋斗是青春的底色。（这句话通过"美好"和"奋斗"两个关键词，生动地描绘了青春的多彩和坚韧，简洁而直接地抓住了青春的本质特征。）以中国式现代化全面推进强国建设、民族复兴伟业，青年一代重任在肩、大有可为。凝聚力量、昂扬精神、展现形象，青年一代必将以青春之我创造青春之中国、青春之民族，为祖国和人民不断作出新的更大贡献。

（总结全文，强调青春的美好与奋斗的底色，点明青年一代在国家建设和民族复兴中的重任，升华文章主旨。）

（选自《人民日报》，2024年10月14日　作者：仇英义　有删改）

【结构梳理】

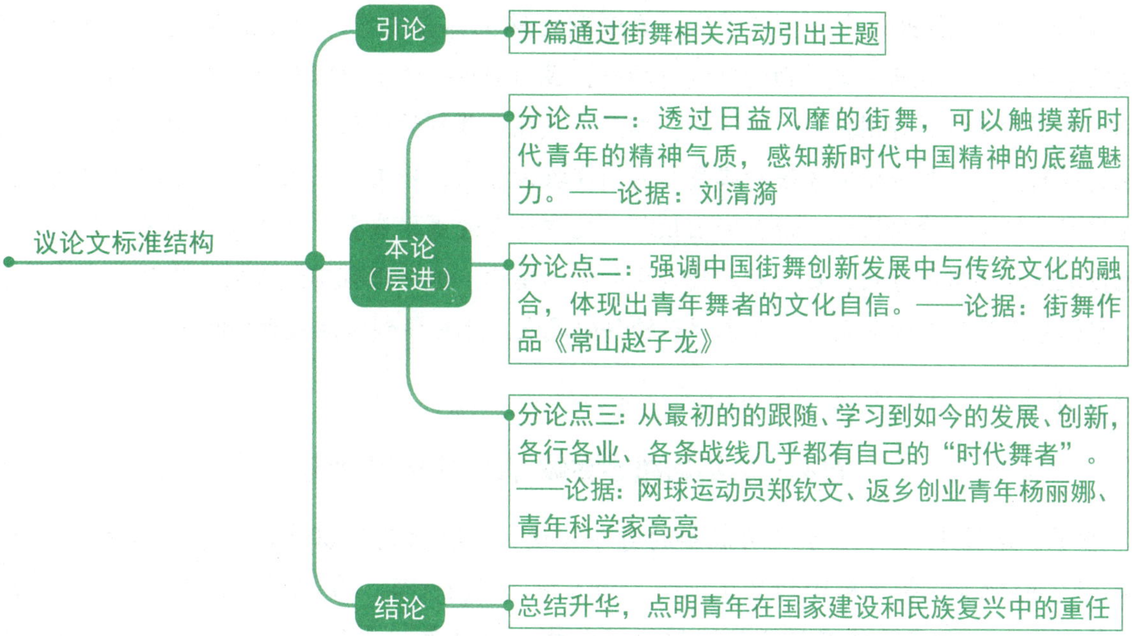

【时文点评】

文章结构严谨，层次分明。开篇借街舞活动引出主题，逐渐扩展至整个青年群体，末尾总结青年使命，层层递进。论据丰富，既有具体的街舞活动、运动员获奖等实例，也有街舞特性和青年成长环境的理论阐述。题目《扬青春风采，做“时代舞者”》，凸显青春主题并暗示时代使命感，吸引读者。层进式论证方法也值得借鉴，它能构建有序的思维结构，使文章深度挖掘话题内涵，从具体到抽象，如从街舞活动到青年群体再到青年使命，逻辑严密地层层推进，从而增强说服力，让读者逐步接受作者观点。

时文素材

郑云海：“无声”巧手创造非凡人生

郑云海，2002 年出生于浙江杭州。6 岁时因意外导致听力神经断裂，只能靠戴助听器才能正常交流。他热爱绘画，从小就有美术天赋，初中毕业后，他选择入读杭州第一技师学院中式烹饪专业。一次校园开放日，郑云海看到了用蔬菜雕刻的鸟、花，被深深吸引了，开始主攻食品雕刻方向。学习食品雕刻后，他苦练基本功，慢慢熟悉握刀的手法、下刀的深度，不断尝试，从失败中总结经验。他回忆说：“切到手是常有的事，那段时间，手上总是贴着创可贴。”凭着坚持不懈的训练和扎实的基本功，郑云海成为第十届国际残疾人职业技能竞赛食品雕刻项目的冠军，用实力诠释了“三百六十行，行行出状元”。对于这个“00 后”小伙来说，这个冠军只是开始。从杭州第一技师学院毕业后，郑云海创办了食品造型工作室，扎根家乡，发展自己热爱的烹饪技艺事业。

适用主题：勤奋与坚持　青春与梦想　人生规划　兴趣理想

颜宁：以青春匠心，雕琢生物药剂希望之光

颜宁，作为杰出的基础生物学家，在科研之路上奋勇前行。博士后阶段，她继续从事结构生物学研究，重点研究膜蛋白的结构与功能，成功解析一个重要膜整合蛋白酶的高分辨率原子结构，并揭示了它的作用机理。回国后，颜宁率领朝气蓬勃的团队，在实验室中开启了一场艰苦卓绝的科研攻坚。传统研究手段对膜蛋白的研究收效甚微，她果敢引入前沿的冷冻电镜技术，全力优化实验环境。资金匮乏、设备频出故障，她四处奔波筹措资金，亲力亲为保障设备运行。历经无数次试验与数据分析，成功破解膜蛋白的精细结构。这一里程碑式成果，为创新生物药剂研发筑牢根基，尽显其青春无畏、矢志创新的科研风采，为医药领域注入希望曙光。

适用主题：青春无畏　矢志创新　奋勇拼搏　突破自我

曹原：石墨烯超导突破 青年灼华耀时代

曹原，这位1996年生于四川成都的青年才俊，在时代的知识浪潮中早早启航。2010年，年仅14岁的他抓住时代赋予的教育机遇，踏入中国科技大学少年班学院，进而入选“严济慈物理英才班”，开启了他在科研领域的逐梦之旅。2018年，曹原于石墨烯超导领域取得重大突破，不仅让科学大步向前，更作为新时代中国青年的代表，成为以第一作者身份在《Nature》杂志发表论文的最年轻中国学者，还荣登其“年度世界十大科学人物”榜首。截至2025年1月，他至少已经在顶尖学术期刊《Nature》和《Science》上发表了10篇论文。因连续在国际顶刊发文，他还被称为“石墨烯驾驭者”，备受国内外学术圈关注。他用自身的卓越彰显了青年在这个时代所能企及的无限高度与巨大潜力，成为时代与青年相互成就的生动例证。

适用主题：青春追梦　创新成才　家国情怀　超越自我

经典素材

詹天佑：以铁路之志，铸时代担当

詹天佑生于晚清，那是个积贫积弱、遭受列强欺凌的时代，铁路修筑权被列强把持，国家发展艰难。詹天佑自幼对机器技术兴趣浓厚，目睹国家困境后，便立下投身铁路建设、振兴中华的壮志。他刻苦学习西方先进技术，回国后毅然承担起修建京张铁路这一艰巨任务。在施工中，他克服重重困难，创造性地采用新技术，使京张铁路顺利建成，打破了列强的技术垄断，彰显了中国青年在时代洪流中奋发图强、报效国家的决心与担当，成为时代的楷模。

适用主题：青年立志　家国情怀　无畏勇气　兴趣理想

每周一题

【连线考场】

（2024·成都石室中学三模）阅读下面的材料，根据要求写作。（60分）

习近平总书记强调，一代“新青年”要将个人成长成才与国家前途命运紧密结合。

生逢盛世，我们该如何定义青春？请据此写一篇文章，体现你的认识和思考。

要求：选准角度，确定立意，明确文体，自拟标题；不要套作，不得抄袭；不得泄露个人信息；不少于800字。

【高分佳作】

盛世青春志，担当铸华年

广东省湛江市麻章区第一中学　黎境萱

①生逢盛世，青春何为？这是每一位新青年都应深思的命题。一代“新青年”要将个人成长成才与国家前途命运紧密结合。盛世之下，新青年当立鸿鹄之志，将个人梦融入国家梦，在奋斗中绘就青春底色。

第①段以疑问句开篇引发思考，接着引用材料中的话，进而提出中心论点。

②青春，在盛世中燃烧，当是砥砺奋进，勇担使命。

第②段作为分论点一，阐释青春的第一重定义是砥砺奋进，勇担使命。

③历史和现实都告诉我们，青年一代有理想、有担当，国家就有前途，民族就有希望。且看，无论是为航空航天精心测算的“嫦娥”团队、“天问”团队中众多年轻的工程师们，还是为新型药物的问世不舍昼夜、潜心钻研的颜宁；无论是在石墨烯超导研究方面展现出非凡潜力的曹原，还是为解开量子密码默默耕耘、为突破计算极限绞尽脑汁的潘建伟团队的青年学者们。（句子采用“无论是……，还是……；无论是……，还是……”的举例句式，既使论据简洁凝练，又使整个句子在有限的篇幅中包含丰富的内容。此外，排比句式，又增强气势和语言表达力，给读者留下深刻印象。）

第③段通过列举航空航天团队的年轻工程师、颜宁、曹原以及潘建伟团队的青年学者的事例，从不同领域展示青年一代有理想、有担当对国家和民族的重要意义，为论点提供了有力的支持。

④这些年轻的科研尖兵，以实验室为战场，以数据和实验为武器，在荆棘丛生、艰难险阻重重的科研之途，勇毅前行。他们于砥砺奋进中，升华个人价值，在勇担重任时，助推国家腾飞，用青春的热血与汗水，浇灌国家发展的希望繁花。

第④段进一步分析总结，深化论点。

⑤青春，在盛世中绽放，需要创新传承，匠心独运。

第⑤段作为分论点二，分析青春的第二重定义是创新传承，匠心独运。

⑥在传统工艺传承、创新与发扬的浪潮中，有矢志不渝的姚兰，在古老刺绣工艺里，以针为笔，绘就苏绣细腻画卷，让传统刺绣针法重焕青春活力；有独具匠心的马俊，于传统剪纸艺术中，操刀如笔，勾勒民俗百态，使剪纸艺术在新时代熠熠生辉；有勇于创新的李婳，在传统陶艺领域，融现代设计于泥土，塑造精美

第⑥段列举姚兰、马俊、李婳、许红阳这些非遗传承人的例子，阐述青年应创新传承，让传统工艺与时代共振同频。

陶韵，为古老陶艺开辟崭新天地；有满怀热忱的许红阳，对传统木雕工艺，精雕细琢，唤醒木之灵魂，将木雕技艺推向世界舞台前沿。（采用“有……；有……；有……；有……”的句式，使得论据更凝练灵活。排比与整句句式的使用，又使语言富有节奏感和韵律美，增强了表达的气势和感染力，也让论述更加条理清晰、层次分明。）他们在各自的领域，以青春之力，奏响传统工艺与时代共鸣的激昂乐章。

⑦青春，于盛世中璀璨，应是志存高远，与国同行。

第⑦段作为分论点三，指出青春的定义是志存高远，与国同行。

⑧古往今来，无数仁人志士以其壮丽的青春篇章昭示着理想信念的磅礴力量。你看，晚清铁路专家詹天佑，青年时若没有怀抱振兴中华的伟大志向，又怎能打破列强的技术封锁，成功铸就京张铁路的辉煌？革命先辈周恩来总理，少年时若没有目睹国家贫弱、民族危亡而立下“为中华之崛起而读书”的宏大志向，他怎能一生全心全意为国为民殚精竭虑？现代科学家屠呦呦，如果不是怀着寻找抗疟新药、拯救全球疟疾患者生命的伟大志向，那她怎能发现青蒿素，为全球疟疾防治做出不可磨灭的贡献？

第⑧段列举詹天佑、周恩来总理、屠呦呦等仁人志士的青春事迹，论证观点。

⑨青年之所以璀璨，是因为他们以高远的志向为指引，把个人成长成才融入国家需要的浪潮。或许有人会说，在这个多元的时代，个人追求可以更加自我，但在国家发展的大势中，个人的成长若脱离国家命运，就如同无根之萍，难以成就真正的辉煌。

第⑨段从正面强调青年以高远志向融入国家需要才能成就辉煌，同时指出个人成长不能脱离国家命运，进一步强调个人成长与国家命运紧密相连的重要性。

⑩盛世之下，新青年的青春定义丰富而深刻。它是“欲上青天揽明月”的壮志豪情，是“逆水行舟用力撑”的拼搏奋进，是“天下兴亡，匹夫有责”的厚重担当。（“是……，是……，是……”的句式可以精准地界定概念的内涵，诗句的引用，又为文章注入深厚的文化底蕴）新青年应凭青春意气，筑青春华夏，兴青春民族，使青春在岁月长河中，熠熠生辉，铸就华章。

第⑩段阐述了盛世下新青年青春定义的内涵，再次强调新青年应凭借青春意气为国家民族做出贡献，使文章结构完整，主题得到升华。

总评

内容 23 表达 22 特征 12 总分 57

这篇文章的结构清晰明了，采用了总分总的布局方式。开篇以一个引人深思的问句引出中心论点，牢牢抓住读者的注意力。主体部分采用层进式的结构，以砥砺奋进、创新传承和志存高远三个分论点进行论述，逻辑严密，条理清晰。论据丰富典型，增强了文章的说服力。假设分析与反问说理交织，使论证更具思辨性。

（指导老师：陈柳红）

第 2 周　热考主题：乐学善思　秀真我风采

主题阐释

“学会学习”这一主题是高考作文、教材关注的焦点，也是六大核心素养之一，具体包括乐学善学、勤于反思、信息意识等基本要点。

“乐学善思　秀真我风采”体现了个体、国家等在当前时代情境下对于自身、他人、社会、世界等的深入认知能力，是树立正确人生观、价值观、世界观的方法之一，“乐学”强调的是对学习的兴趣和积极的态度，是学习意识形成、自主发展的关键表现；“善思”强调的是勤于反思的学习品质和习惯，是促进学习、认识自身、认识他人、认识世界等的方法；“秀真我风采”强调的是对自身风华的展示，是自我价值的体现。小到自身、大到国家，都需要乐学善思，敢于展示真我风采，这样才能产生源源不断的力量，促进自身发展，更好地立足于社会与世界。每一个时代青年，都应该在这样的标准下审视自我，以乐学善思促进自我成长，在各自的领域绽放光彩。

这一主题的作文立意方向较为广泛，诸如读书学习、反省自身、坚守自我、超越自我、成长等角度均可展开写作。在选材上，可以从教材中选取古代先贤的典型事迹或名言，如选取提倡“吾日三省吾身”的孔子的事例及其相关名言；也可以立足当下选取实现人生价值的时代青年的事例，如感动中国年度人物江梦南等。

命题角度

命题角度	试题链接	
定义与被定义；自我与外界；自我定义，彰显风华	2024·天津卷	在缤纷的世界中，无论是个人、群体还是国家，都会面对别人对我们的定义。我们要认真对待“被定义”，明辨是非，去芜存真，为自己的提升助力；也要勇于通过“自定义”来塑造自我，彰显风华，用自己的方式前进。 以上材料能引发你怎样的联想与思考？请结合你的体验和感悟，写一篇文章。

续表

命题角度	试题链接	
读书充盈自我；辩证看待书中知识；汲取知识力量，拥有自我思想	2024·东北三省三校一联	诺贝尔奖获得者赫尔曼·黑塞说："世界上任何书籍都不能带给你好运，但是它们能让你悄悄成为自己。"也有人说，不要让自己的头脑成为别人思想的跑马场。 对此，你有何看法？请联系生活实际写一篇文章。
学习要紧跟时代；求真学问，练真本领	必修上册 第六单元·单元学习任务三	《劝学》是两千多年前荀子对学习问题的朴素认识，《师说》是一千多年前韩愈对"耻学于师"的批评。随着社会的发展变化，我们今天在学习中又遇到了新的难题。针对当下学习中的某些问题，以《"劝学"新说》为题，写一篇不少于800字的文章。

时文精选

每个人都是人生的主角

【阅读策略】

阅读此文，首先要了解人物事迹，在人物事迹中思索其精神品质，进而把握作者对此的观点态度，总结出文章的核心观点；接着关注每个段落中的观点句，分析其与中心观点之间的联系；然后还需关注文中使用的论证方法，把握其论证艺术；最后关注文章的语言特色，积累其中所用的优美词句及含有艺术手法的句子。

【批注式精读】

每个人都是人生的主角

（标题明确观点。）

①"厨师画家"刘涛是清华大学甲所餐厅的凉菜师傅，也是一名有30多年画龄的画家。来自河南农村、学历不高的他，并未因为起点低、困难多而放弃绘画梦想。他以家乡的泥土为原料作画，作品《五色土和符号》曾在联合国教科文组织总部展出，并被我国外交部永久收藏。2019年以来，他已为25本儿童绘本配图，其中一些还在海外出版发行。"有志者，事竟成"，他的故事令许多网友动容。（引用名言来评价人物，简洁凝练。）

（概述刘涛获得绘画领域不凡成就的典型事例，突出其坚持梦想的精神。）

②从锅碗瓢盆到画笔颜料，从挤在简陋画室到作品走向世界，刘涛的励志经历背后是一以贯之的热爱和勤奋。

（点出刘涛成为自己人生主角背后的主要因素，总述原因。）

③心怀热爱，山海不远。20 世纪 90 年代外出打工，第一次拿到工资 130 元，刘涛寄回家 60 元、留了 5 元零花钱，剩下的都用来买书、笔和纸。生活的重担不曾磨灭心底的爱好，岁月的流逝不曾冲淡梦想的色彩。（采用对偶句式，语言具有整饬美。）刘涛说："能画画就很幸福。"梦想成真的故事，印证了初心不改的力量；把追求所爱的激情化作实现梦想的行动，平凡的人生亦能闪闪发光。

（分论点一，从"热爱"的角度分析刘涛梦想成真的原因之一。）

④一分汗水，一分收获。刘涛的床头贴着一张手抄的《劝学诗》，纸上还写着他每日的画画时间：清晨上班前画两个多小时，晚上下班后一直画到深夜。梦想的种子，在这些挤出的时间中生根发芽、拔节生长。（运用比喻的修辞手法，生动形象地写出了铸就梦想的艰辛过程，体现了勤奋的可贵。）奋斗永远不晚，努力终有回报。不断实现自我突破的背后，是日复一日的坚持不懈，是全力以赴的勇毅笃行。天道酬勤是开启梦想之门的密码，锚定目标，撸起袖子加油干、一步一个脚印踏实走，才能把不可能变为可能。（运用比喻的修辞手法，点明勤奋的价值。）

（分论点二，从"勤奋"的角度分析刘涛成功的原因之二，强调"天道酬勤"。）

⑤"外卖诗人"王计兵，在等餐、送餐间隙创作出一首首质朴的诗歌；"农民作家"单小花，在田间劳作之余写下宁夏西海固老乡的故事；保安许文龙，3 年背下 1.5 万个单词，成功考上本科；宿管阿姨原梦园，坚持上完 500 多节网课，49 岁时和儿子一起考上研究生……我们一次又一次感动于"逆袭"的故事，是因为这些故事闪耀着勇敢、热忱、坚韧等可贵的品格，饱含着催人奋进的力量。（列举多个人物的典型事迹，运用举例论证，表明"勇敢、热忱、坚韧"等精神品质饱含着催人奋进的力量。）在平凡中开掘不凡，每一个奔赴梦想的"他"，照见每一个奋斗的"我"，激发出"我也可以"的信念。这样的共情正是对普通人最大的激励。

（明确热爱与勤奋带来的影响：心怀热爱、踏实勤奋的人很多，他们的成功是对普通人最大的激励。进一步论证"每个人都是人生的主角"。）

⑥每一颗乐于求知、坚持学习的心，都值得被悉心呵护。清华大学美术学院教授杜大恺亲自指导刘涛，北航艺术馆创始馆长蔡劲松帮助他举办个人画展……业界前辈惜才爱才，为后辈的绘画梦想提供了更大的舞台。为奋斗者加油呐喊，完善各类支持激励措施，营造兼容并包的成长空间，相信能帮助更多有梦想的人克服困难，扬帆远航。

（按照"观点句 + 例证句 + 评析句"的形式，从"呵护乐于求知、坚持学习的心"的角度，分析当下社会对于奋斗者的支持和鼓励，使读者感受到每个人成为自己人生主角的可能性。）

⑦习近平总书记指出："有梦想，有机会，有奋斗，一切美好的东西都能够创造出来。"

（引用习近平总书记的话语，表明个人的努力和社会的机遇会共同帮助我们创造美好未来，具有激励青年奋进的效果。）个体的成长与蜕变激励人心，也映照出一个国家、一个社会不断优化的人才环境。每个人都是人生的主角，仰望星空，脚踏实地，我们为之努力的梦想将一点点变为现实。

（结尾总结全文，从个人与国家、社会的关系角度明确每个人成为人生的主角的可能性，语言具有鼓舞性。）

（选自《人民日报》，2024 年 12 月 11 日　作者：卢涛　有删改）

【结构梳理】

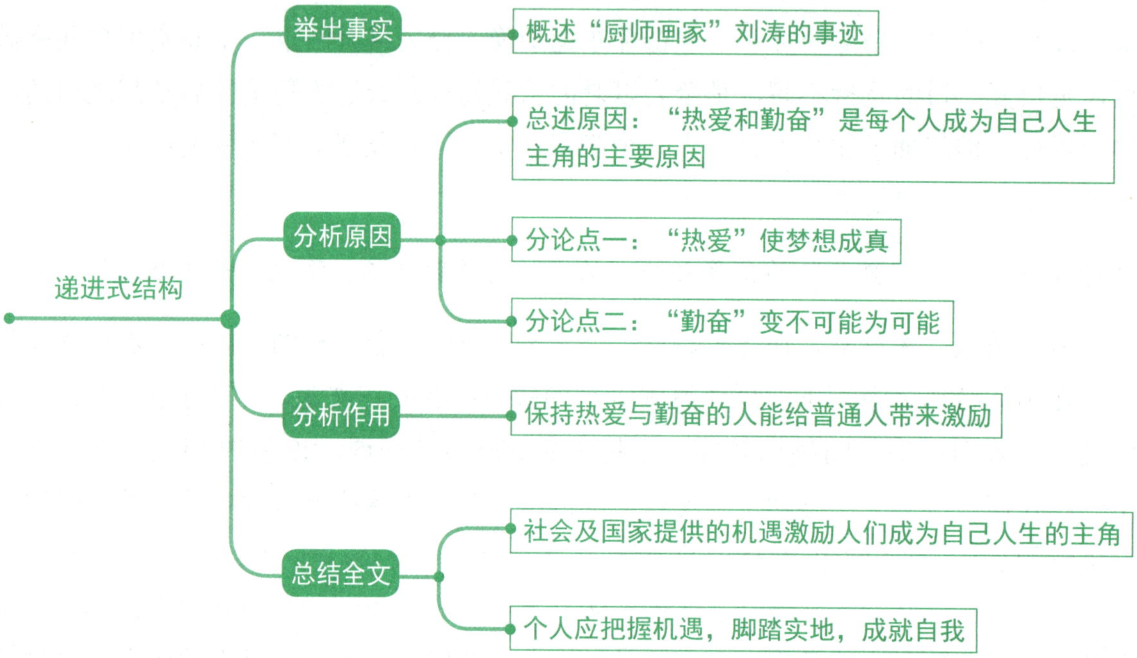

【时文点评】

文章观点明确，例证丰富，文采斐然。作者以人物事迹引出中心观点，表明“热爱和勤奋”是每个人成为自己人生主角的主要原因，然后从“热爱”和“勤奋”两个角度分别谈论了其对成就梦想的作用，最后从个人与社会、国家的联系谈及每个人成为自己人生主角的可能性。文章综合运用举例论证和引用论证，增强了观点的说服力。本文语言精练优美，多处使用比喻的修辞手法，生动形象；又多处使用整句，如“生活的重担不曾磨灭心底的爱好，岁月的流逝不曾冲淡梦想的色彩”“奋斗永远不晚，努力终有回报”“仰望星空，脚踏实地”等，语言简洁凝练又富有力量之美。

“夜校热”折射终身学习热潮

【阅读策略】

阅读本文，要把握标题中的重要信息，围绕“终身学习”阅读此文。首先纵览全篇，梳理作者的分论点，宏观把握文章结构；接着仔细阅读每个分论点下使用的论据，把握其论证的特点；最后关注作者的论述语言，把握其语言的特色。

【批注式精读】

“夜校热”折射终身学习热潮

（标题以“现象＋观点”的形式呈现，重点突出。）

①从剪纸烘焙到手工篆刻，从插花茶艺到书法摄影，如今，形式多样的夜校课程成为年轻人夜生活的全新打开方式。（列举课程内容，既表现夜校课程的丰富，也表现年轻人在当下生活爱好的转变。）不少年轻人告别下班后宅家看剧刷视频的生活，选择走进夜晚“小课堂”，在收获新知、享受松弛的同时还能结交志同道合的朋友，获得精神上的多重满足。（用“告别……走进……”的句式，简洁凝练地概括出年轻人生活选择的变化。）

②在社交平台上，“夜校”频上热搜，北京市东城区职工大学致远书院（青年夜校）首期开设的8门课一天内就被抢光，上海市群众艺术馆夜校“遭遇”几十万人同时抢课……（用数字表明“夜校”的受欢迎程度，直观表现出人们对学习的热爱。）“夜校热”由此可见一斑。

③火爆出圈的夜校并非新鲜事物。（段落总起句，引出对“夜校”发展历程的介绍。）早在1917年毛泽东同志便在湖南第一师范学院开办过工人夜学。新中国成立初期，各地成立了大量技术夜校，旨在帮助工人农民学习文化知识、掌握生产技能。改革开放后，各种函授教育和夜大学蓬勃发展。如今的夜校，人们对其实用主义的考量渐弱，而呈现出更强的文化属性与精神特质，人们上夜校的目的已从过去的掌握一技之长转变为现在的终身学习与自我提升。（比较过去“夜校”的特点，表现当今时代“夜校”内容的变化，初步体现“学习”始终是人们的追求，点明主题。）

（第①~③段介绍“夜校热”的现象、“夜校”的发展历程，指出“夜校热”的本质。）

④“夜校热”有效满足了人们多样的精神文化需求。（“夜校热”的作用之一。）习近平总书记在中共中央政治局第十七次集体学习时强调，着眼满足人民群众多样化、多层次、多方面的精神文化需求，提升文化服务和文化产品供给能力，增强人民群众文化获得感、幸福感。（从国家层面看“夜校”盛行的必然性。）“夜校热”折射的正是人们精神文化需求多样化、个性化的趋势。各地夜校充分发掘课程资源，丰富课程选择，从传统手艺到人工智能，从乐器学习到体育锻炼，种类多样，充分满足了不同群体职业发展、兴趣培养、社交拓展等精神文化需求。

⑤“夜校热”助力培育文化产业新业态。（“夜校热”的作用之二。）“夜校热”出现的背后是新型夜经济的兴起。夜经济拓展了文化消费新场景和文化产业新增长点。相较于高昂的私教课，单价几十元不等的夜校课程性价比凸显，激发了人们为兴趣买单的动力，也势必会带动相关产业的发展。（分析“夜校热”产生的原因。）值得关注的是（衔

接性语句，使上下文联系紧密，同时起到强调作用），非遗技艺等小众门类凭借“夜校热”收获了颇多关注，如云南省昆明市呈贡区“非遗夜校”开设的滇剧表演课程、湖北省荆州市公安县“青年夜校”开设的漆扇制作课程都颇受年轻人欢迎，非遗技艺传承发展的活力就蕴藏在这些新增的关注中。（通过举例论证，论述了“夜校热”对于文化传承意义非凡。）

⑥“夜校热”丰富学习型社会建设探索。（“夜校热”的作用之三。）夜校的出现，提供了更为灵活便捷的学习方式和学习时间，促使学习从“学校的课堂”走向“社会的课堂”，拓展了文化传播的场域（“提供……促使……拓展……”运用三个动宾结构的句子，有力地呈现了“夜校”丰富学习型社会建设探索的表现）。比如，浙江开放大学在夜校的基础上还开设了“青蓝午校”，提供与“青蓝夜校”时间互补、内容联动的学习方式。此外，各地的夜校根据授课对象不同，设置前沿性课程、拓展性课程、创新性课程等，实现“全年龄段”覆盖，为终身教育模式探索提供有益启发。

⑦从逐渐淡出公众视野到重新走向舞台中央，夜校这一学习方式正在成为终身教育体系的重要组成部分。作为一种具有公益性的文化服务，夜校提供了贴近需求、时间灵活、性价比高的学习方式。作为一种文化传播与学习方式的新形态，夜校使“人人皆学、处处能学、时时可学”成为现实。（运用反复的修辞手法，强调夜校对学习广泛而深刻的影响，“人人、处处、时时”运用叠词，富有节奏感。）走进夜校的人们，找到了基于共同兴趣形成的社交圈，弥合了数字时代人际关系的鸿沟，夜校成为数字时代衔接个人与社会的一种新载体。（“夜校热”的作用之四。）

（第④～⑦段分析“夜校热”的作用。）

⑧如何让“夜校热”得以持续？（深度思考，由夜校火热的现象与作用谈及如何延续的问题，具有长远的发展观。）这有赖于将夜校的热度转化为学习的深度、文化的厚度，以更加包容和鼓励的政策，支持和引导夜校发展，增强办学实力和支撑能力，夯实可持续发展的基础。（从政策层面谈论“如何做”。）夜校面向大众群体，具有较强的市场导向，课程能否持续开下去，取决于人们的选择。（从个人方面谈论“如何做”。）加强监管、规范治理，通过市场的优胜劣汰筛选出真正具有生命力的夜校课程。（从监管层面谈论“如何做”。）还当提升行业自律水平，通过发布“自律公约”等形式，促进夜校行业自我管理、自我规范、自我成长（连用三个“自我”，强调自身发展的重要性，且语意呈递进关系），不断激发内生动力。（从行业自身层面谈论“如何做”。）

⑨汇聚多方主体合力，提升课程吸引力与普惠性。以公众需求为导向，不断丰富课程内容，推动夜校课程的设计和开设从“我有什么”向“公众需要什么”转变，更好契合人们多样化、个性化的需求。（从“需求方”的角度去考虑如何发展夜校。）或可探索成立由团组织、高校、市场化培训机构等多方主体参与的“夜校联盟”（语言生动活泼，将多方合力说成“联盟”），充分发挥各类主体在不同领域的资源优势，打造“场地共享、教师共享、课程共享”的行业共同体，提升资源配置效率（从行业打造的角度去考虑发展方向），更好回应不同群体终身学习的需求与热情，推动公共文化服务高质量发展，让人

们收获更多的获得感、幸福感。

（第⑧⑨段谈如何让“夜校热”得以持续。）

（选自《光明日报》，2024 年 12 月 11 日　作者：王江　有删减）

【结构梳理】

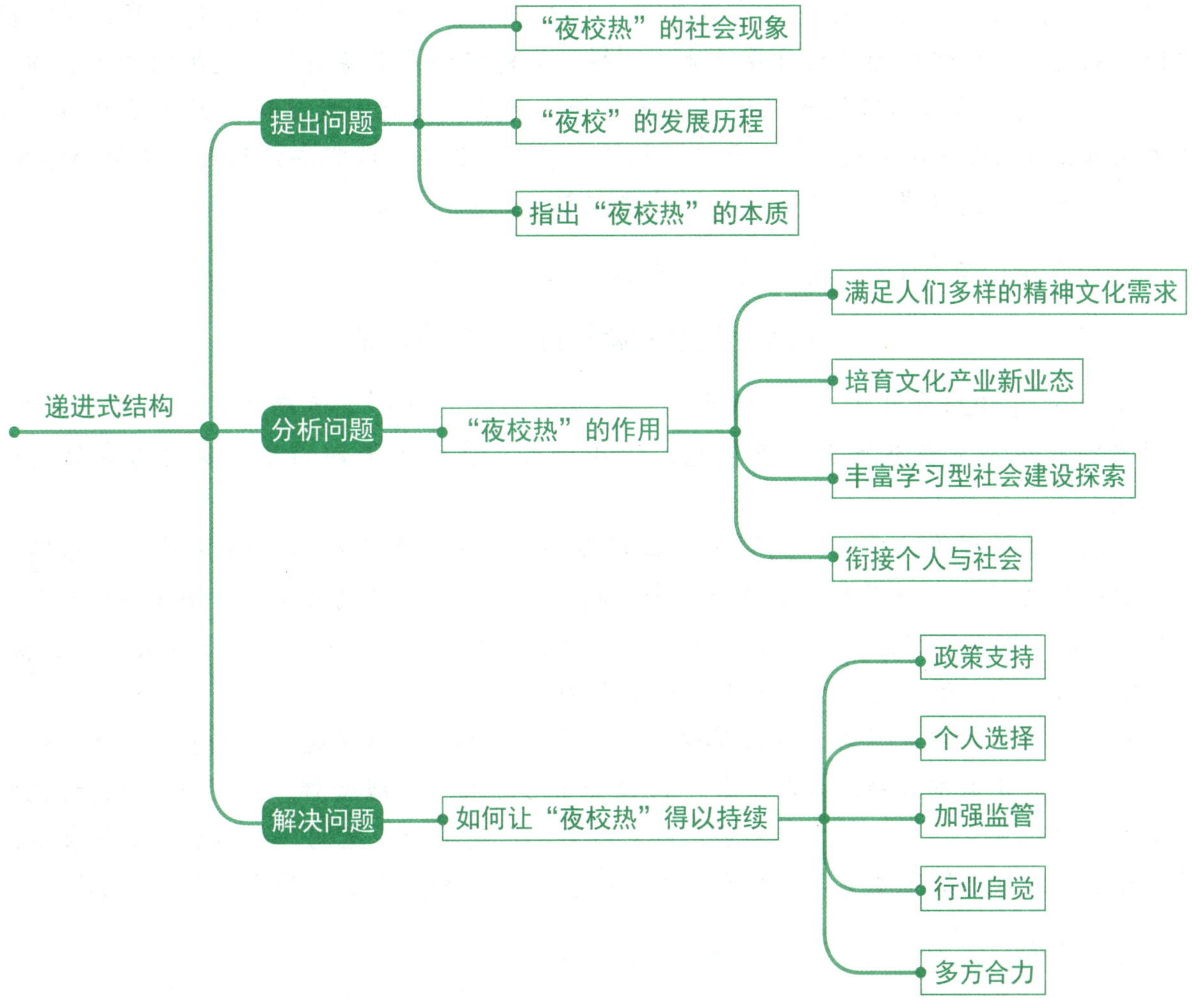

【时文点评】

这是一篇富有深度的文章。作者从“夜校热”这一社会现象去看当下人们对“终身学习”理念的践行，纵深分析了“夜校热”的多重作用，思索了夜校未来的发展方向。文章结构清晰，思维缜密。

另外，本文语言富有特色，严谨又不失生动：作者以简洁凝练的语言阐述“夜校热”的作用，使用了“势必”“更为”“促进”“更好”等表述严谨的词语，也使用了反复等修辞手法，为语言增色。

最后，本文对于“夜校热”所反映出来的人们对“终身学习”理念的践行，能够给予读者更为深刻的思考，能够激发更多人热爱学习。

时文素材

杨沈力：终身学习，与上海一起“日新月异”

“您好，这里是虹桥边检第七代智能快捷通道，平均10秒丝滑过关。”2025年元旦清晨，杨沈力开始在虹桥机场执勤口岸忙碌的一天。作为虹桥边检站执勤一队的民警，“学霸”是33岁杨沈力的“标签”，她是虹桥边检站首位通过“国家统一法律职业资格考试”“高级执法资格考试”“中级检查员等级考试”的女民警，她说终身学习不断进步，是虹桥边检人的追求，就像这座日新月异的城市一样。虹桥机场是上海国际开放枢纽的主要组成部分，虹桥边检的工作不仅确保旅客顺畅通行，更是展现大国气度风范的重要窗口。杨沈力深知，她的每一次验放、每一个工作细节的展现，都是对国家安定和人民幸福的守护。她说：“和战友们在岗位上并肩作战就是庆祝新年的最好方式。”

适用主题：终身学习　爱岗敬业　忠诚守护　无私奉献

巴黎残奥会：超越自我，活出风采

当地时间2024年8月28日，第十七届夏季残疾人奥林匹克运动会在法国巴黎开幕。中国残疾人运动员在赛场上奋勇争先、顽强拼搏，展现了强劲的竞技实力与良好的精神风貌。

巴黎残奥会首个比赛日，36岁的李樟煜在场地自行车男子C1级3 000米个人追逐赛中为中国体育代表团夺得本届残奥会首金；两天后，他又拿下男子C1–3级1 000米个人计时赛金牌。在颁奖仪式上，当五星红旗冉冉升起，李樟煜昂着头，一字一句认真唱国歌。“希望更多残疾人通过体育找到自我价值。”他说。

1997年出生的文晓燕在里约残奥会和东京残奥会的短跑和跳远项目中获得5枚金牌。来到巴黎，文晓燕继续挑战自我，拿下田径女子200米T37级金牌，25秒86的成绩也刷新了残奥会纪录。“我太喜欢奔跑了，我觉得自己还有提升的空间。”赛后文晓燕表示，希望自己的表现能够激励更多残疾人融入社会，“只要全力以赴，每个人都能出彩”。

适用主题：超越自我　体育精神　自我价值

郑钦文：成长与蜕变

在沙特阿拉伯利雅得举行的2024年WTA（国际女子网球协会）年终总决赛上，郑钦文鏖战三盘，最终在抢七中惜败美国选手高芙，屈居亚军。

手握奖盘，郑钦文有些落寞。“这就是网球的魅力——你拼尽全力，但胜利并不总是属于你。”她接着说道，“不过，如果坚持下去，你会等到属于你的机会。”

过去的2024年，属于这朵中国网球金花的故事已足够精彩。第一次闯进大满贯决赛、夺得奥运会金牌、首次进入年终总决赛、世界排名升至前五……22岁的郑钦文在一次次突破中成长蜕变，内外愈发坚韧强大。

在追求自我实现的同时，郑钦文也开始意识到，自己的努力和成就，或许有更大的意义和影响力。巴黎奥运会后，她曾寄语喜爱网球的中国孩子——“请勇敢地去做梦，更别忘了这一路上可能会有艰辛、困难、怀疑、泪水、失败。一定要享受这个过程，因为所有的失败都是为了那一刻的成功。”

适用主题：成长蜕变　勇敢追梦　挑战自我

尹松：要相信，所有的积累都是准备

钢琴家尹松没想到，学了一辈子钢琴、弹了一辈子钢琴，退休多年后竟成了“网红”。在 74 岁这一年，因为在短视频里赏析热门游戏《黑神话：悟空》音乐，她的社交账号“钢琴奶奶-尹松”粉丝量大增。

在古典音乐的世界里钻研多年，尹松原本对年轻人“玩”的东西不感兴趣。2022 年首次在抖音开设账号，她一开始聚焦的还是老本行。直到 2024 年，在周围年轻人的力荐下，她开始聆听赏析动漫音乐和游戏音乐，从此“打开了新世界的大门”。

退休近 20 年，尹松说，自己依然“每天都在进步”。早上 7 点前起床，吃完早餐，尹松雷打不动的第一件事，就是学习一个小时的英语。学完英语，她就开始练琴、写课件、拍短视频，日程满满当当。

尹松说：“人的一生是很短暂的，一定不要故步自封，要前进，往前看，敢于去想象，去创造。在这个过程中，你一定会遇到无数道难关，一定会有很多次想要放弃，但是咬一咬牙，你的毅力、耐力就会越来越强。要相信，所有的积累都是准备。”

适用主题：保持进步　超越自我　积累准备

经典素材

江梦南：于无声之处响惊雷

半岁时，江梦南因为肺炎误用药物，她的左耳损失了 105 分贝，相当于直升机起飞时声响的听力，而右耳的听力则完全丧失，临床上被诊断为极重度的神经性耳聋。然而，就是这样一个从小几乎完全丧失听力的她，在父母的帮助下，通过读唇语学会了“听”和“说”，并凭借惊人的努力和记忆力，发奋学习，一路考出了偏远的瑶族乡镇，成为家乡小镇上近年来唯一考上重点大学、最终到清华念博士的学生。

大学时，她获得了自强自立大学生标兵、白求恩医学奖学金、东荣奖学金等表彰和荣誉；博士时，入选 2021“感动湖南”年度致敬人物，荣获 2021 年清华大学学生年度人物，被评为“感动中国 2021 年度人物”。“我从来没有因为自己听不见，就把自己看成了一个弱者。我相信自己不会比别人差，我也相信事情可以做得很好。”江梦南说。

适用主题：发奋学习　自强自立　超越自我

每周一题

【连线考场】

（2024 · 天津三模）阅读下面的材料，根据要求写作。

最近，北京、上海等地的市民大学、老年学校等夜校课堂吸引了一大批年轻人。从汉服舞到非洲鼓，从手机摄影到红酒鉴赏，夜校丰富的课程打开了青年人的视野，夜校已

然成为都市青年繁忙工作之余的精神“桃花源”、文化“栖息地”。在功利化的职业培训之外，年轻人更愿意学习自己感兴趣的知识，拓展自己精神世界的边界。夜校之行的本质，是年轻人下班后的惬意精神之旅。

中国儒家文化有“乐学”的传统，阅读以上材料，作为学习主体的你对“乐学”有怎样的思考和感悟？请写一篇文章。

要求：①自选角度，自拟标题；②文体不限（诗歌除外），文体特征明显；③不少于 800 字；④不得抄袭，不得套作。

【高分佳作】

以学为乐绘生命美好篇章

（以“观点 + 作用”的方式拟题，观点鲜明。）

某考生

①孔子云：“知之者不如好之者，好之者不如乐之者。”（开篇用名言引出观点。）古有圣人讲学，推崇乐学；今有夜校盛行，践行乐学。乐学，是一种以学习为乐的境界，它能开启知识的宝库，助力人生迈向辉煌。在当今时代，倡导乐学具有非凡的意义。

首段提出观点，引述材料，解释“乐学”的内涵。

②乐学，能激发内在的学习动力，使人拥有“直挂云帆济沧海”的勇气。（分论点一：“乐学”能激发内在的学习动力。引用诗句表明观点，兼具文采。）当一个人以学习为乐，便不再将学习视为苦差事，不再受外界的逼迫与功利心的驱使。江梦南因医疗事故双耳失聪，在艰难的状态下仍沉醉于书中知识，她真心热爱学习，享受求知带来的满足感。这种内在动力如同一股源源不断的清泉，能让学习者主动探索知识的海洋，无论遇到多少困难，都有坚持下去的勇气。相反，若把学习当作负担，只是为了应付考试、满足虚荣心，一旦困难来临，便容易心生懈怠，半途而废。

第②段提出分论点一，运用举例论证和道理论证，从正、反两方面说理，表明“乐学”对激发人内在的学习动力的作用。

③乐学，可提升学习效率，使人向往“无限风光在险峰”的美景。（分论点二：“乐学”可提升学习效率。）以愉悦的心情投入学习，大脑处于活跃状态，思维更加敏捷。陈景润痴迷数学，整日沉浸在数字与公式的世界，旁人眼中枯燥的演算，于他却是一场场精彩的思维游戏。他享受解开难题的瞬间，这份快乐让他高效地钻研，最终在哥德巴赫猜想上取得重大突破。（举例论证，陈景润的“乐学”状态，使他攀登数学领域的高峰。）反观那些厌学的学生，课堂上心不在焉，课后作业敷衍了事，知识难以入脑，学习效果自然大打折扣。（从反面阐述“厌学”的危害，引起读者的深思。）乐学让知识的吸收变得轻松顺畅，事半功倍。

第③段提出分论点二，从正、反两方面进行对比论证；多使用成语，语言简洁凝练。

④乐学，可拓宽生命的宽度，使人领会“吾将上下而求索”的乐趣。（分论点三：“乐学”可拓宽生命的宽度。）学习的形式与内容从不是书本那一方天地，爱好可以顺时而生，兴趣可以因时而变（对偶句式，语言整齐，节奏感强）。新时代更广阔的天地给了我们更多享受人生的平台与机遇。夜校生们找到了新的精神栖息地，摄影、红酒鉴赏、音乐舞蹈等使工作之余的疲惫身体焕发出了别样的活力。

第④段提出分论点三，巧妙衔接材料内容，进行点评分析。

⑤然而，在现实生活中，实现乐学并非易事。学业的压力、竞争的激烈，让许多学生苦不堪言，逐渐磨灭了他们对学习的热情。（点出当下“乐学”所处的困境。）此时，教育者与家长需共同努力。教育者应创新教学方法，将知识以趣味化、生活化的方式呈现，让课堂生动起来；家长要营造宽松的学习氛围，少些苛责，多些鼓励，关注孩子的兴趣点，引导他们将兴趣转化为学习动力；而作为学生的我们，更要学会从学习中发现乐趣，用求知若渴的态度去探寻知识的趣味。

第⑤段联系现实，指出实现“乐学”需要教育者、家长和学生自己三方的协同努力，极具现实意义。

⑥“夫学须静也，才须学也，非学无以广才，非志无以成学。”乐学，便是在学习中立志、静心，以快乐为舟，以勤奋为桨，畅游知识天地。（运用引用论证和比喻的修辞手法，再次强调“乐学”的内涵和意义。）唯有乐学，才能让我们在成长路上不断充实自我，迎接未来的挑战，书写属于自己的精彩篇章。让我们点燃乐学的火种，照亮求知的征途！

结尾发出号召，简洁有力。

总评

内容	表达	特征	总分
18	19	18	55

文章作者围绕“乐学”展开论述，对“乐学”给予了高度的肯定和赞扬。文章结构清晰，逻辑严密，语言生动，是一篇值得借鉴的优秀作文。

文章思路清晰，采用引议联结式结构。开篇引述材料，并阐释“乐学”的内涵；接着从“乐学”的三个作用谈起，引起读者对“乐学”作用的思考；然后联系现实，指明“如何做到‘乐学’”；最后总结全文，再次点题，发出号召。

文章论证丰富，采用多种论证方法，包括举例论证、引用论证、对比论证等，生动论述了“乐学”的意义和作用，增强了文章的说服力。事实论据和道理论据的综合使用，使得文章既有深度又有广度。

文章语言简洁凝练，生动有力。作者使用如“使人拥有‘直挂云帆济沧海’的勇气”“使人向往‘无限风光在险峰’的美景”“使人领会‘吾将上下而求索’的乐趣”等这样的句子，增强了文章的气势，使语言充满了感召力。

（指导老师：李汇真）

第 3 周 热考主题：绿色发展 葆生态和谐

主题阐释

绿色发展是以效率、和谐、持续为目标的经济增长和社会发展方式。绿色发展理念是中国特色社会主义应对全球生态环境恶化这一客观现实的重大理论贡献。倡导绿色发展，是人类对自然生发敬畏之心的体现，是对人与自然关系的反思，也体现了人与自然和谐共生的发展理念。关注绿色发展与生态和谐，是关乎民生福祉的大事，是建设美丽中国和实现中国现代化建设的必要条件，也是当代青年继承发展的时代使命。这一主题的作文选材指向非常明确，国家对绿色发展理念的解读和践行、各地绿色发展故事、生态发展的变化都可以作为写作素材。立意上，我们应倡导并践行绿色发展，关注人与自然的和谐共生，秉承“绿水青山就是金山银山”的发展原则，谋百姓安居之境，建绿色大美之中国。

命题角度

命题角度	试题链接	
绿色生活；家乡环境；敬畏自然；人与自然和谐共生	2024 • 安徽模拟预测	十四届全国人大一次会议开幕当天，习近平总书记同代表们共商国是。某位代表发言：“贯彻以人民为中心的发展思想，坚持人民至上、致力为民造福……”习近平总书记关切问道：“太湖好一点了吗？”“没有蓝藻了吧？” 老师在作文课上向大家分享了以上发生在两会的“微镜头”，并提出了以下三个任务： （1）苏子曰：“盖将自其变者而观之，则天地曾不能以一瞬。”我们的家乡环境，也在时代发展中发生着变化。请陈述你的观察发现，在此基础上，谈一谈保护家乡环境的有效措施。 （2）自古以来，自然激发了诗人的灵感，寄托他们的情致，而诗人也以笔墨赋予自然无限生机。行走在山水草木之间，你又有怎样的故事？请写一篇记叙或抒情散文。 （3）两会上，代表与总书记的偶然对话，恰恰体现出“社会发展”“人民幸福生活”“自然”之间的深刻互动。你对“生活 • 自然 • 发展”有何思考和认识？请写一篇议论文。 请选定一个任务完成文章写作。

续表

命题角度	试题链接	
和谐共生与绿色发展；绿色发展，青年担当	2023·广东二模	随着现代化进程的加快，全球湿地不断遭到破坏，保护湿地成为一项世界性的问题。在此背景之下，多国于1971年签署《关于特别是作为水禽栖息地的国际重要湿地公约》（简称《湿地公约》）。中国于1992年加入《湿地公约》，2005年当选为《湿地公约》常委会成员国，2021年出台《中华人民共和国湿地保护法》。2022年11月，《湿地公约》第十四届缔约方大会（COP14）在中国召开。此次大会标志以中国传统玉璧为造型，内嵌江豚、麋鹿、扬子鳄、朱鹮四种生活在中国湿地的珍稀濒危动物形态和人脸轮廓，意在表达人与动植物和谐共生的关系。 中国式现代化是促进人与自然和谐共生的现代化，在中国式现代化的建设道路上，中国青年该如何承担推动绿色发展的时代责任？请结合以上材料写一篇文章，谈谈你的认识和思考。

时文精选

在绿色发展中感受新时代改革开放脉动

【阅读策略】

阅读本篇文章，一要有结构意识：先把握标题在全文中的统筹地位，初步了解作者的观点；然后在阅读中围绕观点梳理文章思路。二要把握关键信息：先关注开头、结尾和段落中的中心句，理解这些关键句对中心观点的论证角度；然后关注文段中提及的事件、现象，分析这些内容对观点的论证力度。三要关注语言表达：学习文中出现的论证手法、修辞手法以及优美词句，进而提升自己的表达能力。

【批注式精读】

在绿色发展中感受新时代改革开放脉动[注]

（标题即是观点，引导读者在“绿色发展”的背景之下理解其与改革开放的关系。）

①尊重自然、顺应自然、保护自然，促进人与自然和谐共生，是中国式现代化的鲜

明特点。绿色发展的实践答卷，正是新时代全面深化改革的动人篇章，从中能真切感受到新时代改革开放的脉动。（运用比喻的修辞手法，“答卷”“篇章”“脉动”等词语的使用生动形象，赋予改革和发展宏伟气势。）

（开门见山式的开头，明确提出观点，旗帜鲜明。）

②浙江安吉余村，一个因“两山论”而享誉中外的山村。20 世纪 90 年代，曾经靠山吃山，建起了石灰窑，办起了砖厂、水泥厂。然而，粗放式发展导致当地到处沙土飞扬、河里泥浆遍布。出路在哪里？余村的困惑成为一个时代的缩影。

③用几十年时间走完西方发达国家几百年走过的工业化历程，“成长的烦恼”“发展起来以后的问题”接踵而至。资源、环境等要素制约十分突出，高消耗、高排放的发展模式难以为继……（使用成语得当，语言简洁凝练，读来更易引发读者的思考。）

（以浙江安吉余村的发展为例，说明中国现代化进程飞速的事实，同时指出其暴露出来的环境问题，低质量发展。）

④ 2012 年 12 月，党的十八大后首次出京考察来到广东，习近平总书记的一番话振聋发聩，“我们建设现代化国家，走美欧老路是走不通的，再有几个地球也不够中国人消耗。”“走老路，去消耗资源，去污染环境，难以为继！”

（引用习近平总书记的话语，直观地表明“走老路”的危害以及改革的迫切需要，引出对方法的思索。）

⑤老路走不通，新路在何方？思想指引方向，理论创新破题、解题、答题。

（设问手法，问答有力，引人深思。第一次表明“绿色发展”理念与改革的关系。）

⑥提出“坚持绿色发展是发展观的一场深刻革命”，指出“绿色发展是生态文明建设的必然要求，代表了当今科技和产业变革方向，是最有前途的发展领域”，强调“牢固树立和践行绿水青山就是金山银山的理念，坚定不移走生态优先、绿色发展之路”，明确“绿色发展是高质量发展的底色，新质生产力本身就是绿色生产力”……

（引述国家关于走“绿色发展”之路的相关理论，体现“绿色发展”的具体方向。）

⑦今天的中国，生态环境持续改善。2023 年我国单位国内生产总值能耗、碳排放强度较 2012 年分别下降超过 26%、35%（列举具体数字，增强说服力），“成为全球能耗强度下降最快的国家之一”；可再生能源发电新增装机超过全球的一半，全球 1/4 的新增绿化面积来自中国。（事实论证，表明“绿色发展”道路的正确性。）长期研究全球能源政策的美国经济学家迈克尔·格林斯通这样评价：“历史上我们还没有发现其他国家能在如

此短的时间内这样大幅减少污染的例子。”

⑧今天的中国，发展质量更高。从建成全球最大、最完整的新能源产业链，到着力构建绿色低碳循环经济体系，再到持续推动产业结构和能源结构调整，我国经济社会发展全面绿色转型成效显著，发展新动能、新优势不断培育壮大。

（以上两段从“今天的中国”的角度写“绿色发展”理念带来的环境和经济上的变化，“最”“不断”等副词的使用使语言富有气势。）

⑨高质量发展是新时代的硬道理，是全面建设社会主义现代化国家的首要任务。坚持生态优先、绿色发展，协同推进降碳、减污、扩绿、增长，厚植高质量发展的绿色底色，定能在新征程上赢得优势、赢得主动、赢得未来。（连用三个“赢得”，凸显对未来的信心，富有气势。）

⑩“用改革的办法解决发展中的问题”。新时代以来，以“全方位、深层次、根本性”的改革，推动取得“历史性、革命性、开创性”的成就，绿色发展成为有力见证。（第二次表明“绿色发展”理念与改革的关系。）

⑪产业绿色转型升级进入“快车道”。（运用比喻的修辞手法，语言生动形象，表明发展迅速的事实）随着绿色科技创新和先进绿色技术推广应用，产业数字化、智能化同绿色化深度融合。

⑫绿色转型政策制度用力给力。从强化财税政策支持，到发挥绿色金融的牵引作用，为绿色转型提供的政策支持和制度保障不断完善，助力打造高效生态绿色产业集群。

⑬生态优势加快转化为发展优势。《生态保护补偿条例》于2024年6月1日起施行，以改革完善制度机制，绿水青山转化为金山银山的路径不断拓展，森林“水库、钱库、粮库、碳库”更好联动。

⑭绿色低碳生活方式渐成风尚。报废旧车购买新能源汽车，可享受优惠；在外卖平台点餐选择“无需餐具”，可显示减碳数量，并获相应积分；骑单车出行，碳减排量计入账户，达到一定条件后可兑换出行福利……（多项事实并举，展现绿色低碳生活的新风貌。）绿色消费成为新风尚，低碳环保理念深入人心。

（第⑪～⑭段从产业转型、政策制度、生态优势、低碳生活四个方面论述“绿色发展”道路中的改革景象，内容丰富，事实充足。）

⑮习近平总书记深刻指出，“生态环境问题归根结底是发展方式和生活方式问题”。加快形成绿色生产方式和生活方式，走好生产发展、生活富裕、生态良好的文明发展道路，改革注入了强大动力、提供了有力支撑。

⑯从推动《巴黎协定》达成、签署、生效和实施，引领全球应对气候变化；到成功举办《生物多样性公约》第十五次缔约方大会（COP15），开启全球生物多样性治理的新篇章……秉持人类命运共同体理念，以中国理念和实践引领全球绿色低碳转型，以中国智慧和方案为全球环境治理贡献力量，共同建设清洁美丽的世界，这是引领时代、胸怀天下的大国责任、大国担当。

（以国际视野看中国“绿色发展”之路对全球的影响，展现改革开放的力度之强、影响之大，民族自豪感油然而生。）

⑰在绿色发展中感受新时代改革开放的脉动，我们更加笃定，坚持用好改革开放这个重要法宝，解决发展中的问题、应对前进道路上的风险挑战，不断把我国制度优势更好转化为国家治理效能，定能把中国式现代化的宏伟蓝图变为美好现实。

⑱潮涌东方，气象万千。进一步全面深化改革、推进中国式现代化已起势、正当时。

（结尾总结全文，收束全篇，肯定“绿色发展”理念在改革开放中的价值，并对我国未来发展的美好蓝图充满信心。尾段写法上多用短句，语言精练且富有气势。）

（选自《人民日报》，2024 年 8 月 14 日　作者：任平　有删改）

［注］原文副标题为《写在第二个全国生态日到来之际》

【结构梳理】

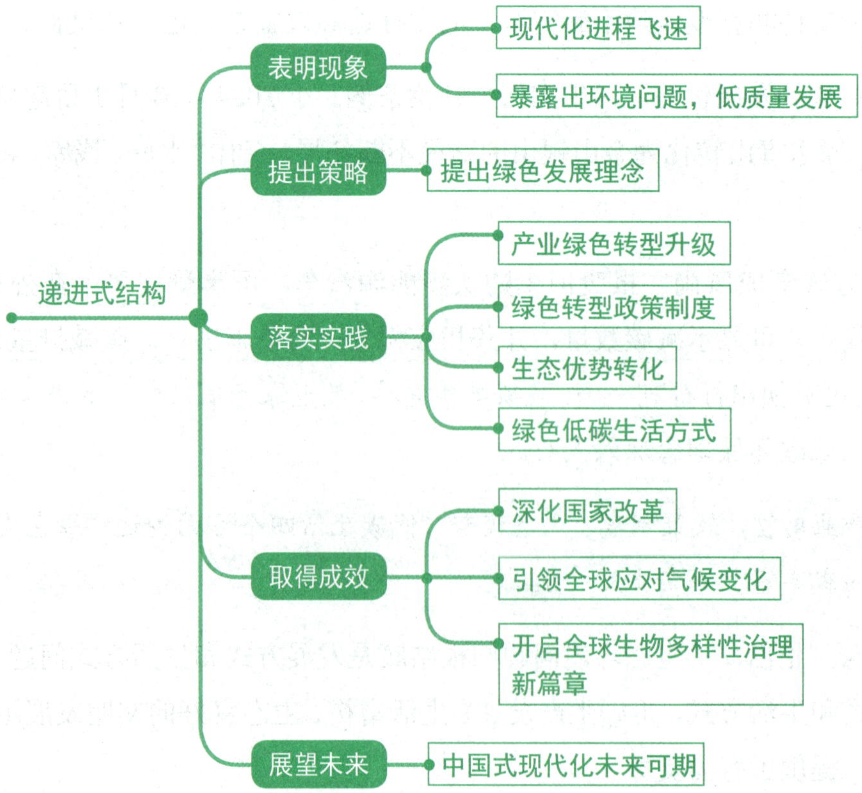

【时文点评】

文章观点鲜明，以“绿色发展”为切入点看中国改革开放的脉络，详细地呈现了改革开放过程中“绿色发展”理念为中国发展带来的巨大而深远的影响。从表明现象到提出策略，然后落实实践，最后取得成效这四个方面，层层递进地呈现了中国在改革开放中依据问题寻找策略的智慧，从多个方面展现“绿色发展”理念对中国自然环境、经济发展的影响，同时展现了中国这一理念对世界的引领作用。作者用例丰富、选材贴近现实，既使文章通俗易懂，又使“绿色发展”观念深入人心。

人与自然和谐共生现代化的内涵与价值

【阅读策略】

阅读本篇文章，一要从标题中提取关键词，了解行文的核心；二要从文中提取重要信息，注意文中反复出现的词语和句子，分析其与核心观点的关联，并在阅读中梳理出文章的结构，把握文章思路；三要关注语段中出现的实例、理论，充分理解作者的观点；四要关注此类文章在语言上与一般议论文本的不同之处。

【批注式精读】

人与自然和谐共生现代化的内涵与价值

（标题点出关键词“人与自然和谐共生”，指出行文的核心。）

①党的二十届三中全会提出：“中国式现代化是人与自然和谐共生的现代化。必须完善生态文明制度体系，协同推进降碳、减污、扩绿、增长，积极应对气候变化，加快完善落实绿水青山就是金山银山理念的体制机制。”深刻理解和准确把握“人与自然和谐共生现代化”的内涵与价值，对新征程上处理好人与自然的关系、实现人与自然协调发展、加快实现美丽中国目标和中国式现代化意义重大。

（开头引述党的二十届三中全会相关内容，表明中国式现代化和人与自然和谐共生的关系，明确“处理好人与自然的关系有助于实现中国式现代化”的观点。）

良好的生态环境是人类发展的根本保障

（第一个分论点：从“是什么”的角度谈生态环境的重要性。）

②生态兴则文明兴，生态衰则文明衰。（语言具有整饬之美）生态环境是人类生存和发展的基石，也是人类走向未来的重要依托。（以比喻的修辞手法凸显生态环境的重要性）从生态学角度看，大自然和人类社会是一个相互联结的、完整的、可持续发展的有机系统，生态系统在维持自身环境稳定和生命有机体运行的同时，为人类的生存和发展提供生态支撑，包括丰富的物质基础和精神寄托。譬如，生态系统拥有的水土、森林、矿产等自然资源为工业生产、农业种植、渔业捕捞等人类活动提供了重要的物质保障。生态系统提供的优美自然

景观能够令人们舒缓压力、陶冶情操，是人类文化和艺术灵感的源泉，对人类的心理健康和精神富足有着深远的价值。（运用比喻的修辞手法，语言生动形象，点明了生态系统的作用。）同时，增强人们对生活的热爱和对自然的敬畏，还可以激发积极向上的社会氛围和创造力，为人类的全面发展提供源源不断的精神动力。

（从物质和精神两个层面，论述维持良好生态的必要性。作者使用专业性的语言，为读者提供了有关生态系统的相关知识，丰富了文章内容。）

③当前，人们不仅对物质文化生活提出了更高的要求，对良好生态环境的期望也日益增长。新鲜的空气、干净的水源、放心的食物、宜居的环境等优质的生态产品已成为老百姓获得感、幸福感和安全感不断提升的坚实保障。（并列短语的罗列，增强语言的节奏感，读之朗朗上口。）

人与自然和谐共生是生态系统平衡的生动体现

（第二个分论点：从“为什么”的角度谈生态系统平衡的必要性。）

④生态系统平衡是生态系统健康与可持续发展的重要标志，对维护地球生物多样性和人类社会福祉至关重要。

⑤自有人类活动以来，人类的各种生产活动越来越强烈地干扰着生态系统的平衡。“人与自然和谐共生现代化”的提出，既是对人类对大自然的伤害最终会伤及人类自身等基本规律的理性认识，也标志着“和谐共生”成为中国特色社会主义事业中处理人与自然关系的基本方略。它要求我们在追求现代化的同时，充分尊重自然、顺应自然、保护自然（强调对待自然的正确态度），让自然生态系统能够保持平衡和稳定，为人类的生存和发展提供持续的支持，实现经济、社会和自然协同发展。在人与自然和谐共生的状态下，人类对自然资源的利用实现了可持续，生态系统能够较好地承载人类活动带来的压力，且可以通过自身的调节机制来应对人类的适度干扰，是一种比较理想的状态。人与自然和谐共生是生态系统平衡的标志性体现。

（第④⑤段从“为什么”的角度阐释维护良好生态系统平衡的重要性和必要性。）

⑥综上所述，“人与自然和谐共生现代化”具有丰富的生态学内涵，揭示了生态环境的重要性、生态系统平衡的科学性和经济生态化的必然性，创新了全球现代化理论，深化了人与自然关系的规律性认识，为处理人与自然关系提供了正确的思维方式和行动指南。

（过渡段，既总结上文关于生态系统平衡的重要性和必要性，又引出下文人们处理人与自然关系的做法，结构紧密。）

经济生态化发展是实现人与自然和谐共生的基本要求

（第三个分论点：从“怎么做”的角度谈如何实现人与自然和谐共生。）

⑦尊重自然、顺应自然、保护自然是实现人与自然和谐共生现代化的根本遵循。要

实现人与自然和谐共生就必须转变粗放式发展思路，秉持“绿水青山就是金山银山”的绿色发展理念，以发展方式的绿色转型来促进高质量发展。

⑧经济生态化是将生态学原理和可持续发展理念融入经济发展中，实现经济活动与生态环境的协调发展。经济生态化强调在经济发展过程中，注重资源的高效利用和生态环境的保护，追求经济效益、社会效益、生态效益的协调与平衡。

（从“怎么做”的角度提出理念上转变发展思路。）

⑨未来一段时期，推动经济生态化，我们需要加快发展方式绿色转型，一是以减污降碳为抓手，统筹推进产业结构、能源结构、交通运输结构优化调整。严格高能耗、高排放项目准入，持续推进重点行业优化升级，加快重点行业落后产能淘汰，推进传统产业集群绿色发展。严格控制煤炭消费总量，提高新能源和清洁能源消费比重。二是节约集约利用资源，在各行各业全面实施资源节约战略，强力推进对各类资源尤其稀缺资源、不可再生资源的节约集约利用，加强对废弃物资源化和再利用的技术研发，构建完善的废弃物循环利用体系。三是转变生活方式，积极倡导和推广绿色消费、低碳出行，以生活方式的绿色转型来调和生活与生态之间的紧张关系。

（从各产业调整优化结构，各行各业节约集约利用资源，个人转变生活方式三个方面明确推动经济生态化的做法。）

⑩经济生态化可以有效解决人类社会的发展过程中对资源环境的过度开发、粗放利用和肆意攫取，以及传统经济的发展模式不可持续等问题，有效协调人与自然的关系，是人类发展尊重自然、顺应自然、保护自然的基本要求。

（结尾总结全文，再次表明人类发展离不开人与自然的和谐发展。）

（选自光明网，2024年12月16日　作者：周婷婷、孙丽慧　有删减）

【结构梳理】

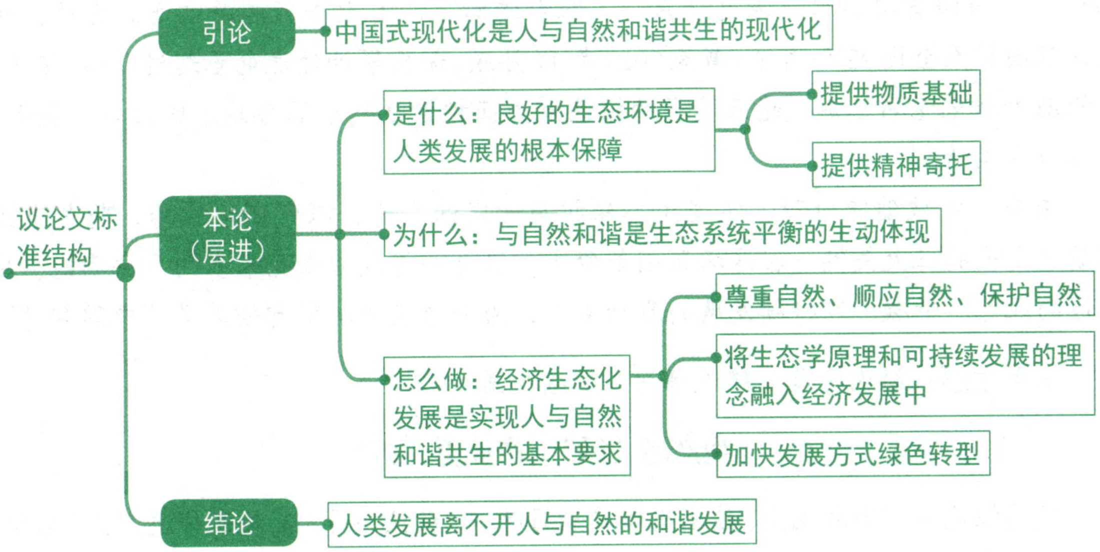

【时文点评】

文章围绕“人与自然和谐共生可以促进中国式现代化发展”这一观点展开，从“是什么”“为什么”“怎么做”的角度，条理清晰、层层递进地论述了人与自然和谐共生的重要性，在字里行间传递着绿色发展的理念，沁润着人与自然和谐发展的精神滋养。

文章采用小标题的形式，既能使结构鲜明，观点突出，又能使文章有布局之美。在语言方面，借助修辞手法和长短句式的变化增强语言的表现力。

内容上，既能够从理论层面阐述践行人与自然和谐发展理念的重要性，又能关注现实、结合时代，使文章具有深度。

时文素材

木兰林场：加快建设现代化生态型国有林场

位于“三北”防护林工程区、首都水源涵养功能区和京津冀生态环境支撑区的木兰林场，坚持生态优先，把森林生态防护功能发挥放在重要位置。在资源保护上，全面推深做实林长制，开展普法宣传和执法巡查，加强防灭火体系和基础设施建设，自建场以来无重大森林火灾发生，完成自然保护区生态环境保护成效评估，开展林业有害生物防治试验和检疫执法行动。在资源培育上，坚持“以水定绿”，科学开展国土绿化，重视乡土树种培育，遵循林木生长发育规律，修复退化林分，促进森林正向演替，充分利用自然力，培育健康稳定可持续的森林。在资源利用上，积极探索林业碳汇、自然教育等生态价值实现途径。

适用主题：可持续发展　环境保护　人与自然

绿色电能　点亮未来

2024 年 12 月 30 日 12 时，随着第二批沙戈荒项目哈密玉山风电场并网，新疆新能源装机规模突破 1 亿千瓦大关，占全疆电力总装机的 55%，新能源成为新疆第一大电源。2024 年，新疆首次实现“绿电进京”“绿电进闽”，首次将新能源电送到吉林，新能源消纳范围扩至全国 22 个省份。截至 2024 年 11 月底，新疆累计外送电量超过 8 500 亿千瓦时，新能源外送电量占三成，越来越多的绿色电力正被输送到全国各地，优化当地能源结构，改善群众生活。

未来，突破储能瓶颈、实现生态保护与开发的平衡，深化国际合作，将是中国绿电高质量发展的三大关键。在这场深刻革命中，绿电必将成为点亮未来的重要动能，推动中国迈向绿色、低碳、可持续发展的崭新未来，为全球能源转型贡献更多“中国智慧”。

适用主题：绿色发展　环境保护　低碳生活

生产增“绿”　产业更“新”

随着绿色低碳渐成风尚、技术进步日新月异，曾被认为是“高耗能传统产业”的印刷业，向着绿色印刷、智能印刷的方向不断迈进。近年来，北京市持续完善印刷业绿色发展相关政策体系，强化技术引领赋能生产工艺流程，一批印刷企业向着绿色化、数字化、智能化转型升级，更加契合首都城市的功能定位和产业发展方向。

北京雅昌艺术印刷有限公司总经理程成介绍，原先每台印刷机的水箱一周左右需要换一次水，实行中央供水后，三个月才需要换一次水，近90%的废水可实现循环利用。

绿色低碳不仅体现在生产过程中，也体现在产品上。北京汇林印务有限公司从2006年开始承印教材，仅2022年、2023年印刷的中小学教材就有1亿多册。“教材的环保要求越来越高，随着印刷工艺的提升、原辅材料的升级，教材也越来越‘绿色’。”北京汇林印务有限公司副总经理陈军介绍，印刷选用大豆油墨、水性胶等绿色环保材料，替代溶剂型油墨和胶水，既减少印刷过程中污染物的排放，易于印刷品废弃后回收再利用，也有利于保障青少年的身体健康。应用免冲洗制版技术，从制版机出来的印版即可上机印刷，取消冲洗工艺，不仅节约水，还避免了显影污水的排放，制版速度也大大提升。

适用主题：绿色产业发展　传统工艺发展　节能减排

“绿能生金”：因绿而兴　育林惠民

走进邱县梁二庄镇坞头村，家家户户门前都种着一种树——文冠果树。在村子的正北方，坐落着一片万亩文冠果科技产业园。这里的村民不仅自己种文冠果，还从事着文冠果公司里相关管护工作。更重要的是，每年借助文冠果花节，大搞乡村游，村民们都能赚得盆满钵溢。

坚持种管结合，邱县把森林资源保护和管理放在林业工作的突出位置来抓。把保护大树古树、风景林作为工作的重中之重，对县域内百年以上的古树建档、挂牌，列入县重点保护对象。并将古树保护和文旅开发相结合，发展旅游经济。与此同时，创新政企合作、公司造林、股份合作等机制，加强防治病虫，实现“栽一棵活一棵，种一片活一片”的绿化目标。

以前树种下去了，管护不到位，成活率相对不高。这次全县各界人士捐献的树苗，并由志愿者们把树种到村民庭院、闲散地上，村民们管护的积极性高了，责任心更强了，似乎看到了“村在林中，房在树中，人在绿中”的美丽乡村未来。

适用主题：绿色发展　绿色惠民　乡村建设

为古树群让路百米：见证绿色担当

2024年12月30日，京蔚高速公路全线通车。该条高速公路上的门头沟清水镇齐家庄隧道，在原本的施工图纸上并不存在，之所以要建这段长度仅有290米的“超短隧道”，就是为了保护一片树龄最高超300年的古树群，为此造价多了1.4亿元。如今，这处61株古树群仿若一片小森林，形成了一处为人们津津乐道的绿色景观。

古树名木被誉为“绿色文物”“活化石”，在维护生物多样性、生态平衡和环境保护中有着不可替代的作用。保护古树要算经济账，更要算长远账、算整体账、算综合账。京蔚高速为300年树龄古树群让路百米，有力见证了交通建设者的绿色担当，正是北京古树名木保护工作的真实写照和生动缩影。

加强古树名木保护，需构建共建共治共享机制，唱好“大合唱”。比如，开展古树认养活动，满足企业、市民等参与保护古树的意愿；开展“大手拉小手”志愿服务活动，鼓励引导更多的人投身古树名木保护宣传教育和实践；以点带面、久久为功，持续筑牢古树名木保护屏障，让“绿色文物”一直保持生机盎然，为新时代的发展注入不竭的绿色活力。

适用主题：绿色发展　人与自然　生态开发与保护

为国际荒漠化防治提供中国经验

2024年11月28日，环绕塔克拉玛干沙漠边缘全长3 046千米的绿色阻沙防护带在新疆于田县全面锁边“合龙”，标志着世界最长的环沙漠生态屏障全面建成，我国创造了中国防沙治沙的又一新奇迹。这是我国生态建设史上具有里程碑意义的事件，也是我国大力谱写新时代生态文明建设新篇章的生动案例，在实现人与自然和谐共生现代化的新征程中具有非凡而特殊的意义。

2024年是我国签署《联合国防治荒漠化公约》30周年。环塔生态屏障的最终“合龙”，不仅彰显了中国对全球增绿贡献的履约典范，也意味着中国正由全球环境治理参与者到引领者的重大转变，由实践探索向科学理论引领的重大转变。为塔克拉玛干沙漠织就这条“绿围脖”不是终点，我国将继续在人与自然和谐共生，引领国际荒漠化防治过程中发挥重要作用。

适用主题：绿色发展　人与自然　生态开发与保护

每周一题

【连线考场】

（2024·贵州名校协作体联考）阅读下面的材料，根据要求写作。（60分）

材料一：

济南趵突泉景区泉水中的鲤鱼体形圆润，萌态十足，颇受游客的喜爱。日前，景区保安拎着鲤鱼喊话游客的视频引起广泛关注。视频中，保安手提一条大鲤鱼称：“别喂了，大鲤鱼撑死了！”且又吹哨劝阻游客，提醒游客不要“荼害生灵”。

材料二：

云南东川大牯牛山上有多种类的杜鹃，其中大王杜鹃、乳黄杜鹃为国家二级保护植物。近日，有网友拍摄到，有登山者在云南东川大牯牛山上砍伐树枝烧火，黑暗中多个火堆熊熊燃烧，烟尘四起。后经调查，放火烧灌木的驴友是为了取暖和搞篝火晚会，一己之私，驴友将高山树木、灌木一把火烧掉，这种行为不仅让人痛惜，也存在破坏当地生态的危害。

以上两则材料引发了你怎样的思考？请就此写一篇文章。

要求：选准角度，确定立意，明确文体，自拟标题；不要套作，不得抄袭；不得泄露个人信息；不少于800字。

【高分佳作】

护生态安全 促和谐共生

遵义航天高级中学　张云馨

标题以“动词＋关键词”的形式构成观点，观点鲜明。

①日月经天，江河行地，自然孕育生灵。吾辈当护生态安全，方得花香绕鼻间。

②星海横流，岁月成碑，自然包容万物。吾辈当守自然和谐，方得莺歌浸心灵。

第①②段点题，通过写自然的重要性，引出新时代青年的责任和担当。使用对联式的开头，语言简洁凝练，富有感染力，可以激发读者的阅读兴趣。

③生态安全一直是全人类当牢记于心、践之于行的永恒主题。（“牢记于心、践之于行”从意识与行动的角度点明如何守护生态安全。）吾辈青年当自觉承担保护生态环境之责，促进人与自然和谐共生。

第③段为过渡段，引出下文吾辈青年该如何守护生态安全。

④鸟音清越，绿水蓝天，执自然之手，克私欲以护自然安全。自然美好，有人在守护，却也有人为一己之私而去破坏。有登山者为取暖和搞篝火晚会，在云南东山大牯牛山上放火烧灌木，危害森林安全；亦有像张玉富这样的守林员，不畏辛苦，不贪享乐，视林木为好友，每日巡护，（使用短句，呈现张玉富为守护林木所作的贡献）为保护森林安全挨家挨户做宣传，为剑阁县留住了412棵苍翠古柏。以我观之，破坏自然终会自食恶果，克己私欲亦能造福一方，（强调观点，使用对偶，句式整齐）吾辈青年当思一草一木皆有灵，约束自我、善待自然，守护生态安全。

第④段提出第一个分论点，通过举例、对比的论证方法证明破坏自然的危害性，引人深思。

⑤层林秀木，青山长存，持责任之剑，践行动以护生态之美。自然孕育生命，人存于这一方世界，自然要担起守卫家园之责。君可见，济南某景区的鲤鱼深受游客喜爱，但因爱之切而差点将其喂到撑死，景区保安自觉承担保护自然之责，时刻提醒游客；君再看世间纷纷扰扰，诱惑重重，但总有如李东丽一样的人，愿意摒弃世俗诱惑，义无反顾地扎根深山，为保护森林而过着寡淡生活。（用“君可见……君再看”的句式，引领读者在阅读的过程中思考，语言亲切自然。）但在护林员心中，这样的生活并非无趣，聆听自然、保卫自然亦是乐趣无穷。他们以实际行动守卫

第⑤段提出第二个分论点，运用对比论证，将材料中所举的游客喂鱼不节制，破坏景区生态的行为和李东丽这样的无私护佑山林的行为进行比较，号召青年应以李东丽这样的人为榜样。

一方平静，吾辈青年当以此为榜样，护生态安全。

⑥山清水秀，鸟语花香，发扬人与自然和谐共生之风，浸润世人心灵。习近平总书记强调，绿水青山就是金山银山。这样的思想之风应当吹进新时代每一个青年心中，吹进地球上生活的每个人类个体之中，人们应贯彻该思想，促进人与自然和谐共生，实现可持续发展。深山老林中有人寸寸抚摸，（细节描写，表现守护自然的人对自然的爱意，极具画面感）留下守护的痕迹；前辈守护过的土地应由青年人接手，不畏困难，护一方沃土蓝天。

第⑥段提出第三个分论点，引述习近平总书记的话语，表明人与自然和谐共生的思想应该普及到每一个地球人心中，并再次号召新时代青年接过先辈的重担，赓续发展。

⑦时代车轮滚滚向前，吾辈青年不忘初心护卫生灵，从小事做起，微薄之力也可有所改变。作为时代的掌舵者，青年践行守卫生态之思，促自然共谐共生，助生态繁荣昌盛，以青年之力护生态安全，促和谐共生，吾辈势在必行。

结尾再次点明观点，以呼告形式表守卫生态和谐之决心，语言铿锵有力。

总评

内容	表达	特征	总分
20	19	18	57

文章作者以高度的历史责任感和使命感，阐述了新时代青年在推动绿色发展中的重要作用。文章结构清晰，逻辑严密，语言生动，是一篇值得借鉴的优秀作文。

文章思路清晰，从思想上克私欲、行动上践守护、风气上广传播三个方面，层层递进，由先辈付出到吾辈青年接续，再到传播至世界，强调了青年在绿色发展中的重要地位。

文章论证丰富，采用多种论证方法，包括事实论证、道理论证、对比论证、假设论证等，生动论述了维护生态安全的重要性和必要性，增强了文章的说服力。论述过程中注重论据的选择和搭配。事实论据和道理论据的综合使用，使得文章既有深度又有广度。

文章语言简洁凝练，生动有力。作者使用如“日月经天，江河行地”“星海横流，岁月成碑”“执自然之手”“持责任之剑”等句子，增强了文章的语势，使语言充满了感召力。

（指导老师：李汇真）

第4周　热考主题：科技创新　抵未知之境

主题阐释

科技是国家强盛之基，创新是民族进步之魂。当今时代，科技创新正以前所未有的速度和深度渗透到社会的每一个角落，改变着我们认知世界的方式、与世界互动的模式，成为推动人类文明进步的核心力量。正如航天人不满足于只揭开月背的神秘面纱，选择继续刻苦钻研、协同攻坚、勇于探索未知太空的奥秘一样，我们也要勇于探索，敢于抵达未知之境。鲲鹏展翅，图南而飞，在科技发展的路上，唯有保持探索之心，将茫然的未知变成明确的已知，人类方能走出蒙昧的荒原，驶向文明的星辰大海。

这个主题的作文写作角度较多，如科技的崛起与挑战，科技发展与问题意识，科技伦理与人文关怀；选材范围较广，如科学成果、科技事件、科学人物、相关的名言警句。立意上，我们应辩证地看待当前科技发展取得的成就和存在的问题，从习近平总书记关于科技的讲话中得到启迪，走独立自主、不断创新的科技强国之路。同时面对日益复杂的科技伦理问题，加强科技伦理制度化建设，提升科技伦理治理能力。

命题角度

命题角度	试题链接	
科技发展与问题意识、科技进步对人类的影响、人工智能的崛起与挑战、人与科技	2024·新课标Ⅰ卷	随着互联网的普及、人工智能的应用，越来越多的问题能很快得到答案。那么，我们的问题是否会越来越少？ 以上材料引发了你怎样的联想和思考？请写一篇文章。
科技发展，探索无尽；青年的科学精神和求索意识	2024·新课标Ⅱ卷	本试卷现代文阅读Ⅰ提到，长久以来，人们只能看到月球固定朝向地球的一面，“嫦娥四号”探月任务揭开了月背的神秘面纱；随着“天问一号”飞离地球，航天人的目光又投向遥远的深空…… 正如人类的太空之旅，我们每个人也都在不断抵达未知之境。 这引发了你怎样的联想与思考？请写一篇文章。

时文精选

确保人工智能始终是“朋友”

【阅读策略】

这是一篇时评，属于议论文范畴。阅读时，要根据文体特点，关注论点、论据和论证方法三个要素。梳理文章结构时，要善于抓关键信息，勾画重要语句，重点把握作者所选素材及评论角度，感受论证严谨的魅力，领会论证逻辑的精髓。

【批注式精读】

确保人工智能始终是“朋友”

（标题就是中心论点，运用比喻修辞，“朋友”一词，凸显人工智能与人类的关系以及重要作用。）

①在浙江乌镇采访，各种人工智能科技，令人大开眼界。

（开篇简洁明了，写出了人工智能科技带给人的巨大震撼。）

②裸眼3D视频通话体验舱内，通话双方的影像立体呈现在屏幕上，相隔万里也仿佛触手可及；站在一块绿幕前几秒钟，就能获取一段由自己担任主角的智能影片；机器人拾起两棵种苗，一只“手”去头、另一只“手”去根，再放到中间自动嫁接，速度可达每小时700株……（列举新产品、新应用，语言简洁生动，给人以身临其境之感。）在2024年世界互联网大会乌镇峰会上，人工智能领域的新产品、新应用亮点纷呈，引人关注。

（通过列举人工智能领域的新产品、新应用，让人真实地感受到人工智能给人类生产生活带来的巨大便利，从而具化了标题中“朋友”一词，引出了中心论点。）

③习近平总书记强调：“人工智能是引领这一轮科技革命和产业变革的战略性技术，具有溢出带动性很强的‘头雁’效应。”2024年的《政府工作报告》提出，“开展‘人工智能+’行动”。《中国互联网发展报告2024》蓝皮书显示，2023年我国新增人工智能企业148家，人工智能核心企业数量超过4 500家；截至2023年底，人工智能发明专利有效量达到37.8万件，同比增速超40%。从基础软件到人形机器人，从大模型到算力网，人工智能不断促进数字经济和实体经济融合发展，成为经济发展的新引擎。

（引用习近平总书记的话、《政府工作报告》的内容，这是运用了引用论证的论证方法，论证了人工智能的重要作用和意义，增强了论证的权威性，具有说服力。）

④如果说互联网的主要价值是以平台连接人、商品、信息和服务，那么人工智能的作用则是“赋能”，为更好地满足生活、工作需求提供强大工具。比如，利用药物分子大

模型，一家医药企业在一天内完成百万级别的药物虚拟筛选。又如，某高校科研团队运用算法实现电解液分子性质快速预测与精准定向设计。一名企业家在乌镇峰会上感慨，“我们已经身处有史以来最伟大的技术变革时刻”。展望未来，智能医疗能帮助医生精准诊断，智能教育可为每个学生配备数字教师，智能机器人能照顾老年人的起居生活……提供生活便利、助力精准生产，人工智能技术大有用武之地。（整散句结合，不仅具有节奏美感，也写出了人工智能的重大作用。）

（运用举例论证，让我们真实地感受到人工智能给我们的生产生活带来的便利，让我们真正感受到“朋友”的内涵与价值。）

⑤从较长的历史周期看，技术的跨越式发展、工具的颠覆式创新，往往能增进人类福祉，同时也会带来风险和挑战。人工智能也不例外。一些极端案例提醒我们，在推动技术发展的过程中，要审慎评估其社会影响，确保技术向善。现实中，人工智能代写毕业论文、年终总结的案例已经出现。人们不禁担忧，高歌猛进的人工智能，有没有可能化身侵犯个人隐私的帮凶，或是成为实施诈骗犯罪的廉价工具？（“帮凶”一词运用比喻论证的论证方法，生动地写出了人们对人工智能可能产生的风险与危害的担忧。）这呼唤我们从法律、道德和社会治理的角度未雨绸缪、采取行动。

（辩证地看待人工智能的意义作用与风险挑战，体现思辨色彩，应该重点关注本段，并学会运用其论证思路。）

⑥有人将人工智能技术的到来比作“盛夏的大雨”，它“在我们还来不及撑开伞时，就已扑面而来”。（语言生动，运用比喻论证的论证方法，形象地写出了人工智能技术到来时，人类并没有准备好的窘态。）目前，人工智能的能力在很多方面已经足以媲美人类大脑，但不能从价值上去准确分辨是非对错。这意味着，有必要从多个方面加强对人工智能的监管和规范。近年来，包括我国在内的多个国家出台人工智能发展规划、管理办法和监管原则，正是为了确保技术真正地服务于人、造福社会。

（承接上文人工智能带来的风险和挑战，提出解决办法，即加强对人工智能的监管和规范，本段属于解决问题的过程。）

⑦无论人工智能发展到何种程度，它都源自人类的设计，都是人类智慧的延伸。人工智能代劳得越来越多、变得越来越智慧，我们必须做好防范，确保它始终是“朋友”。

（照应标题，总结上文，明晰对待人工智能的态度。）

（选自《人民日报》，2024年12月13日　作者：孟繁哲　有删改）

【结构梳理】

- 递进式结构
  - 提出问题：列举人工智能领域的新产品、新应用，引出话题
  - 分析问题：
    - 人工智能迅猛发展，在生产生活中发挥着巨大作用
    - 辩证分析人工智能的弊端与风险，进而得出加强监管和规范的必要性
  - 解决问题：总结全文，发出号召：做好防范，确保人工智能始终是“朋友”

【时文点评】

本文观点鲜明，并按照“提出问题——分析问题——解决问题”的思路行文，条理清晰，层次井然，结构严谨；运用比喻论证、举例论证、引用论证等论证方法，论理透彻，逻辑严密。文章内容关联热点时事，能够有效激发学生的阅读兴趣；既关注了人工智能带给人类的便利和好处，也分析了人工智能带来的风险与挑战，颇具辩证色彩。

为建设科技强国写下精彩篇章

【阅读策略】

本文属于时评。阅读时，根据文体特点，明确论证结构，梳理文本内容。精读文本，圈点勾画，抓住各段的中心句，这类句子多出现在段首或段尾。根据中心句之间的关系，梳理文章的结构层次，便可事半功倍。

【批注式精读】

为建设科技强国写下精彩篇章

（标题即中心论点，观点明确，启发想象。）

①习近平总书记在全国科技大会、国家科学技术奖励大会、两院院士大会上强调：“要持续营造尊重劳动、尊重知识、尊重人才、尊重创造的社会氛围，大力弘扬科学家精神，激励广大科研人员志存高远、爱国奉献、矢志创新。”

（引用习近平总书记的讲话内容，引出论题。）

②科研工作者是推进中国式现代化的骨干，科研工作越是向前发展，就越需要科学家精神的激励感召。当今世界正经历百年未有之大变局，全球科技创新进入密集活跃期，新一轮科技革命和产业变革对全球经济结构产生了深刻影响。我国发展面临的国内外环境发生深刻复杂变化，“十四五”以及更长时期对加快科技创新提出了更为迫切的要求。广大科技工作者唯有大力弘扬科学家精神，才能更好地肩负起历史赋予的重任，为我国科技

事业发展再立新功。

（科研工作者的地位作用和科研工作的内外环境决定了弘扬科学家精神的重要性与必要性，提出中心论点。）

③大力弘扬科学家精神，要厚植爱国主义情怀。爱国是科学家精神的第一要义。我国科学家一直有着爱国主义的优良传统。“两弹元勋”邓稼先长期隐姓埋名，为原子弹、氢弹研制作出重大贡献；地球物理学家黄大年毅然放弃国外优越条件回到祖国，取得一系列重大成果……（举例典型恰当，语言简洁，句式整齐，点到为止，具有概括性。）新征程上，广大科技工作者要继续弘扬胸怀祖国、服务人民的爱国精神，想国家之所想、急国家之所急、应国家之所需，自觉把学术追求融入科技强国建设的伟大事业中，把科技成果应用在推进中国式现代化的壮阔实践中，把论文写在祖国大地上，努力创造出无愧时代、不负人民的新业绩。

（分论点一：大力弘扬科学家精神，要厚植爱国主义情怀。通过列举我国具有爱国主义优良传统的科学家的例子，进而号召当下科技工作者继续弘扬爱国精神。）

④大力弘扬科学家精神，要树立勇攀科技高峰的志向。创新、求实是科学家必须具备的品格素质。先后担任北斗系统、探月工程总设计师的孙家栋曾说：“从科学技术角度讲，我总是走在‘尖尖儿’上”；地质学家刘东生通过多年野外考察，积累了丰富翔实的气候变迁资料……随着科学研究走向深入，我国科技工作者既要在独创独有上多下功夫，提出更多原创理论、作出更多原创发现，又要追求真理、严谨治学，在科研工作中保持耐性和定力，在潜心研究中成就一番事业。

（分论点二：大力弘扬科学家精神，要树立勇攀科技高峰的志向。运用引用论证、举例论证的论证方法，使文章更有说服力。）

⑤大力弘扬科学家精神，要在积极奉献、大力协同中形成攻关合力。从“两弹一星”到载人航天，从自主三代核电“华龙一号”到国产大飞机，我国许多标志性科技成果都是在协同攻关中取得的。新形势下，更好发挥新型举国体制优势，集聚力量进行原创性引领性科技攻关，科技工作者要以“功成不必在我，功成必定有我”的信念，大力推进集智攻关、充分开展团结协作，推动加快实现高水平科技自立自强。

（分论点三：大力弘扬科学家精神，要在积极奉献、大力协同中形成攻关合力。列举我国取得的标志性科技成果，并分析当下形势得出结论：科技工作者推进集智攻关、开展团结协作势在必行。）

⑥大力弘扬科学家精神，科技工作者也要自觉肩负起培养人才的重任。科技事业的发展，需要源源不断的创新活力。甘为人梯、奖掖后学的育人精神，是培养创新人才的重要助力。弘扬育人精神，能激发青年对创新的热忱，促进人才脱颖而出、学术薪火代代相传，

构筑起科技事业长远发展的基石。（内容上，层层递进，写出了弘扬育人精神的积极作用，并且以“基石”为喻，突出弘扬育人精神对科技事业发展的重要性。）奋进新征程，通过识才、育才、用才，在接力奋斗中把我国建设成为世界重要科学中心和创新高地。

（分论点四：大力弘扬科学家精神，科技工作者也要自觉肩负起培养人才的重任。从培养人才的重要性到培养人才的具体做法，逐层深入，充分体现论证逻辑的缜密。）

⑦推进中国式现代化，科学技术要打头阵，科技创新是必由之路。大力弘扬科学家精神，拿出“人生能有几回搏”的劲头，放开手脚创新创造、奉献才智，广大科研工作者必将为建设科技强国写下精彩篇章。

（总结全文，回扣观点，得出结论。既交代了科技在现代化建设中的重要性，又总结出弘扬科学家精神的重要性。）

（选自《人民日报》，2024 年 11 月 4 日　作者：谷业凯　有删减）

【结构梳理】

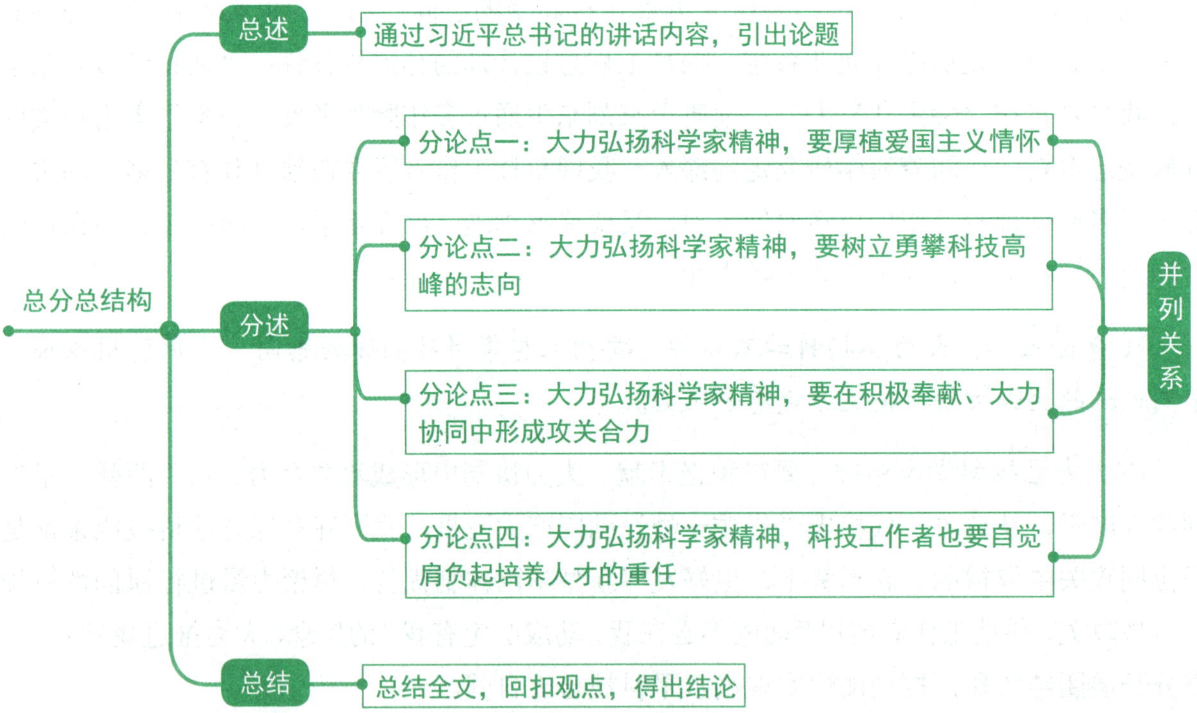

【时文点评】

文章观点鲜明，整体上运用了总分总的论证结构，逻辑清晰，结构严谨，便于理解。主体部分四个分论点从厚植情怀、树立志向、奉献合作、培养人才四个角度论证并指出了大力弘扬科学家精神的具体做法，具有现实指导意义。分论点围绕中心论点展开，运用举例论证、引用论证等多种论证方法，语言凝练不失严谨，明晰不失深刻。

时文素材

AI自习室能成为“伴学良师”吗？

随着人工智能时代的到来，AI成为各个领域不容忽视的新兴力量。在教育领域，AI自习室正逐渐兴起。这不仅为学生提供了个性化的学习体验，也引发了关于教育未来发展路径的广泛讨论。AI自习室为学生配备了智能学习设备，这些设备能够依据学生的答题情况自动调整题目难度，并针对学生的薄弱知识点精准推送题目。许多AI自习室还强调信息共享的重要性。家长们可以通过应用程序随时查看孩子的学习进度报告，包括知识点的掌握情况、做题正确率等关键信息。

尽管AI自习室为学生提供了一个良好的学习空间，但也有部分人认为，应理性看待AI自习室，不能过度依赖，也不必盲目跟风。AI自习室学习机的使用效果因人而异。如果学生本身没有明确的学习目标和内在动力，购买再多的AI学习机也无济于事。

适用主题：科技赋能　教育创新　科技创新与问题意识

用数字科技绘就乡村全面振兴新画卷

今天的中国农村，已经与数字紧密相连。通过大屏、电脑和手机就可查看鱼塘里的监测数据；依托数字化智能管理平台和物联网技术，不需要出门就能对水稻田进行灌溉……上云用数、信息赋能，“互联网＋三农”不仅让土味山货逆袭成网络热销货，更让乡村全面振兴与网络强国建设交汇出更多惊喜。一屏感知、一网通办，乡村“智”治促振兴；无人耕种、精准监测，生产“慧”农保增收……村民享受到数字经济福利与红利，直接推动着数字乡村建设大步向前进。在数字绘就乡村振兴新画卷的征程之上，我们依然“心有万丈光，路有千里长”。

适用主题：科技赋能　乡村振兴　数字经济

航展“高光时刻”的科技启示

2024年11月12—17日，第十五届中国国际航空航天博览会在广东珠海市举行，展馆面积和展品数量再创历史新高，交易额达2 856亿元。我国自主研发的AEF1200发动机首次展出，嫦娥六号取回的月背月壤样品首次向国内公众展出，全球首颗静止轨道微波气象卫星模型展出……本届航展首发首秀了一批自主研发的“高精尖”装备，全方位展示了我国航空航天领域创新成果。从实践看，只有真正把核心技术掌握在自己手中，才能不断提升综合国力，增强中国经济动力、活力、潜力。紧密结合产业基础和应用需求，对标国际领先水平，加快推动整机、关键零部件、基础软件等领域关键技术升级，才能为我国航空航天事业蓬勃发展打下坚实基础。

抚今追昔，从“两弹一星”到载人航天，从国产大飞机到低空无人机，我国的航空航天事业发展虽然起步晚、底子差，却一路披荆斩棘，不断跃升腾飞，这离不开一代代航空航天人的不懈努力、艰辛付出。弘扬科学家精神，面对“卡脖子”问题迎难而上，在反复试验求索中勤恳耕耘，这是实现弯道超车的成功经验，也是当下推进高水平科技自立自强的强大动力。

适用主题：科技创新　自强自立　科学家精神　中国航展“高光时刻”

科技考古复原古代帝王容貌　赋予历史鲜活气息

科技考古是一门融合了诸多理论与技术的学科，在考古遗址及出土遗迹、遗物的研究中发挥着重要作用。复旦大学科技考古研究院对古长安城内不同阶层的贵族和平民骨骼以及家养动物骨骼，进行了碳、氮稳定同位素分析，从而揭示了 6 世纪长安城内不同阶层农牧交融的饮食态势。

已破解诸多历史谜团的分子考古技术，不仅能准确地还原历史场景，还能为文物的保护和传承提供科学依据。“既有考古的历史厚重感，也有科技的时尚和活跃感。”复旦大学科技考古研究院副教授文少卿表示，科技考古为历史研究打开了一扇全新的窗户，让研究者能够从微观层面解码历史，推动历史研究迈向新境界。

适用主题：科技创新　文化创新　科技赋能　科技考古

每周一题

【连线考场】

（2024·东北三省三校二联）阅读下面的材料，根据要求写作。（60 分）

人类从未停止过模仿，人模仿动物发明了飞机、潜水艇、雷达等先进的机械设备，人模仿人却也有邯郸学步、东施效颦的笑话，而今出现的 AI 机器人可以说是在用机器模仿人。

近日，北京一所小学的一位语文老师发现，班上一位经常“咬笔头”的学生写出了一篇出色的作文。然而，让老师没想到的是，这篇作文原来是他借助 AI 改写鲁迅文章而成的。

机器的思考是编程形成的，而人类的思考靠的是自主意识。——艾伦·图灵

以上材料引发了你怎样的思考？请结合材料写一篇文章。

要求：选准角度，确定立意，明确文体，自拟标题；不要套作，不得抄袭；不得泄露个人信息；不少于 800 字。

【高分佳作】

播下模仿之籽，绽放创新之花

对偶兼比喻式标题，生动地写出了模仿与创新的关系与重要性。

某考生

①正如歌德所言："模仿是人的天性，虽然人们不承认自己是模仿。"模仿就像种子，这是一种初始形式。没有春日播种，何来夏日盛放，模仿是创新的起点，是汲取智慧的源头活水；创新是模仿的升华，是通向未来的勇敢探索。（运用比喻的修辞手法，既生动形象地写出了模仿与创新的关系，又照应标题。）世界纷繁复杂，我们是匆匆旅人，行走在模仿与创新的路上，一路播种，一路开花。

首段引用名言引出话题，围绕关键词，进一步解释并深化中心论点。

②模仿，是人类的本能，是我们成长的第一课。就如学习书法，"入帖"的描红与临摹必不可少，从摹形到摹神，方能达到"出帖"之境。一切创造都是从模仿开始的，杨丽萍看到孔雀优雅独特的姿态，以灵动的舞蹈模仿，最终成就其"孔雀皇后"的美誉。模仿固不可少，但不能囿于模仿。"模仿别人，重复自己"，在这样的怪圈里，人们逐渐迷失方向，失去自我，就像模仿他人开花的树，虽然美丽，却没有了自己的芬芳。（运用比喻论证，生动地论述了只会模仿的危害，"喻巧而理至"，形象地论证观点，使论证浅显易懂，容易被人接受。）科技迅猛发展，人工智能方兴未艾，AI创作备受追捧，而这种创作走的却是模仿的路径，开启的是复制的模式，缺乏真正的灵魂与创新，就仿佛镜花水月的美丽，近在咫尺，却又遥不可及。

第②段提出分论点一；运用举例论证，论证了模仿的作用；结合生活实际辩证分析了一味停留在模仿层面带来的不良结果。

③创新，是模仿的升华，是通向未来的阳光路。村上春树曾经说过："所谓的独创，不是别的，就是经过深思熟虑的模仿。"没有创新的模仿，人会成为平庸之辈，国家也很难傲立于世界之林。米芾广泛模仿和借鉴，最终完成了模仿的量变到创新的质变，成为一代书法大家。时下，文创产品惊艳了时光，温柔了岁月，"来自故宫的礼物"将古人的智慧与现代科技相融合，在传统和时尚间架起桥梁，成为一种全新的传承方式。（举例恰当，结合当下热点，具有时效性；语言凝练，言简意丰，具有概括性；富有文采，

第③段提出分论点二；运用引用论证、举例论证，在辩证分析创新与模仿关系的基础上，归纳了创新的重要意义。

生动活泼，具有表现力。）世界上没有两片完全相同的叶子，也没有两个完全相同的人。勇敢地追寻那个真实的自我，打破限制，释放潜能，调整人生航向，行稳中流水，过尽万重山。

④没有模仿，创新只能是空中楼阁；没有创新，模仿只能是亦步亦趋。这就要求我们正确处理好模仿与创新的关系，在模仿与创新之间找到平衡。（运用对偶句，句式整齐，观点明确，自然而然引出处理好模仿与创新两者关系的必要性。）就像《拿来主义》中所说“要运用脑髓，放出眼光”，这就要求我们有“追求卓越”的信念、“敢为人先”的勇气。中国高铁同样是从模仿开始，但中国人不甘人后，融入中国智慧，从追赶到领跑，成就中国速度。

第④段在分析问题的基础上，进一步解决问题，有理有据地论证了如何做到从模仿到创新的跨越。

⑤始于模仿，终于独创，这是个人的追求、社会的需要，也是国家的目标。在模仿中学习，在创新中超越，“世界上有不绝的风景，我有不老的心情”，播下模仿之籽，绽放创新之花，终将邂逅人生一重重美景。

第⑤段发出号召，在模仿中学习，在创新中超越，收束全文，回扣中心论点和题目。

总评

内容	表达	特征	总分
18	19	18	55

本文有三大亮点：一是结构层次清晰。严格按照“提出问题——分析问题——解决问题”的逻辑行文，每个分论点独立提出，然后进行具体分析，层层深入，前后呼应，结构严谨。二是紧扣材料关键词。既有关键词内涵的阐释，又有针对性策略的指导。三是作文素材丰富。古今中外，旁征博引，并且有相当数量的材料源于课内学习，但并不是简单地罗列，而是有自己的深刻解读与剖析，并能辩证地分析问题。这恰恰给苦于素材积累的学生提供了一个备考思路——抓住课内所学，积累课内素材，为作文锦上添花。

（指导老师：郑文桥）

第5周　热考主题：国际视野　看合作共赢

主题阐释

国家主席习近平在金砖国家领导人会晤上说道："回首历史，我们始终秉持开放包容、合作共赢的金砖精神，不断推动金砖合作迈上新台阶，助力五国发展。""金砖合作之所以得到快速发展，关键在于找准了合作之道。这就是互尊互助，携手走适合本国国情的发展道路；秉持开放包容、合作共赢的精神，持之以恒推进经济、政治、人文合作。"可见，在当今世界局势中，合作共赢已成为推动社会进步和解决全球性问题的核心原则。

这个主题是时下的热门选题，很多国际问题只有合作才能解决，欧洲煤钢共同体、印法国际太阳能联盟、中亚天然气管道等国际合作项目共创共赢的案例比比皆是；中国传统文化也一直强调合作，有"二人同心，其利断金""人心齐，泰山移"等俗语。所以，这个主题的作文选材范围非常广，如中国传统文化中的故事、寓言、名言，当代合作攻克难关的故事，国际上以合作成就科研、教育等的案例，等等，都可以成为写作素材。

立意上，我们传承并发扬中华优秀传统文化，以和为贵，平等互利，合作共赢。

命题角度

命题角度	试题链接	
人与人之间的关系、个人与人处事的修养、个体与集体的关系、国家与个人命运的关系、中国与世界的关系、生存与发展的关系、文化的多样性、文明因交流而多彩、文明因互鉴而丰富、携手同行、合作共赢、共享与合作	2023• 全国乙卷	吹灭别人的灯，并不会让自己更加光明；阻挡别人的路，也不会让自己行得更远。 "一花独放不是春，百花齐放春满园。"如果世界上只有一种花朵，就算这种花朵再美，那也是单调的。 以上两则材料出自习近平总书记的讲话，以生动形象的语言说出了普遍的道理。请据此写一篇文章，体现你的认识与思考。

续表

命题角度	试题链接	
构建人类命运共同体，青年责无旁贷；青年之使命，世界之眼光；国有界限，大爱无疆；携手同行，未来可期；合作共赢	2020·全国Ⅱ卷	墨子说：“视人之国，若视其国；视人之家，若视其家；视人之身，若视其身。”英国诗人约翰·多恩说：“没有人是自成一体、与世隔绝的孤岛，每一个人都是广袤大陆的一部分。” “青山一道同云雨，明月何曾是两乡。”“同气连枝，共盼春来。”……2020年的春天，这些寄言印在国际社会援助中国的物资上，表达了世界人民对中国的支持。 “山和山不相遇，人和人要相逢。”“消失吧，黑夜！黎明时我们将获胜！”……这些话语印在中国援助其他国家的物资上，寄托着中国人民对世界的祝福。 “世界青年与社会发展论坛”邀请你作为中国青年代表参会，发表以“携手同一世界，青年共创未来”为主题的中文演讲。请完成一篇演讲稿。
共同的机遇之路，繁荣之路；丝路之光辉映共赢之路	2024·河南百所名校模拟联考	2013年金秋，习近平主席先后提出共建“丝绸之路经济带”和“21世纪海上丝绸之路”重大倡议。10年来，在习近平主席亲自谋划、亲自部署、亲自推动下，共建“一带一路”从理念转化为行动，从愿景转变为现实。共建“一带一路”激发起各国互联互通、合作发展、创新发展的澎湃活力，绘制出一幅共同追求和平、发展、合作、共赢的壮美画卷。 以上材料引发了你怎样的联想和思考？请写一篇文章。

时文精选

共筑新时代全天候中非命运共同体

【阅读策略】

这是一篇关注宏大叙事的时评类文章，阅读此文，要静下心来把握文章观点态度，梳理文章结构脉络，学习文章论证方法。此文题目即观点，提示我们阅读时要关注题目，不要忘记“题目是文章的眼睛”的说法，特别是阅读议论性文章、时事评论性文章时，更要从题目入手。阅读和写作本为一体，中学生学写议论性文章时，也可学习本文的拟题方法；同时，本文本论部分采用了并列式结构，这也是中学生必须掌握的写作方法，阅读时，应重点关注。

【批注式精读】

共筑新时代全天候中非命运共同体[注]

（题目分为主、副标题两部分，主标题即论点，关键动词“共筑”表明态度要“共同努力”“双向奔赴”，这为“命运共同体”做了最好的注解，用词准确、利落。）

①相知无远近，万里尚为邻。（开篇引用古诗文名句，点明中非相隔万里，但亲近若比邻的现实关系，为后文蓄势，也提升了文章的文化与艺术价值。）在秋天收获的季节（点明时间，交代“北京峰会”召开的自然环境，也以“收获”赋予“峰会”更深刻的情感和象征意义，使读者感受到季节暗示的深远意义），中非合作论坛北京峰会隆重开幕。中非友好大家庭的新老朋友相聚北京，共叙友情、共商合作、共话未来（三个短语构成排比，从友情到合作再到未来，层层深入，形成递进关系，情感更深厚），开启了中非关系新征程。

（第①段以热点事件“中非合作论坛北京峰会”引出论述对象——中非关系，自然、合理、不突兀。）

②“中非友好穿越时空、跨越山海、薪火相传。”在中非合作论坛北京峰会开幕式上，习近平主席发表题为《携手推进现代化，共筑命运共同体》的主旨讲话，总结中非合作论坛成立24年来特别是新时代以来中非关系发展的历史，宣布“将中国同所有非洲建交国的双边关系提升到战略关系层面，将中非关系整体定位提升至新时代全天候中非命运共同体”，提出中非携手推进现代化的目标方向和“十大伙伴行动”，引发与会嘉宾热烈反响和广泛共鸣。

（承续第①段“中非合作论坛北京峰会”内容，直接引用习近平主席的讲话，阐释“中非命运共同体”的具体内容和目标，照应题目，增强文章的说服力。）

③中国和非洲从来（副词“从来”，强调时间的连续性和行为的持续性，以及中非关系友好的历史渊源）都是命运共同体。20世纪中叶以来，中非在反帝反殖反霸的斗争中并肩奋斗，在发展振兴、逐梦现代化的道路上携手同行，结下了同呼吸、共命运、心连心（连续使用三个同一类型的词汇构成排比，表达团结、协作、共同面对挑战的情感，在读者心中形成强烈印象，激发读者共鸣）的兄弟情谊。2000年，中非合作论坛迎着新世纪的曙光应运而生。从蒙内铁路、刚果（布）国家1号公路，到莫桑比克马普托跨海大桥、喀麦隆克里比深水港，再到埃塞俄比亚东方工业园、海信南非工业园……依托这一重要平台，中非携手建起一条条公路、铁路，一座座学校、医院，一片片工业园区、经济特区（运

用叠词“条条”“座座”“片片”形容中非合作取得的成就，增强文章语言的节奏感和形象性，使描述的对象更加直观、生动），改变了无数人的生活和命运。从共同实施“十大合作计划”“八大行动”，到全力推进落实“九项工程”……中非合作论坛已经成为南南合作的一块“金字招牌”（将“中非合作论坛”比作“金字招牌”，强调论坛的高质量和可靠性，体现其非凡的价值和影响力，同时增强了文章语言的表现力），引领国际对非合作，为世界和平和发展作出重要贡献。

（回顾历史，讲述中非命运共同体的历史渊源，列举中非合作的诸多成绩，运用事实论证中非命运共同体存在的价值和意义。事例取材范围广且具有代表性，让文章真实可信。）

④新时代以来，习近平主席高瞻远瞩（用“高瞻远瞩”一词形容习近平主席眼光长远，超越当前时局，观察到更长远的发展，体现用词的恰当准确）提出真实亲诚对非政策理念和正确义利观，引领中非命运共同体建设不断取得新进展。中非在世界百年变局中肩并肩、手拉手，坚定捍卫彼此正当权益；在经济全球化大潮中强筋骨、壮体魄，累累硕果惠及中非亿万百姓；在大灾大疫面前同甘苦、共拼搏，书写了一个个中非友好的感人故事；始终相互理解、彼此支持，树立了新型国际关系的典范。实践表明，中非命运共同体根植于传统友好，彰显于合作共赢，壮大于与时偕行，基础牢、起点高、前景广，为构建人类命运共同体树立了光辉典范。

（立足当下，阐释中非命运共同体践行“合作共赢”的正确义利观取得的辉煌成就。举例论证中运用排比的修辞手法，让论证兼具气势和力度。）

⑤当前，世界百年变局加速演进，人类社会面临前所未有的挑战。面对变乱交织的世界形势，中国和非洲比以往任何时候更要加强团结合作。经过近 70 年的辛勤耕耘，中非关系正处于历史最好时期。在这次峰会上，习近平主席明确新时代中非关系新定位，顺应中非友好合作的时代潮流、各国人民的共同期待，充分彰显了开辟中非关系更加壮丽前景的远见与担当，为中非关系发展擘画了新蓝图（动词“擘画”表现出一种全面、宏观的筹划能力，在此强调具有长远眼光的人站在全局高度，给出战略性设计；“蓝图”比喻规划、计划，强调中非关系未来发展的广阔前景）。面向未来，共筑新时代全天候中非命运共同体，始终本着真实亲诚理念，从中非友好合作精神中汲取力量，在团结合作的道路上坚定前行，定能推动中非命运共同体建设迈上新台阶。

（展望未来，描绘出“共筑新时代全天候中非命运共同体”的广阔前景，为合作指明方向。本段采用道理论证，使论证更深入，增强了文章的权威性。）

⑥构建命运共同体是人类的共同梦想，现代化是梦想连接现实的必由之路。无论过去还是现在，中非都是构建命运共同体的先行者（运用暗喻的修辞手法，强调中非在构建命运共同体方面扮演着至关重要的角色，点明了中非通过自身的行动和专业能力，在推动命运共同体发展和进步中所起的重要作用，肯定了其为全球作出的卓越表率和引领作用），

未来也必将携手走在现代化进程的前列。站在新的历史起点上，凝聚起28亿多中非人民的磅礴力量，携手推进公正合理的现代化、开放共赢的现代化、人民至上的现代化、多元包容的现代化、生态友好的现代化、和平安全的现代化（从不同角度解读中非携手推进的“现代化”，使读者能在词语多向叠加中审视和理解“现代化”，增强语势），就一定能引领全球南方现代化事业蓬勃发展，共筑新时代全天候中非命运共同体，为构建人类命运共同体作出更大贡献。

（结尾从“怎么做”的角度，为构建中非命运共同体提出具体建议，具备纲举目张之效，让读者对中非命运共同体充满信心。）

（选自《人民日报》，2024年9月7日　作者：本报评论员）

［注］原文副标题为《论学习领会习近平主席在中非合作论坛北京峰会开幕式上主旨讲话》。

【结构梳理】

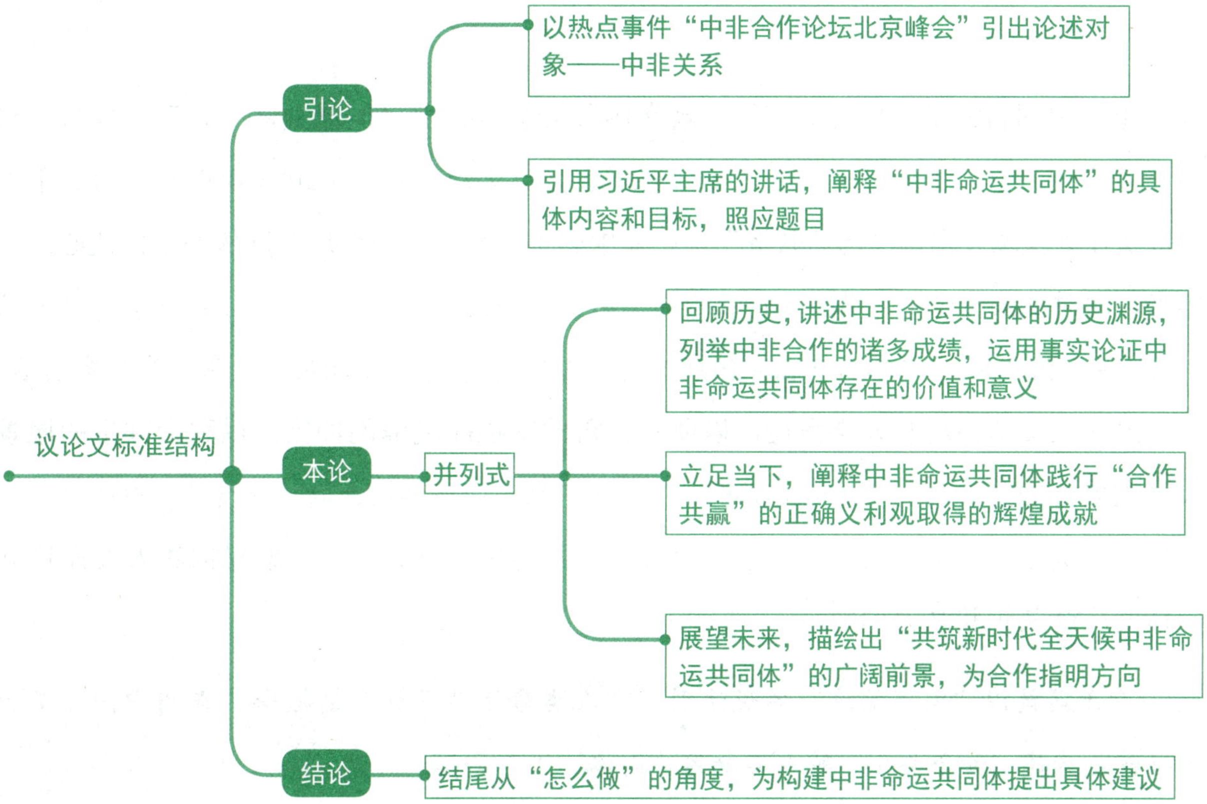

【时文点评】

文章题目即观点，简洁鲜明，本论部分采用并列式结构，从“为什么”的角度论证了构建新时代全天候中非命运共同体的必要性，结论部分从“怎么做”的角度提出建议，补充论证了构建新时代全天候中非命运共同体的可能性，升华了主旨。全文论证思路清晰，逻辑严密，是高考作文的优秀范本。论证中，事实论证和道理论证相结合，以事实论据为基础，紧扣论点关键词进行分析，具有说服力。这正是学生需要学习的论证方式。

携手构建和合共生的美好世界

【阅读策略】

这是一篇不可多得的充满诗情画意、文采斐然的时评类文章，可谓“诗”与“远方”相得益彰，非常适合考场借鉴与素材积累。阅读此文，需重点关注文章词语的锤炼、句式的选择、修辞手法的使用。尤其是文中仿词、比拟、比喻、排比等修辞手法的使用，新颖有创意，不落窠臼，是中学生应重点学习的。本文本论部分采用递进式结构，是中学生需要重点关注的写作方法，可以学习借鉴。

【批注式精读】

携手构建和合共生的美好世界[注]

（题目分为主、副标题两部分，主标题即论点，“携手”和“和合共生”相互呼应，表明和谐共处的美好局面是需要大家共同努力才能构建的，副标题点明论述对象，主、副标题相互补充，使观点清晰明确。）

①“中国古人讲‘同舟共济’，现在国际社会则需要‘同球共济’。”（运用仿词的修辞手法，使表达更深刻，也让文章的语言更加生动形象。）2024 年以来，习近平主席多次在外交场合强调“同球共济”，彰显中国推动构建人类命运共同体的坚定决心。一年来，面对乱云飞渡（巧妙嵌入诗歌中的词句，增强文章意境美，也提示读者联想诗歌的省略部分“仍从容”，准确勾画出中国所处的局势及其态度），中国特色大国外交从容自信，以博大的人文情怀观照人类命运，以兼容并蓄的胸襟超越隔阂冲突，以和合共生的愿景凝聚发展合力，（以一组结构工整的排比句点明构建命运共同体的基本要件，逻辑清晰，内容表达集中，节奏鲜明，增强了文章语言表达的艺术魅力。）汇聚起构建人类命运共同体的广泛共识和强大动力。

（开篇就以“同球共济”的说法引出“人类命运共同体”的概念，点明中国外交的目标就是构建“和合共生”的人类命运共同体。）

②一个民族最深沉的精神追求，一定要在其薪火相传的民族精神中来进行基因测序（“基因测序”本是一种科学技术，在此意为了解自身的性格特质，从而指导更适合自己的生活方式、价值追求等，用词准确生动）。“中华文明是世界上唯一延绵 5 000 多年而从未中断的悠久文明。”2024 年 5 月，习近平主席同法国总统马克龙在图尔马莱山口凭窗远眺，共论和而不同的文明相处之道。理解了中华文明突出的连续性、创新性、统一性、包容性、和平性，就能更加深刻理解中国外交的特色、风格、气派，更好读懂构建人类命运

运共同体理念的国际影响力、感召力、塑造力。

（追溯中国外交的文化基因，引出中国外交的目标是有深厚的文化基础的。中间插入习近平主席和马克龙总统的会晤，采用特写镜头的笔法增强了文章的画面感，使论述更生动、更有力。）

③构建人类命运共同体理念扎根中国深厚历史文化土壤（运用拟物的修辞手法，把理念这个抽象的概念具体化，使其具有了像植物一样“扎根”的特性，表达形象，具有画面感），是对中华优秀传统文化的创造性转化、创新性发展。中华民族历来讲求“天下一家”，主张民胞物与、协和万邦（“民胞物与”是北宋思想家张载所作的《西铭》中“民，吾同胞；物，吾与也”的缩写，“协和万邦”语出《尚书·尧典》，此处使用了文言词汇，彰显出中华历史和文化底蕴，使语言更加典雅），憧憬“大道之行，天下为公”的美好世界。中华文化以和合理念为精神内核，秉持“以和为贵，和而不同”的价值取向，推崇不同国家、不同文化“美美与共、天下大同”。和平良善的本性、博大包容的胸襟和对公平正义的追求植根于中华文明，生长（“生长”运用拟物的修辞手法，表达形象，具有画面感）在中国人民的灵魂深处。面对“建设一个什么样的世界、如何建设这个世界”的重大课题，习近平主席给出构建人类命运共同体这个时代答案，将马克思主义为人类谋进步的使命同中华优秀传统文化尚和合、求大同的理想相结合，进一步丰富和发展了关于走和平发展道路的思想。

（接续上一段的话题，明确构建人类命运共同体理念的文化基础，指出全世界人民的共同目标和中华文明理想的一致性。本段引经据典，引用古文化经典之作使观点得到有力支撑，也增强了文章的权威性和文学性。）

④构建人类命运共同体推动国与国关系从和平共处向命运与共的历史跨越，为世界展现了和平、安全、繁荣、进步的光明前景。人类只有和衷共济、和合共生，朝着构建人类命运共同体方向不断迈进，才能共同创造更加美好的未来。（运用关联词“只有……才……”，强调了人类创造美好未来的必要条件，提示条件的决定性作用。）习近平主席提出全球发展倡议、全球安全倡议、全球文明倡议，从发展、安全、文明三个维度指明人类社会前进方向，为构建人类命运共同体提供了战略引领。中国携手各方构建人类命运共同体，就是在坚持发展自己的同时兼济天下、造福世界。埃及前总理伊萨姆·沙拉夫认为，中国的文化价值观与构建人类命运共同体所需的价值观紧密契合，有助于构建以对话、规则和多边主义为基础的世界秩序，让所有国家共同迈向繁荣发展的未来。

（点明构建人类命运共同体理念的意义是为全世界、全人类创造更加美好的未来，引用埃及前总理的观点进行佐证，增强文章的说服力。）

⑤构建人类命运共同体理念不断丰富和发展，实践行动也在稳步推进。中国同中亚、中国同东盟、中国同澜湄流域各国、中国同阿拉伯国家、中国同拉美和加勒比国家（不吝笔墨地列举区域性命运共同体建设的具体国家，增强说服力）等区域性命运共同体建设相继展开，不断拓展和合共生的文明新境界。2024 年 5 月，习近平主席访问塞尔维亚，两国元首宣布构建新时代中塞命运共同体，塞尔维亚成为首个同中国共同构建命运共同体的欧洲国家；7 月，上海合作组织阿斯塔纳峰会上，成员国重申推动构建相互尊重、公平正义、合作共赢的新型国际关系和人类命运共同体；9 月，中非合作论坛北京峰会上，中非关系整体定位提升至新时代全天候中非命运共同体；11 月，习近平主席访问巴西，两国元首宣布将中巴关系提升为携手构建更公正世界和更可持续星球的中巴命运共同体……人类命运共同体建设取得新突破，推动命运与共、"同球共济"的历史潮流。

（以中国构建人类命运共同体理念的实践成绩来论证人类命运共同体建设的可行性、必要性和必然性，采用例证法，所举事例确凿、典型，"事实胜于雄辩"，使文章极具说服力。）

⑥世界百年变局加速演进，人类社会又一次站在历史的十字路口。（用"十字路口"比喻人类社会处于重大选择的关键时刻，象征着多种可能性并存，而"历史"二字增强了决策的重要性，意为选择可能会被镌刻在历史的长河中，表达极富智慧。）唯有从人类悠久文明中汲取智慧，坚持登高望远，才不会在百年变局中迷失自我（把"丧失方向、找不到目标"这种抽象的状态描摹得具体可感，触动读者内心，激发共情），才能确保人类这艘航船始终行驶在正确的方向。（运用暗喻的修辞手法，把人类的发展比作航船行驶，呼吁每个人都应该具有大局意识和责任感，共同维护人类文明。）在此关键时刻，人类更应该树牢命运共同体意识，高举人类命运共同体旗帜，让文明的灯塔照耀人类前行的正道。（"文明的灯塔"巧妙运用比喻的修辞手法，富有诗意又具有丰富的内涵，增强语言的感染力。）

（立足现实，给出措施，展望未来，坚定道路，信心十足。结尾回扣观点，强化了主旨。）

（选自《人民日报》，2024 年 12 月 23 日　有删改）

[注]《人民日报》国际《解码中国特色大国外交的文化基因》系列文章的第一篇，其副标题为《解码中国特色大国外交的文化基因》。

【结构梳理】

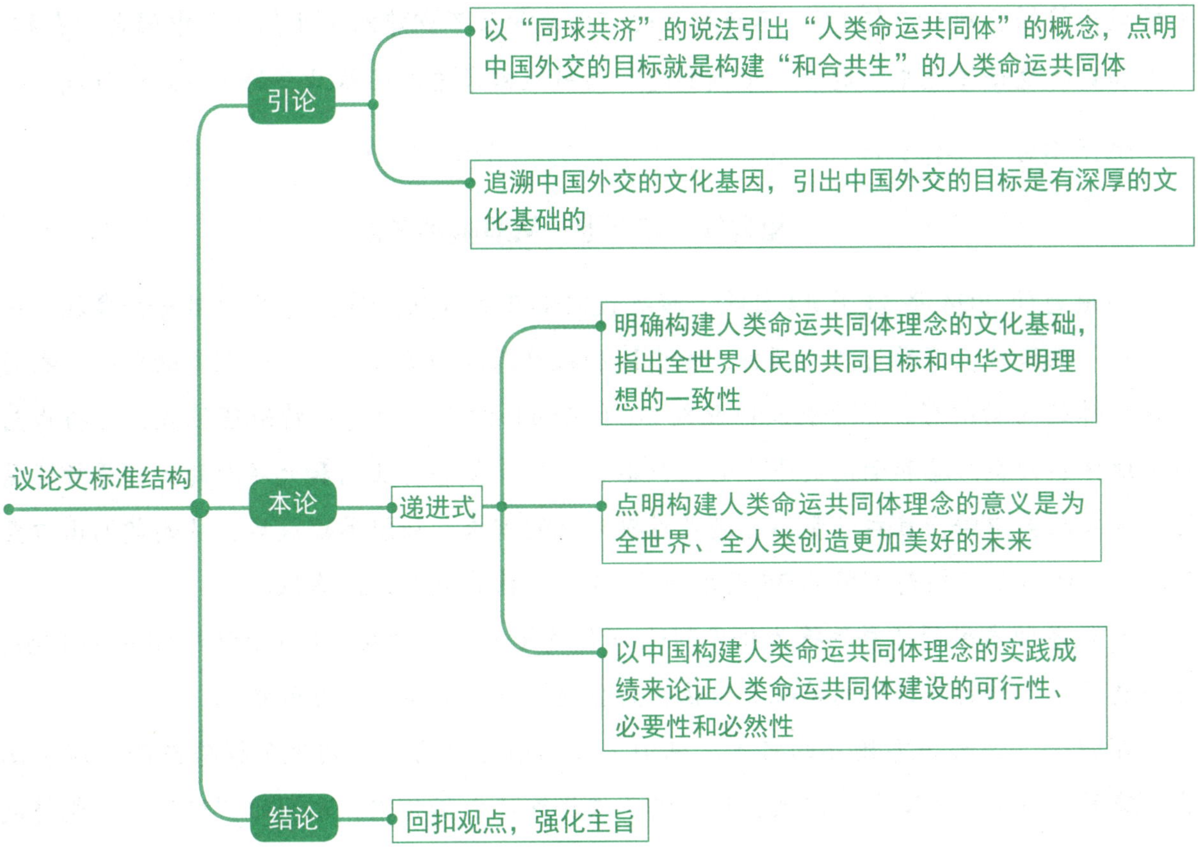

【时文点评】

文章题目分为主、副标题两部分，主标题即观点，副标题点明论述对象，相互补充，清晰明了。本论部分采用递进式结构，从“文化基础”到“存在意义”，再到“实践成绩”，层层深入地论证了“构建人类命运共同体是必然的”的观点，全文论证思路清晰，逻辑严密，是思维训练的范本。论证中，运用仿词、比拟、排比等修辞手法，提升了文章的文学性和可读性，阅读时可以圈点勾画以积累佳句，逐渐让自己的语言“靓”起来。

时文素材

电动“摩的”：中非绿色合作蓬勃生动的缩影

绿色合作，是2024年中非合作论坛北京峰会最受关注的内容之一。

非洲有着丰富的可再生能源，如风能、太阳能、地热能等，使得通过绿色发展解决非洲能源短缺问题成为可能，而来自中国绿色发展的经验和帮助又有能力将这一愿景化为现实。“摩的”由于灵活、便捷的特点以及相对便宜的价格，在非洲是不少人出行的重要选择。随着网约“摩的”的兴盛，非洲摩托车市场正迎来巨大的发展机遇。而中国产的电动摩托车的产品性能和价格，非常适合非洲当地环境，又符合许多非洲国家鼓励电动化出行的趋势，受到非洲人民的欢迎。数据显示，预计到 2027 年，非洲电动摩托车市场规模将增长到50.7亿美元。不断增长的市场前景让不少非洲企业积极与中国企业合作，生产和销售电动摩托车。这是“中国制造”与当地需求自然而然结合的又一鲜活注脚。

适用主题：合作共赢　互利互惠　人类命运共同体　因地制宜

秘鲁钱凯港开港：从双赢到多赢

当地时间 2024 年 11 月 14 日晚，秘鲁钱凯港正式开通。钱凯港是中国与秘鲁在“一带一路”倡议框架下的标志性项目，是中国和秘鲁两国合作共赢、互利互惠的典范，更是中拉合作的生动缩影。位于利马以北约 80 千米的钱凯港，以其独特地理位置，即将成为拉美地区新的枢纽港和面向太平洋的门户港。目前，秘鲁对亚洲和大洋洲的大部分货运需经中美或北美中转，且吞吐量不能满足外贸升级的需求。钱凯港建成后，从南美洲出口至亚洲市场的货物运输时间将从 35 天缩短至 25 天，物流成本大幅降低。

钱凯港的启用预计每年将为秘鲁创造45亿美元的经济效益，相当于该国 GDP 的 1.8%，并创造数以千计的直接和间接就业岗位，为当地人民带来实实在在的福祉。

不仅如此，太平洋西岸的日本、韩国，可以通过上海，共用这条横跨东西半球和南北半球的“海上快速路”，因此，钱凯港不仅将见证中秘和中拉之间的“双赢”，也将成就太平洋沿岸国家的普遍“多赢”。

适用主题：合作共赢　互利互惠　人类命运共同体　开放、包容与繁荣

经典素材

鲁班工坊：靠什么赢得“全球南方”的心?

中国正在与非洲及亚洲多国合作设立的职业教育培训网络“鲁班工坊”，称其既“惠及当地，又扩大了中国的影响力”。《华盛顿邮报》也承认，其在印度尼西亚、埃塞俄比亚和南非采访了十几位鲁班工坊的教师、学生和校友，“对中国表示万分感激”。从 2016 年 3 月第一家鲁班工坊在海外揭牌到 2024 年 8 月，这一中国职教品牌已遍布 29 个国家，开设了 14 大类 57 个专业，通过授人以鱼更授人以渔的方式，将中国丰富的职业教育经验和硬件条件与当地的人力资源结合起来，真正提升当地人的职业能力和素养。而伴随着当地人素质和技术的普遍提升，中企与当地长期合作的环境也随之不断完善。

回顾鲁班工坊的历程能很清晰地看到，它的出现和发展一直都是中国与其他国家合作的产物，着眼于当地实际需要。

中国对外合作项目的心态是开放的，鲁班工坊本身就是对国际先进职业教育理念的

借鉴。中国的对外合作项目总是突出“合作”二字，从不附加政治条件，从一开始就把自己摆在一个与合作方高度平等的位置上。鲁班工坊在全球很多地方受欢迎，有一个说法是这些地方选择与中国一起“为世界生产”。在这个意义上可以说，鲁班工坊为中国和世界打造了一个“可持续共赢”的模式。

适用主题：合作共赢　互利互惠　人类命运共同体　授人以渔　可持续发展　大国工匠　多维选择　创新实践　认知与行动　格局与气度

中国经验助力柬埔寨乡村脱贫

平坦宽阔的沥青路、整齐排列的太阳能路灯、方便的清洁饮用水设施、高效实用的排水渠……近些年，在中柬双方共同努力下，位于柬埔寨茶胶省巴提县的中柬友好扶贫示范村——达弄村焕然一新，成为中国经验助力柬埔寨乡村脱贫的样板。

柬埔寨民间社会组织联盟论坛项目计划部主任谢莫尼勒曾多次前往中国考察扶贫项目，深入学习中国的扶贫经验。他说：“中国的精准扶贫取得了巨大成功，积累了丰富经验。柬中友好扶贫示范村是一个全方位的扶贫建设模式，将为柬埔寨的减贫工作带来更多启示。”

中国和柬埔寨建交60多年来，双方始终高度互信、平等相待、互利双赢。近年来，两国合作建设的白特诺河防洪灌溉工程、桔井大学二期项目、中柬友好扶贫示范村等一大批民生项目落地生根，助力改善柬埔寨民众的生活条件，推动柬埔寨经济社会发展，为中柬两国务实合作增添了新活力。

适用主题：合作共赢　互利互惠　人类命运共同体　扶贫攻坚　精准扶贫　无私务实　格局和气度

每周一题

【连线考场】

（2024·新疆二模，改编）阅读下面的材料，根据要求写作。（60分）

博弈论衍生于下棋、打牌这些古老的游戏，这类游戏是一种非合作的博弈，一人赢就意味着另一人必然输，两者的净获利相加始终为零，故被称为“零和博弈”。

而我国提出的“一带一路”则是一种合作型的博弈，双方能够在经济、文化等诸多领域携手共进，共同发展。恰如我国著名社会学家费孝通先生所说的“各美其美，美人之美，美美与共，天下大同”。

以上材料对青少年的学习和生活颇具启示意义，请结合材料写一篇文章，体现你的感悟和思考。

要求：选准角度，确定立意，明确文体，自拟题目；不要套作，不得抄袭；不得泄露个人信息；不少于800字。

【高分佳作】

扬合作之帆，逐时代之光

（题目即论点，前句为手段，后句为目的，运用比喻、对偶的修辞手法，生动形象、交相辉映，点明中心，构思巧妙，倍增文采。）

延安市实验中学 高一（1）班 武语诺

①从古老的棋艺与牌局中衍生而来的博弈论，“零和博弈”仿佛是其背后一道冷峻的暗影。在这样的规则之下，对弈双方宛如站在天平两端，一方的荣耀高升必以另一方的落寞垂败为代价，得失总和被死死锁定为零，容不得半分缓和。然而，当我们把视野从这方狭小的棋盘拓展至风云变幻的全球，中国智慧孕育的“一带一路”倡议正乘风破浪而来，它打破传统博弈的僵局，高擎合作共赢的大旗，追逐时代趋势的光芒，谋求世界发展新篇章，更为青少年奋斗指明了方向。（以“一带一路”“带”出本文观点，点明“合作共赢”的意义，并确认青少年的身份和立场。）

开篇概括并评价材料内容“零和博弈”，冷静的叙述中暗含着观点态度。

②合作共赢犹如引擎，驱动着时代巨轮滚滚向前，全方位重塑着世界发展格局。（运用比喻的修辞手法，形象生动地点明“合作共赢”的价值。）“中国愿同各国一道，做友好合作的践行者、文明互鉴的推动者、构建人类命运共同体的参与者，共同开创世界的美好未来。”（直接引用，强化文章观点，使论证更具权威性。）在二〇二五年新年贺词中，习近平主席向全世界传递友好合作的愿望。无论个人、集体、国家乃至全世界，只要合作双方乃至多方摒弃狭隘的“零和”思维，开启合作之旅，各方的资源就能得以优化整合，开辟出全新广阔（“全新”强调变革与进步，“广阔”凸显宏大视野，两个形容词组合使用，将新颖与宏大结合，形成强大的冲击力与吸引力，让读者更加认同“合作”的爆发力）的空间，创造出更多有利的机会，成为世界共同繁荣的有力助推器。

承续第①段“合作共赢”这个关键词，直接引用习近平主席二〇二五年新年贺词的内容，以中国态度加强“合作共赢”的意义，接着深入剖析选择“合作共赢”的原因，从理论层面证明论点的准确性，增强文章的说服力。

③于求知奋进的校园天地，“零和”思维恰似一堵无形却坚实的高墙。考试成绩的排名，竞赛荣誉的角逐，引得部分同学陷入狭隘竞争的漩涡。为求名次靠前，将知识视作私有财产，对同窗求助视而不见，甚至暗自祈愿他人失误。可这般行径，虽偶尔能换取分数单上一时的风光，实则却关闭了知识交流的大门，阻塞了思维碰撞的通道。（列举校园生活中的“零和博弈”现象，

从校园生活层面，说明“零和”思维的危害，勾连材料，强调“合作”的重要性。

指出可能产生的后果，真实生动，容易引起读者共鸣。）若转换视角，合作交流之中，一加一定会产生大于二的特别结果：课堂上热烈探讨、各抒己见，小组中携手并肩、优势互补，恰似“一带一路”沿线国家在基建、贸易等领域协同发力。（勾连题目中的材料，将校园生活中的合作现象和“一带一路”的实例作比较，清楚明了。）擅长文科的同学以灵动笔触勾勒框架，精于理科的伙伴用严谨逻辑填充细节，知识的火种在交流间成燎原之势，让每一位参与者都能在合作的沃土里汲取成长养分，向着智慧高峰勇毅攀登。（以学生视角讲述最熟悉的生活，抒发最真实的感受，流畅精练的语言、比喻的修辞手法让来源于生活的事例产生高于生活的效果，不落俗套。）

④踏入热血青春的社会舞台，生活的每一处角落都在诉说（“诉说”运用拟人的修辞手法，使抽象的概念具体可感，语言更加活泼，易于读者接受）合作的力量。运动赛场上，接力跑队友绝非对手，每一棒交接都承载着信任与拼搏，为团队荣誉全力以赴；文艺汇演中，歌者、舞者、乐手默契配合，方能奏响动人心弦的华章。聚焦当下时代热点，当瓦努阿图突遭7.3级强震暴击时，大地颤抖，房屋倾塌。各项设施百孔千疮，承载着希望的中方包机稳稳降落在维拉港，随帐篷等各项物资一起来的是中方灾后评估工程师团队，他们争分夺秒，严谨勘察、细致分析，为后续重建筑牢根基。跨越地域，不同肤色的人们在灾难面前心手相连，用行动诠释着“人类命运共同体”的精神；西藏定日县突发6.8级强烈地震，山崩地裂间，无数家庭被阴霾笼罩，泰州青年公益力量迅速集结，江苏梅兰医疗器械公司加班赶制20万片暖宝宝援助震区，江苏农牧科技职业学院马天赐、周健健拿出积蓄买罐头捐赠，联合国儿童基金会也迅速响应……各国各界众多青年从四面八方奔赴灾区，挖土石、救群众、送物资，不分地域、不分你我。（以白描手法勾勒出救援画面，生动形象地证明观点，动人心弦。）他们以青春之躯践行合作大义，驱散困境阴霾，让希望之光熠熠生辉。

从社会生活层面，举例论证各方各界都需要合作才能实现共赢的局面。

⑤立足时代潮头，瞭望国际舞台，“一带一路”更是一部鲜活的成长启示录。沿线国家在经济上携手同行，中欧班列风驰电掣，满载着中国制造与欧洲精尖技术，互通有无间繁荣彼此市场；文化层面，各国文明沿着丝路交相辉映，中国古老的造纸术与西

从国际交流层面，围绕“一带一路”具体描述合作各方多角度、多层面、多维度的合作状况，绘制出一幅合作共赢的美好画面，并以习近平主席对命运共

方现代印刷术相互配合，传统中医药在异国他乡落地生根（成语“落地生根”形象地描述了传统中医在他国迅速适应并稳定发展的状态，还让我们联想到将来会取得更多的成就，在文化和语言方面增添深度和广度），不同肤色、不同语言的青年们跨越山海相聚，共绘人类文明新画卷，如果世界各国都能摒弃“零和思维”，加入合作大家庭，那么，我们将很快看到全球“成为一荣俱荣、一损俱损的利益共同体、命运共同体”。

同体的期待收束全段，画龙点睛、升华主题。

⑥身为新时代的弄潮儿，肩负家国复兴与人类发展的双重使命，青少年当以“一带一路”为指引，扬起合作的风帆，摒弃“零和”的狭隘，在学习中互帮互助、携手共进，在生活里团结友爱、众志成城，于社会交往中开放包容、兼收并蓄（运用一组排比句提示青少年的奋斗方向，情感饱满，强化表达效果）。向着光明璀璨的未来，踏出铿锵有力的青春步伐，用热血与担当书写属于这一代的传奇，让合作之光永远照亮逐梦征程。

照应开头身份立场，从“怎么做”角度深度回应青少年的奋斗方向，发出呼吁，提出号召，期待作为，使文章具有感染力。

总评

内容	表达	特征	总分
20	19	18	57

文章题目运用比喻、对仗的修辞手法，生动形象，又观点鲜明。本论部分从“为什么”的角度，在实践层面给出实例，佐证“合作共赢”的好处，内部采用递进式结构，从“校园生活”到“社会生活”再到“国际交流”，逐层扩大范围，深入地论证了无论哪个领域都需要“合作”才能“共赢”，全文论证思路清晰，逻辑严密，事实论证和理论论证相结合，运用恰当。论证中，运用比喻、引用、排比等修辞手法，提升了文章的文学性和可读性，是一篇优秀的习作。

（指导老师：李海燕）

第6周　热考主题：凡人微光　映中国形象

主题阐释

中国形象不仅是一张张壮美的名片、一项项伟大的成就，更是由无数普通人的行动与品格所承载的精神体现。他们用善良、勇气与责任，在自己平凡的岗位上贡献力量。他们虽是凡人，却以微光汇聚成灿烂星河，映照出一个真实而感人的中国。

正是这些看似渺小的努力，汇成了照亮中国形象的灯塔，书写了独属于中国的温情故事。这些平凡人的微光，是国家发展的基石，也是民族未来的希望。他们在普通岗位上散发光芒，用行动传递善意，用坚持诠释信念。他们不耀眼，却足够温暖；不伟岸，却足够深沉。正是他们，让中国形象更加真实、动人而可信；正是他们，激励全民向上向善，挺起奋进新时代的脊梁，照亮复兴征程，谱写时代最为强劲的主旋律。

高考语文命题遵循立德树人的原则，将立德树人落到实处。作文“好故事的力量”一题中，许多平凡人的不凡故事能给予他人成长或行善的力量。当前，许多节目和媒介也将关注点投向普通人的不凡处，如《新闻周刊》中的新闻人物，“救”在一瞬间的“棉袄英雄”赵东，舍鱼救火的“卖鱼哥”童林松。教材更不必说，如必修上册第二单元《心有一团火，温暖众人心》《芣苢》《插秧歌》聚焦于平凡的劳动者……“凡人微光”这一热考主题，既与教材衔接自然，又合乎时代主旋律。关注“凡人微光”是备考的正确方向。

这个主题的作文选材范围比较明确，如中国面孔、中国故事，值得称道的大人物、小人物，等等；既可以指向一个人，也可以指向一群人。在立意时，我们既可以立足于国家发展这一层面，突出民族脊梁对中国式现代化的推动作用；也可以立足于社会层面，凸显凡人英雄对全社会形成向上、向善良好风气的影响。

参考立意：①小人物，大能量；②心怀微光，笃定前行；③聚微光，成星河；④萤烛末光，增辉日月；⑤追微光，挺起民族奋进的脊梁。

命题角度

命题角度	试题链接	
故事的作用和影响：人际交流、个体成长和命运、凡人力量和民族形象	2023 • 新课标 I 卷	好的故事，可以帮我们更好地表达和沟通，可以触动心灵、启迪智慧；好的故事，可以改变一个人的命运，可以展现一个民族的形象……故事是有力量的。 以上材料引发了你怎样的联想和思考？请写一篇文章。

续表

命题角度	试题链接	
“中国形象”或“中国精神”：家国情怀、创新精神、责任担当、尽职尽责、默默付出……	2020·天津卷	“中国面孔”是全球热播纪录片里充满家国情怀的杜甫，是用中医药造福人类荣获诺贝尔奖的屠呦呦，是医务工作者厚重防护服下疲惫的笑脸，是快递小哥在寂静街巷里传送温暖的双手……也是用各种方式共同形塑“中国面孔”的你和我。 走过2020年的春天，你对“中国面孔”又有什么新的思考和感悟？请写一篇文章。
小人物，大能量；心怀微光，笃定前行；点亮自己，照亮别人	2025·山东临沂适应性测试一	毕淑敏在《一个人就是一支骑兵》中说：“要向一颗微不足道的星星学习，可以微弱，但要有光。”一颗微不足道的星星，或许在广袤的星空中显得那样渺小，但它的光芒却能穿越无尽的黑暗，给夜行的人带来一丝希望，为迷失的灵魂指引方向。 以上材料引发了你怎样的联想和思考？请写一篇文章，谈谈自己的看法。
平凡劳动者触动人心的不凡之处	必修上册 第二单元·单元学习任务四（节选）	生活中，有很多平凡的劳动者值得我们关注，发生在他们身上的不少事也可能触动我们的心灵。写一个你熟悉的劳动者，不少于800字，题目自拟。

时文精选

凡人微光，星火成炬

【阅读策略】

阅读此文，可通过概括段落中心句的方式来整体把握文章内容及结构。本文的段落中心句大多在段落首句。此外，还可通过一些关键句来提炼中心句，如第④段中“只有……方能凝心聚力推动改革行稳致远”，表明此段论述学习中国好人的必要性，即学习“中国好人”的意义；第⑤段中“新征程上，学习‘好人’事迹，就是要……礼赞‘好人’善举，就是要……”，表明本段从“怎么做”的角度进行论述。由此可见，本文严格按照“是什么”“为什么”“怎么做”的逻辑顺序行文。在阅读时，要抓住本文谋篇布局的特点。

【批注式精读】

凡人微光，星火成炬

①凡人微光，最为璀璨。

（四字词语简洁明了。“微光”“璀璨”反差极大，表明作者对普通人善行美德的高度赞美。）

②2024年11月12日，2024年第三季度“中国好人榜”发布仪式暨全国道德模范与身边好人现场交流活动在湖北十堰市举办。经各地推荐、网友评议和专家评审等环节，共有152人（组）助人为乐、见义勇为、诚实守信、敬业奉献、孝老爱亲的身边好人光荣上榜，他们是社会的好公民、单位的好员工、家庭的好成员，在一言一行、一举一动中传播真善美、传递正能量，凝聚起向上向善的奋进力量。

（简述新闻事件，提出观点：“中国好人”的善行凝聚向上向善力量。）

③感动有力量，平凡亦闪光。每位“中国好人”都是闪亮的精神坐标、奋进的精神旗帜。（连用两个比喻。“坐标”“旗帜”两个喻体形象突出“中国好人”具有指向、定位作用。）三十多年坚守海上救援的“渔家子弟”董建海，身残志坚、自立自强，不计报酬无私助人；自愿守护烈士英灵四十余载的退伍老兵顾平，积极保护红色资源、弘扬革命文化，用实际行动践行“报效国家、一生奉献”的铿锵誓言；奋战在防汛抢险救灾一线的“90后”基层干部李东，在生死关头毫不犹豫把同事推向岸边，却将青春永远定格在滔滔洪流中……（排比用例，但没有拘囿于使用整齐的排比句，整齐中有变化，句式灵活，感染力强。）一个个令人动容的名字、一幕幕感人至深的画面，或许没有惊天动地的“壮举”，只是坚持不懈做好每一件“小事”；或许没有气壮山河的“豪言”，却在危难时刻挺身而出，生动展现了平凡英雄的不平凡之处，集中体现了千千万万身边好人爱党爱国、感恩奋进的时代风貌。

（由点及面，在叙述具体例子的基础上，给予“中国好人”高度评价：展现不凡，体现时代风貌。）

④中国好人，鼓舞你我；凡人善举，激发共鸣。（句式整齐，彰显文采。）习近平总书记指出，“14亿多中国人心往一处想、劲往一处使，同舟共济、众志成城，就没有干不成的事、迈不过的坎”。今日之神州大地，望田间沃野，“中国饭碗”越端越牢；看科技创新，“国之重器”捷报频传、现代化产业体系加快构建；察民生福祉，就业形势长期稳定、社会保障坚实有力……（从农业发展、科技创新与民生保障三方面写中华儿女团结奋斗、担当奉献所取得的巨大成就，读来浓浓的自豪感油然而生。）亮眼的成绩、幸福的生活都离不开亿万中华儿女的团结奋斗、担当奉献。遵道而行，但到半途须努力；会心不远，要登绝顶莫辞劳。（这是南岳衡山的一副对联，习近平总书记在庆祝中华人民共和国成立75周年招待会上发表讲话时曾引用过，此处用来勉励我们遵循正道，坚持不懈，不辞劳苦，勇攀绝顶。）当前，世界百年未有之大变局加速演进，我国发展进入战略机遇和风险挑战并存、不确定难预料因素增多的时期，进一步全面深化改革必然会遇到各种“娄

山关”“硬骨头”，必须准备付出更为艰巨、更为艰苦的努力。只有坚持和加强党的全面领导，以“中国好人”为榜样，把精神的洗礼化作奋斗的动力、将灵魂的触动变为实际的行动，方能凝心聚力推动改革行稳致远。

（联系时代特点，论述“中国好人”的精神感召、引领民众凝心聚力推动改革行稳致远。）

⑤人生需要信仰驱动，社会需要共识引领，国家需要价值导航。（运用排比，从个人到社会再到国家，逐步递进，表明行善不仅仅是个人的信仰，更应成为全社会的共识与国家的价值导航。）“中国好人”身上闪耀的光芒、展现的品质，赢得广大人民群众的感动与尊敬，也让我们看到中华传统美德在现代社会熠熠生辉。新征程上，学习“好人”事迹，就是要时刻胸怀“国之大者”，坚定历史自信、增强历史主动，锚定“与祖国共前进”的人生方向，自觉把个人理想追求融入党和国家事业之中；礼赞“好人”善举，就是要镌刻“为梦想共奋斗”的奋斗足迹，主动学习新知识、掌握新技能，在本职岗位上用勤奋践行初心使命，于平凡工作中以坚守铸就不凡人生，用更加饱满的状态、更为务实的作风成就更多奋进中国的时代感动、精彩华章。

（立足已有成就，展望未来的新征程，论述如何将学习“好人”事迹、礼赞“好人”善举落到实处。）

⑥山再高，往上攀，总能登顶；路再长，走下去，定能到达。（增强语势，彰显文采。饱含寓意，让人联想到个人发展以及国家发展都需要不断前行、不断攀登。唯有攀登，才能向上。）今天，我们礼赞“中国好人”、致敬“凡人微光”，就是要把温暖的感动化为奋进的行动，激励更多人积极践行社会主义核心价值观，撸起袖子加油干、风雨无阻向前行，汇聚起共襄强国盛举的磅礴力量，登上一座又一座山巅、取得一个又一个胜利。

（重申礼赞“中国好人”、致敬“凡人微光”的内涵：激励更多人奋进，并践行社会主义核心价值观，为强国贡献自己的力量）

（选自人民论坛网，2024 年 11 月 13 日　作者：刘鑫、胡明越　有删改）

【结构梳理】

递进式结构
- 是什么：简述新闻事件，提出观点——“中国好人”的善行凝聚向上向善的力量
- 为什么：
  - 论述“中国好人”展现不凡，体现爱国爱党、感恩奋进的时代风貌
  - 论述“中国好人”的精神引领民众凝心聚力推动改革行稳致远
- 怎么做：在新征程上胸怀祖国、务实奋进，成就时代感动、精彩华章
- 结尾：重申礼赞“中国好人”的内涵

【时文点评】

本文是一篇很经典的时评文章。立意高格，从平凡英雄对时代风貌、改革进程、社会共识、国家建设新征程的积极意义来写。整句的频繁使用使语言极有感召力，彰显了“中国好人”对他人的激励作用，对良好社会风尚的推动作用。从“中国好人”的善行善举写到十四亿多中国人的团结奋斗，由点到面，增强说服力，提振信心。

阅读此文可积累丰富的写作素材，包括事例和名言好句；可学习本文谋篇布局的方法，写作时力求做到脉络清晰。

“中国好人”汇聚向善力量

【阅读策略】

阅读此文，可从内容和结构两方面入手。内容上，归纳段意，厘清段落之间的逻辑关系；结构上，弄清文章整体的论证结构、论证方法的运用及效果。另外需关注语言特点，如本文多处运用了排比与引用的修辞手法。这样，既能提高阅读能力，也能将时评阅读与论述类文本阅读联系起来，提高论述类文本阅读的阅读能力与解题能力。

【批注式精读】

“中国好人”汇聚向善力量

①在路上“偶遇”巨额财物，你会怎么做？北京朝阳区的保安张力东拾金不昧，将 10 万元现金归还失主，一句“不是咱的东西，咱不能拿”朴实真挚；江西南昌市的环卫工人肖掠想，捡到失物后立即寻找失主，将财物总价值达 10 余万元的手提包完璧归赵……不久前，张力东、肖掠想被评为“诚实守信好人”，荣登 2024 年第三季度“中国好人榜”。

（运用设问手法开头，营造与读者亲切交流的氛围。选取两个获奖人物及其事例，引出下文的议论。）

②流水岂无痕，平凡亦闪光。（整齐的短句，洗练蕴藉；由看似无痕的流水会留下水流过的痕迹，引出看似不起眼的平凡人也会有闪光点的观点，生动而自然。）张力东、肖掠想的事迹，并不是惊天动地的壮举，但他们身上的善良与正义，让人动容，令人敬佩。此次登榜的 100 多位“中国好人”中，既有潘展乐这样奋勇拼搏、为国争光、勇登奥运之巅的体育健儿，也有很多来自我们身边的凡人英雄。他们或在紧急关头挺身而出，或在他人受困时施以援手，或在面对选择时坚守正道，或在平凡岗位上敬业担当……（一组整齐的句子构成排比，每个句子由“中国好人”所处的境地及他们的行动构成，字里行间洋溢着作者对他们的赞美，有极强的感染力。）从千千万万普通人中走来，他们的故事，展示着生活磨砺下生命的不屈，彰显着纷繁社会里人性的温度，让我们看到这个时代最温暖、最动人的价值底色。

（由张力东、肖捩想拓展到此次登榜的所有“中国好人”，赞扬他们的善良、正义、敬业等美德。）

③“平凡铸就伟大，英雄来自人民”，一位位“中国好人”以平常心做不平常事，用感人事迹生动诠释了习近平总书记这句话的深刻内涵。医生王冠羽，曾两次在乘坐飞机时救助突发疾病的患者，在万米高空展现医者仁心；乡村教师唐广芳，即使因意外失去右臂，仍毅然坚守三尺讲台，奋力“托举”起一群又一群乡村孩子的人生梦想；夫妻护林员黄通甫、黄日秀，扎根广西大瑶山，用心守护大自然一草一木……（一句一例，语言极具概括性；三例构成整句，加上“在万米高空”“毅然”“奋力”“用心”等修饰性词语，更能突出“中国好人”的美德善行。）“中国好人”并非遥不可及，坚守道德、传递爱心、担当责任，每一个人都可以是“中国好人”，每一个人都可以闪耀自己的光芒。

（选取三个典型例子论证“平凡铸就伟大，英雄来自人民”，激励每一个人争做“中国好人”。）

④正所谓“与善人游，如行雾中；虽不濡湿，潜自有润”。（开头引用名言兼用比喻的修辞手法，生动地表达了行善对周围人潜移默化的影响。）我们身边从不缺少善良勇敢、拼搏奉献的人。他们的事迹，可亲、可近、可信、可学。礼赞身边好人，嘉奖凡人善举，让更多人品读他们的故事，感悟他们的精神，有助于在潜移默化中滋养人们的心灵，带动更多人崇德向善。这正是常态化发布“中国好人榜”的意义所在。自 2008 年至 2024 年，通过持续开展网上“我推荐我评议身边好人”活动，已有 1.7 万余人（组）荣登“中国好人榜”。他们的宝贵精神，唤起全社会的思想认同和情感共鸣，产生“一人兴善，万人可激”的积极效应。

（论述常态化发布“中国好人榜”的意义：带动全社会崇德向善。）

⑤国无德不兴，人无德不立。（这是习近平总书记关于树立社会主义核心价值观的重要讲话，指出“德”于人于国的重要性，给人高屋建瓴之感。）习近平总书记指出：“只要中华民族一代接着一代追求美好崇高的道德境界，我们的民族就永远充满希望。”新时代以来，从接连颁授“共和国勋章”“七一勋章”“八一勋章”等最高荣誉，到一次次表彰道德模范、“时代楷模”“中国好人”“最美人物”等，党和国家坚持以文化人、以德润心，将聚光灯更多地对准民族脊梁、对准凡人英雄，让亿万人民从心底里迸发出对德的敬重、对善的向往、对美的追求，凝聚起了团结奋进的澎湃力量。（句中成分整齐，彰显文采，增强语势。）

（论述美德于人于国的重要性，以及国家为引导人民追求美德善行而施行的措施。）

⑥推进中国式现代化，征途漫漫唯有奋斗，“实现我们的目标，需要英雄，需要英雄精神”（引用习近平总书记的话，增强说服力）。激发更多人身上的英雄气、正义心、

道德感，始终是一个重要课题。当一个个“道德光源”在神州大地上不断亮起，有助于鼓舞人心，有助于照亮前程。奋楫扬帆再出发，只有进一步传递真善美、弘扬正能量，推动全社会择善而从、积善成德、明德惟馨，更好构筑中国精神、中国价值、中国力量，才能为中国式现代化提供源源不断的精神动力和道德滋养。（句中成分整齐，彰显文采，增强语势。）

（论述加大弘扬力度的必要性：推动全社会向善而行，为中国式现代化提供精神动力与道德滋养。）

⑦“中国人总是被他们之中最勇敢的人保护得很好。”近年来，这句话在互联网上屡屡被提起。愿我们每个人都能从“中国好人”身上汲取向上向善的力量，眼里有光、心里有爱，砥砺品行、奋发向上（句中成分整齐，彰显文采，增强语势），推动我们的国家昂扬前行。无数个你我，在平凡的生活中彼此温暖，在壮阔的征程上携手前行，终将照亮时代的苍穹，映照出我们更加光明、更加辉煌的未来。（与前文“平凡亦闪光”“道德光源”呼应，平凡个体微光汇聚，能够照亮时代与未来，结尾高亢激昂。）

（呼吁人们从“中国好人”身上汲取向上向善的力量，砺行奋进，推动国家前行。）

（选自《人民日报》，2024 年 12 月 25 日　作者：张凡　有删改）

【结构梳理】

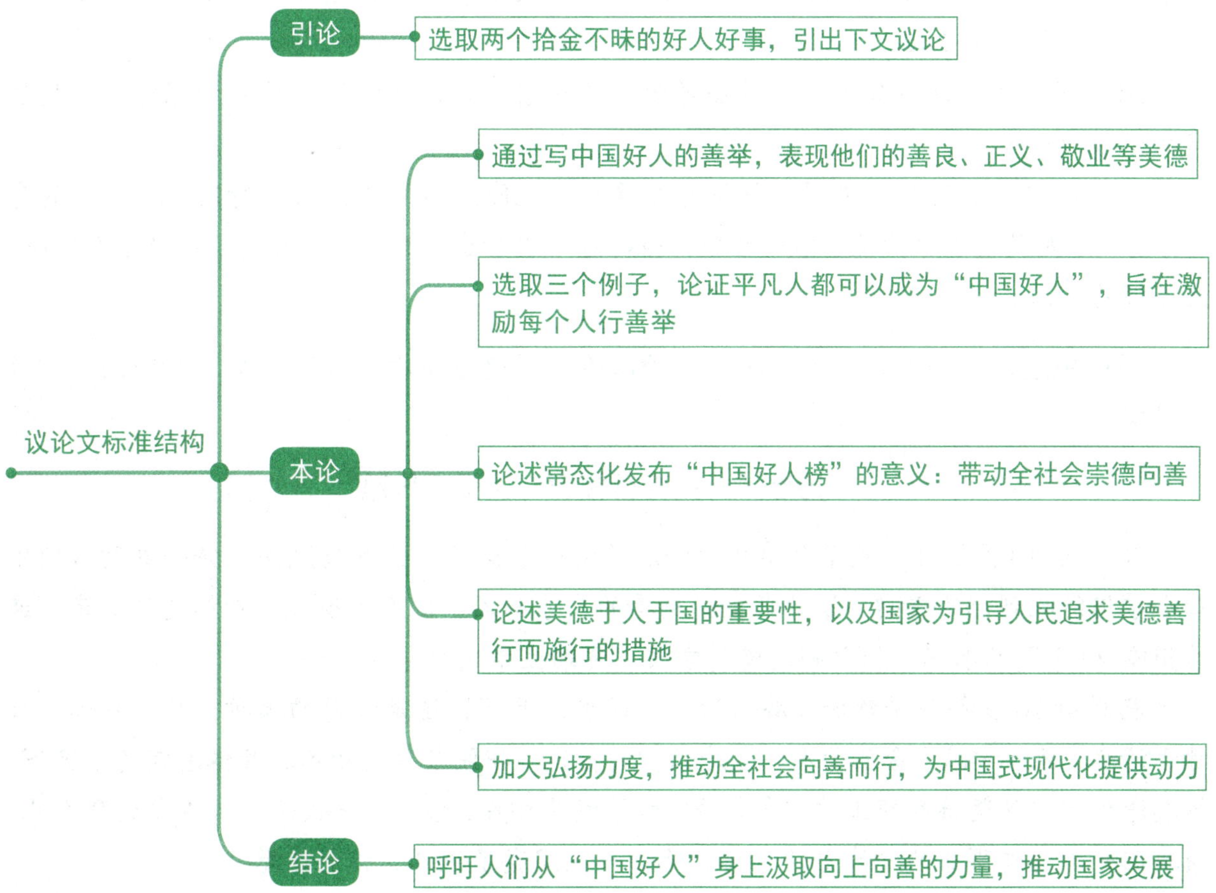

【时文点评】

本文不落窠臼，未在开头概括所要评论的新闻时事，而是用设问将读者引入交流氛围，容易引发读者共鸣，与本文激励平凡人向善的意旨相应。

主体部分围绕中心层层递进展开论证：首先高度评价“中国好人”的美德，接着以“平凡铸就伟大，英雄来自人民”激励每一个人争做“中国好人”；再从国家设立各种奖项激励全民向善的举措及意义方面进行论述，最后上升到推动中国式现代化的高度，论述弘扬“中国好人”美德善行的意义。文章主要运用举例论证和引用论证，内容充实，说服力强。

文章运用比喻、排比等修辞，文采斐然，感染力极强，彰显激励更多人向善的主题。

时文素材

石亚瑄：身处黑暗，照亮他人

石亚瑄在20岁时，因病致左眼失明，右眼视力仅为0.01。石亚瑄深知，对于视力受限的人来说，学习资源的匮乏和获取知识的困难是巨大的挑战。因此，她决定成为一名图书馆志愿者，为那些渴望知识、渴望成长的盲人提供帮助。从为中学生寻找合适的教辅材料，到帮助大学生备战英语四级，石亚瑄忙碌着，坚持着……

从2023年6月开始，她帮助过需要教辅材料的中学生、备战英语四级的大学生、想学盲人按摩知识的年轻人，为不耽误别人使用，她常常一干就是七八个小时，最多一天能打印800多页盲文纸。

2024年9月，她参加了全国司法考试，“我想用自己的经验给后辈们探探路，用法律之光帮助别人”。

石亚瑄用自己的行动证明，即使身处黑暗，也能成为照亮他人前行的光芒。她的每一分努力，都是对生命价值的最好诠释；她的每一次付出，都让我们看到了人性中最温暖、最光辉的一面。

适用主题：做一束光　因为懂得，所以慈悲　超越逆境，自强不息　身处沟渠，仰望星空

杨恩泽：让善行接力，让爱心传递

2019年10月9日，天津大学教授杨恩泽逝世。然而，广东省潮州市饶平县所城镇中心小学仍能收到他的捐赠。捐款来自杨恩泽的儿子杨石，他遵照遗嘱，继续兑现父亲“连续捐赠20年”的承诺。捐电脑、建科学楼、资助生活困难学生……

杨恩泽70多年躬耕教坛，潜心治学、桃李满天下，这是教育的播种；几十年如一日甘于清贫，无私奉献、舍己为人，这是精神的垂范。即便在年过八旬、身体患病的情况下，杨恩泽教授依然坚持科研工作，并将毕生所学倾囊相授，培养了一代又一代青年科研人才，为我国光纤通信事业的发展贡献力量。他的一生照亮了光纤通信的道路。

“一灯燃百千灯”。杨恩泽教授用温暖的爱心托举学子求学路，同时也以人格魅力塑造着学生的价值追求，为他们的人生选择树立起标杆。杨恩泽的善行和爱心是对社会的一种积极引导。他的学生深受他的影响，纷纷加入公益和科研奉献的队伍中，“让善行接力，让爱心传递”。他用实际行动激励着更多人去关心他人、回馈社会，形成爱的接力棒。他的精神已成为一种无形的力量，激励着更多人去播撒爱与善良的种子。

适用主题：凡人善举　甘为人梯，仁而爱人　恭俭持己，仁爱待人　善行接力

尹振兴：在时间中“逆行”，在历史中传承

山西晋城玉皇庙内现遗存历代彩塑284尊、壁画120平方米。饱经风霜的文物流传千年不朽，背后是无数文物保护工作者的倾情付出。尹振兴是晋城玉皇庙彩塑壁画博物馆馆长，自从2003年来到玉皇庙，面对一度薄弱的硬件设施，他牢记“保护为主，抢救第一”，二十余载如一日投身文保事业，用真情细细拂去一处处尘埃，守护着它们免受岁月侵蚀，让曾经破败简陋的古庙焕发新的生机。

文物保护不仅仅是技术层面的修复和维护，更需要带着温度，用真心实意去对待每一件文物。尹振兴是这样说的，也是这样做的。耐得住寂寞、守得住清贫，日复一日巡视检查、一砖一瓦清理修复，背后是文物保护工作者对文物古建深沉的爱与责任。

适用主题：凡人光芒　投身文保，赓续文脉　择一事，终一生　耐住寂寞，源于责任

马背警队

十个人、十四马、一支队伍。巡逻、执勤、查缉、救援、服务群众……在“天边草原”乌拉盖，马背警队用责任与担当温暖了茫茫雪原。冬日寒风凛冽，当地气温常降到零下三十摄氏度以下，这支马背警队依然坚守，为来往的群众保驾护航。救援的时候，他们常常跪坐在雪地上铲雪，只为受困群众能第一时间脱困。几年来，民警们解救了众多受困群众，感谢的锦旗挂满了整整一面墙壁。

2025年春节将至，马背警队愈发忙碌，风雪无阻。像马背警队这样的边境守护者还有很多，他们在极寒中巡逻坚守，传递温暖，助人为乐，时刻保障着边疆的和平与安全。

适用主题：凡人光芒　责任与担当　无私奉献　助人为乐

汉江清漂队：汇聚微力量　共护美生态

滔滔汉江，过境湖北十堰市郧阳区100多公里。为避免上游垃圾漂浮至下游，2017年，当地成立汉江清漂队。这些年来，队长肖安山带领团队，一直坚持“漂泊”在汉江之上，年出船800余次、清理垃圾上千吨，守护着南水北调中线水源地的碧水清流。在清漂队的持续努力和带动下，汉江（郧阳段）库区库面长期保持干净无漂浮物，为“一泓清水永续北上”持续贡献力量。

经寒历暑，饱尝辛苦。夏天，甲板上的温度能达到60摄氏度；冬季，江风寒冷刺骨。常年在水上工作，肖安山和几名队员患上了风湿病，天气变化时就会疼痛难忍。然而，条

件的艰苦并未让肖安山们退却半分。自小与汉江结缘，当过渔民、开过货船，肖安山说："我喝汉江水长大，这里就是我的家。"守护这一泓清水流向北方，既是对汉江养育恩情的反哺，亦是对绿水青山的深情守望。

适用主题：凡人善举　不畏无尽辛苦，守护一泓清水　守护自然环境，续写生态画卷　反哺汉江养育恩，守望绿水青山图

凡人微光，点亮时代

2024 年 12 月 28 日，由新华社和快手共同推出的《凡人微光》微视频主题 MV《我也是一束光》暖心出炉，致敬平凡人的年度"微光"瞬间，也让我们看到了平凡人的温暖与力量。为了避免更多车辆掉进塌方处，跪地拦车的 64 岁老人黄建度；遇到穷凶极恶的歹徒当街伤人，率先冲了上去的"碎花裙女孩"刘杨；从 9 楼徒手攀爬，救下 4 岁小孩的黄兴杰；果断逼停失控车辆的"灰车侠"沈鹏……每一道"凡人微光"都是可信、可敬、可爱的中华儿女的"样子"。

《凡人微光》把镜头对准大时代下的"小人物"，记录平凡的人们感动的瞬间，在他们身上能够看到中国的希望和力量。让那些平凡的人、普通的事，散发出英雄的光芒，让更多的"凡人微光"被看见、被鼓舞、被赞颂，让"小人物"爆发大能量，让正能量获得大流量。

微光，就在身边。在无数个平凡的瞬间里，亿万普通人的拼搏奋斗，汇聚成新时代中国昂扬奋进的洪流，他们无怨无悔，倾情奉献，在自己平凡的岗位上刻画出了精彩的人生华章，谱写新时代的赞歌，奠基了今天的中国模样。

适用主题：微视频，大社会　小人物，大能量　聚微光，谱华章

每周一题

【连线考场】

［2024·江苏六市（南通、徐州、扬州、连云港、淮安、宿迁）二调］阅读下面的材料，根据要求写作。（60 分）

在这个世界上，很多普通人生活平凡、琐碎，他们也许没有卓越的天赋，没有惊天动地的伟业，但依然可以发出光亮，温暖自己，照耀他人。这个普通人可以是你，是他，是我……

以上材料引发了你怎样的联想与思考？请写一篇文章。

要求：选准角度，确定立意，明确文体，自拟标题；不要套作，不得抄袭；不得泄露个人信息；不少于 800 字。

【高分佳作】

平凡的光芒，温暖的力量

某考生

题目即中心，两个偏正短语，浓缩了材料中普通人"依然可以发出光亮，温暖自己，照耀他人"这句话的内涵。

①在浩瀚宇宙中，地球只是一颗平凡的星球；在茫茫人海中，

每一个个体大多也只是平凡的存在。然而，正是无数平凡的点点星光，汇聚成了璀璨的星河；也正是无数普通人的善行美德与奋发向上，托起了时代的精神高地，推动社会的发展进步。（文章的“纲”，总领主体部分的两个层次；“精神高地”运用比喻修辞手法，使抽象的精神境界如同高山一样有高度。）他们或许没有成就惊天动地的伟业，也未必拥有卓越的天赋，但依然可以在生活的舞台上，用善行美德温暖世界，用奋发向上照亮前路。

首段变式引用材料，分析材料，并提出观点。

②平凡之人因美德善行而温暖世界。（分论点句，置于句首，领起本段内容。）平凡如万佐成、熊庚香夫妇，二十余年坚守抗癌厨房，坚持炒一个素菜一元钱的低价，与癌症病人相伴，用爱守护他们，给饱受病苦的患者和备受折磨的家庭送去温情暖意。每日凌晨燃起的红红炉火仿佛他们火热的心灵，驱散癌症病患及家属如至冰窟的寒冷。（连用两个比喻，形象写出癌症患者及家属的处境，万佐成、熊庚香夫妇的大爱，以及夫妇俩给予病患及家属的温暖。）平凡如常向阳，坚持创办心羽家园，给异地来西安儿童医院治病的患儿家庭提供一个家，为经受疾病和贫困的家庭提供免费食宿。“一人兴善，万人可激”，他们不仅温暖了受助者，也感染了共鸣者，就像一束光照亮另一束光。心羽家园的志愿者不断增加，越来越多的热心人士投入其中。生而平凡，心向璀璨。（与“身陷沟渠，仰望星空”类似，平凡与璀璨，沟渠与星空的巨大差距，更是凸显了平凡人的向光向善。）每个人的美德善行如同点点星火，汇聚起来，就是照亮复兴征程的火炬。（比喻，点点星火与火炬两个喻体有温度有亮度，极好地扣住材料中的“温暖”“照亮”。）

第②段提出分论点一；运用举例论证与引用论证。

③普通之人因奋发向上而绽放光芒（段落中心句）。奋发向上是人生最美丽的姿态，是青春最亮丽的底色。就读于普通职业学校的蔡叶昭“揉”出逆袭人生，“烘”出多彩青春（表达新奇，巧妙地将烘焙面包的两个动作与“人生”“青春”搭配），靠的是奋发向上的积极态度。百余日，每天不断重复选胚、揉面、发酵、烘烤，每天揉十几斤面粉，每天在烤箱旁研究十几个小时……“态度决定人生”，22岁的他成为世界技能大赛烘焙项目中国“首金”获得者，23岁担任世界技能大赛烘焙项目指导教练。他把自己活成了一束光，照亮他人的进取之路，激励着更多选手在世界技能大赛上大展风采。李骏飞正是在他的感召和指引下摘金。（紧

第③段提出分论点二；运用举例论证；紧扣分论点剪裁论据并进行论证。

扣材料与观点，合理剪裁论据。）职业学校，这起点够普通，然而蔡叶昭凭借着积极昂扬的姿态与不懈的努力，取得令世人瞩目的成就。每一步的踔厉奋发，终将绽放夺目的光彩。

④每个人的平凡，构成了社会的底色；每个人的发光，点亮了时代的未来。我们不必因平凡而自卑，无需因普通而止步。人生的意义，不在于天赋异禀，不在于成就斐然，而在于用爱温暖照亮别人，在于以向上的姿态与不止的奋进照亮自己，也激励他人。（整散结合，长短错落，有灵动之美。）

第④段小结前面两个层次，做到有分有合，使结构完整紧凑。

⑤时代飞速发展，经济快速增长，在这样的时代背景下，平凡者的微光聚集更显重要，积微光方能成炬。无数普通人之爱心与奋斗，能使整个社会正能量更充沛，主旋律更强劲，复兴征程的前路更光明。

第⑤段联系时代，写平凡者的微光聚集的深远意义。

⑥“白日不到处，青春恰自来。苔花如米小，也学牡丹开。”所开之花如米小的、很难享受阳光照耀的青苔尚且有如牡丹般绽放的梦想，何况你我？只要我们心怀善意、常行善举，只要我们始终向上、坚持奋进，我们也能成为温暖自己、照亮他人的光。

结尾引用袁枚诗句，呼吁平凡的你我砥砺德行，力行善举，保持向上姿态，成为“光”。

总评

内容	表达	特征	总分
20	19	18	57

文章运用总分总式结构，脉络清晰。事例论据与理论论据丰富，能增强说服力。论据紧扣关键词“平凡”与“发光”，选取普通人的事迹，同时也挖掘其事迹的社会效应，从而突出“温暖自己与照亮他人”，突出观点。语言运用上，整句较多，较有感染力。比喻修辞的频频使用，增添文采及语言表达的生动性。

（指导老师：熊惠彬）

第7周 热考主题：传承发展 树文化自信

主题阐释

泱泱中华，上下五千年，历史何其悠久，文明何其博大。当今世界正处在大发展、大变革、大调整时期，文化的地位和作用更加突出，文化越来越成为民族凝聚力和创造力的重要源泉，越来越成为综合国力竞争的重要因素。面对优秀的传统文化，我们要传承发展、守正创新，在重要节点、在各类文化活动中，甚至在日常生活中，不断激发其超越时空的永恒魅力。只有这样，面对优秀的外来文化，我们才能开放包容、交流互鉴，广泛吸纳世界一切优秀文明成果。

这个主题的作文，选材应兼具历史的厚重感和时代的新鲜感。如各大博物馆大到特色展览小到文创设计，既有对文化的传承，又有时尚的创意，做到了让受众见物、见人、见文化，树立文化自信。立意上，我们要增强自豪感，赞美中华文化的光辉灿烂；我们要有科学的发展观，与时俱进，让中华文化薪火相传。

命题角度

命题角度	试题链接	
继承与发展、传承与创新、文化自信	2024• 北京卷	几千年来，古老的经典常读常新，杰出的思想常用常新，中华民族的伟大精神亘古常新……很多事物，在时间的淬炼中，愈显活力和价值。 请以《历久弥新》为题目，写一篇议论文。
移用、化用和独创，传承与创新，创新须从实际出发	2022 • 全国甲卷	《红楼梦》写到“大观园试才题对额”时有一个情节，为元妃（贾元春）省亲修建的大观园竣工后，众人给园中桥上亭子的匾额题名。有人主张从欧阳修《醉翁亭记》“有亭翼然”一句中，取“翼然”二字；贾政认为“此亭压水而成”，题名“还须偏于水”，主张从“泻出于两峰之间”中拈出一个“泻”字，有人即附和题为“泻玉”；贾宝玉则觉得用“沁芳”更为新雅，贾政点头默许。“沁芳”二字，点出了花木映水的佳境，不落俗套；也契合元妃省亲之事，蕴藉含蓄，思虑周全。

续表

命题角度	试题链接	
		以上材料中，众人给匾额题名，或直接移用，或借鉴化用，或根据情境独创，产生了不同的艺术效果。这个现象也能在更广泛的领域给人以启示，引发深入思考。请你结合自己的学习和生活经验，写一篇文章。
文化传承、文化自信、科技赋能传统文化、优秀传统文化的传承与发展	2024·昆明 阶段练习	8月20日，中国游戏科学公司开发的《黑神话：悟空》在全球上线，迅速成为现象级游戏，上线首日销量突破450万份，销售额超过15亿元。《黑神话：悟空》的成功，是中国文化自信与游戏技术双重飞跃的体现。它采用了顶尖的引擎技术，为玩家带来了前所未有的视觉盛宴。同时，游戏深度挖掘和传承了中国传统文化，以《西游记》为背景，创造了一个新颖的西游世界，使中国传统文化在全球范围内得到更广泛的传播和认可。 这引发了你怎样的联想与思考？请结合材料写一篇文章。
古诗词的魅力、传承与创新、文化自信	选择性必修下册 第一单元·单元研习任务一	诵读和欣赏本单元所选的诗词名作，结合已经学过的古诗词，联系当代文化生活中有关古诗词诵读的现象，想一想：在现代忙碌的生活中，古诗词究竟是必需品还是调味品？在当今社会生活中，你能看到哪些古诗词的“渗透”？你感觉古诗词的学习到底对自己的语文素养提升有哪些帮助？……围绕这些问题，以“今天，我们为什么读古诗词”为主题，举办一次班级研讨会。结合学习古诗词的心得，提炼观点，推选代表在会上发言。
文化交流、讲好中国故事、文化自信	选择性必修中册 第四单元·单元研习任务三（节选）	围绕“文化走出去”的话题，联系社会生活，任选一个角度，写一篇不少于1 000字的申论。

时文精选

坚定文化自信，弘扬优秀传统

【阅读策略】

在中国式现代化建设的进程中，新时代青年该如何找准抓手，有效发力，坚定文化自信呢？这篇文章现实指导性很强，能旗帜鲜明地引领青年人前进。锁定核心观点，把握作者的思想主张，是阅读的第一步。接下来，我们要通过对论证特征的分析，理解作者行文的匠心独运之处，并真正领悟“要做好”的内涵，完成精神上的洗礼。

【批注式精读】

坚定文化自信，弘扬优秀传统

（题目即论点，“坚定”态度鲜明，“弘扬”目标清晰。）

①习近平总书记在党的二十届三中全会中指出，中国式现代化是物质文明和精神文明相协调的现代化。必须增强文化自信，发展社会主义先进文化，弘扬革命文化，传承中华优秀传统文化。文化自信是一个国家、一个民族发展中最基本、最深沉、最持久的力量。作为新时代的青年，我们应该把握时代脉搏，增强文化自信，做好中华文化的保护者、创新者和弘扬者。（“时代脉搏”是一种比喻性的说法，形象说明了新时代的青年应该把握时代的特征和发展趋势。“保护者、创新者和弘扬者”，三重身份呈现出递进性，能激发读者的阅读兴趣，让读者探究各种身份的内涵，思考三者之间的关系。）

（以习近平总书记的讲话开篇，明确增强文化自信的必要性，强调在中国式现代化建设的背景下，增强文化自信，青年必须承担重任。摆出核心论点，奠定行文基调。）

②坚定文化自信，我们要做好中华文化的保护者。“万物有所生，而独知守其根”。中华民族在几千年创造和延续的优秀传统文化，是中华民族的基因，亦是我们文化自信的源泉。（“万物有所生，而独知守其根”语出汉代刘安《淮南子·原道训》，意思是世间万物都有其生存发展的不同规律和具体特性，却都知道应该保住自己的根本、本源。这里引用古语，突出了保护传统文化的必要性。接下来的阐释句，运用了比喻的修辞手法，“基因”是喻体，表明中华优秀传统文化代表了中华民族的独特性；“源泉”也是喻体，表明中华优秀传统文化能为我们提供文化自信。）我们要按照习近平总书记的重要指示，像爱惜自己的生命一样珍视各类历史文化遗产。由于岁月流转的不可抗力和人为改造等主观因素，文化遗产遭到破坏的例子层出不穷。比如甘肃天水古城在商业化运营后，很多古建筑被迫“改头换面”，甚至有的被改造成日式餐厅。河南洛阳的龙门石窟遭遇了多次“灭佛事件”及乱世之时的侵略和捣毁活动，以致整个石窟都找不到完整的佛像……文化保护

工作刻不容缓。作为青年一代，我们要承担起挖掘和保护文化遗产的责任，全面细致地采集作品和记录民俗，尽力保存文化遗产的全貌，同时坚持可持续发展原则，统筹协调“整体性保护”与“局部保护”，为文化遗产构筑有力“防护网”。

（紧承上文，从“做好中华文化的保护者”这一角度提出分论点。举出文化遗产遭受破坏的实例，呼吁青年一代要承担起挖掘和保护文化遗产的责任，为文化遗产构筑有力“防护网”。）

③坚定文化自信，我们要做好中华文化的创新者。新时代新征程，我们要想让优秀的传统文化“走出深闺”大放异彩，一方面需深入挖掘文化内涵，找准文化资源与现代生活的契合点，将艺术创造力和中华文化价值加以融合，孕育更多大众喜闻乐见的新作品。对此，我们已有许多成功的尝试。（这是一个承上启下的句子。“对此”承上，表明谈论的是文化领域的创造性活动，即孕育大众喜闻乐见的新作品。“已有许多成功的尝试”启下，引发读者思考究竟有哪些成功的例子，自然而然地引出下面的若干事例。恰当的过渡句，不仅能舒缓语气，还能让层次更清晰，让行文自然流畅。）如电视节目《典籍里的中国》通过时空对话的创新形式让我们了解典籍在五千年历史长河中的源起、流传及书中的精彩故事，《经典咏流传》用“和诗以歌”的形式将传统诗词经典与现代流行相融合等。另一方面需借助科技，解锁数字时代融合密码，从“云游长城”“数字藏经洞”把文化艺术资源“上线入云”，到《奇遇三星堆》VR还原古蜀文明的奇境，都可看到科技让传统文化焕发生机的强大力量。

（以并列式结构展开行文，从“做好中华文化的创新者”这一角度提出分论点。事实证明：与时俱进，我们既要开发传统文化资源，推出符合现代生活需求的新作品；又要借助新科技，让传统文化得到数字化呈现，进而焕发生机。）

④坚定文化自信，我们要做好中华文化的弘扬者。中华优秀的传统文化，是中华民族的智慧结晶，是民族的，也是世界的。（“……是……是……也是……”这组句子，从不同角度展示了中华优秀传统文化的属性。“智慧结晶”，表明优秀传统文化是经历了很长时间的检验，去粗存精才形成的。“民族的”“世界的”，在范围上不断扩大，照应了“弘扬”一词，具体指出了发扬光大的范围。）青年人应各显其能，讲好中国故事，让世界了解一个全面、真实、立体的中国。近期，知名短视频创作者李子柒阔别三年，携新作品“紫漆柜”回归，向世界展现了传统漆艺的制作全过程。从分享美好田园生活到展现非物质文化遗产之美，她用实际行动诠释了文化的传承从来不是一个人的使命，而是每一个中华儿女共同的责任。（“从……到……”梳理了李子柒三年前和三年后视频

内容的变化。“不是……而是……”表示并列关系，不同于表示递进关系的“不仅……而且……”，整段文字强调的是“每一个”，只有并列关系，才能坚决地否定、坚定地倡导，让观点更鲜明。）

（以并列式结构展开行文，从“做好中华文化的弘扬者”这一角度提出分论点。每一个青年人都有责任向世界展现中华优秀的传统文化，李子柒就是代表人物之一。）

（选自《湖北日报》客户端，2024年12月13日　作者：杜亚雯　有删改）

【结构梳理】

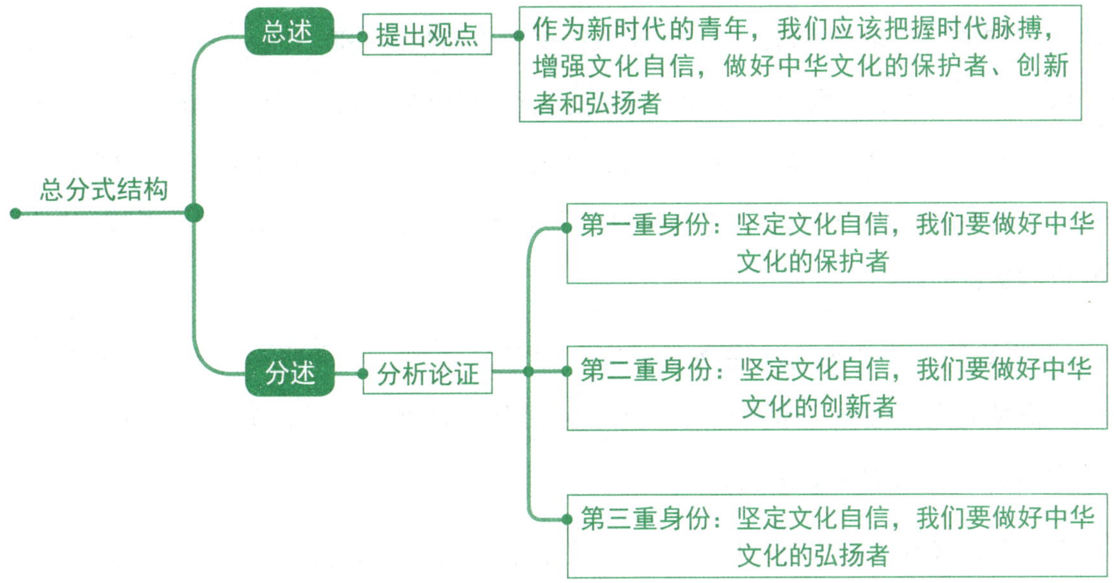

【时文点评】

文章高屋建瓴，立意深刻，具有极强的现实针对性。全文采用总分式结构，观点鲜明，思路清晰。面对中华文化，保护者、创新者、弘扬者三重不同的身份，为新时代青年指明了发展方向。比喻句和具体事例的使用，增强了文章的生动性和感染力。认识清楚才能写得深刻，我们不仅可以领悟这篇文章的思想观点，也可以学习其结构形式，还可以学习怎样让语言更具说服力。

规范汉字书写　涵养文化自信

【阅读策略】

书写汉字是非常普通的行为，怎么把它和文化自信这么宏大的主题结合在一起呢？阅读这篇文章，一定要注意其“以小见大”的特点。“己”和“已”，字形不同，意义不同；“腐”和“修”，于结构中展现汉字美感；“出”和“山”，经辨析没有直接关系。基于这一特点，我们在阅读时，既要看到具体例子，增加感性认识；还要理解观点，提升理性认知。只有这样，才能真正领悟文章的通俗性和深刻性。

【批注式精读】

规范汉字书写　涵养文化自信

（题目即论点，“涵养”表明文化自信体现在日常书写中，是习惯，也是素养。）

①规范汉字书写教育是实现有效书面沟通的基础。汉字是记录汉语的书写符号系统，是根据语义构造形体的表意文字。因此，汉字形体总是携带可供分析的意义信息。（“因此”是表因果关系的关联词，承接上句，由汉字的表意性得出汉字形体可供分析的结论。“总是”作为表频率的副词，表明几乎没有例外，修饰后面的“携带”，表明了汉字形体和意义信息的一体性。严谨的逻辑推理，不容置疑的肯定性判断，为后面谈论汉字书写的规范奠定了基础。）汉字书写规范与否，一方面影响构形意义信息的获取，另一方面也影响阅读理解文意。以“己”和“已”为例，竖弯钩是否出头起到分别字形、区分词义的作用。不出头是“己”，记录自己的意义；出头是“已”，记录停止的意义。它们分别构成了“自己”和“自已”两个词，如果不注意规范书写，把“不能自已”写作“不能自己”，会对阅读理解产生阻碍，还将导致对文意的误解。

（起笔就聚焦于“规范汉字书写教育”，话题集中，观点明确。然后依据汉字的独特属性，点明规范汉字书写教育的必要性。同时举出具体的例子，有力证明不注意规范书写会带来双重的不良影响。）

②做好这项工作，要提升站位，充分理解加强规范汉字书写教育的重要意义。

（紧承上文，言简意赅，指出规范汉字书写教育必须要有正确的思想认知，引出下文。“提升站位”一词，既有专业性和时代感，又有形象性和生动性。）

③首先，规范汉字书写教育的过程是提升审美能力、浸润中华优秀传统文化的过程。加强规范汉字书写就是要让学生掌握书写规则，涵养审美意识，进而培养文化自信与对中华优秀传统文化的深厚敬意。规范是审美欣赏的根基，汉字书写必须首先满足记录汉语的实用属性，在此之上经过反复练习形成个人的审美风格，才能成为书法，具有审美价值。启功先生指出，书法艺术要建立在汉字书写规则上，脱离实用属性的书法艺术是空中楼阁。（启功先生酷爱书法，是中国当代知名书画家，引述启功先生的话，增强了文章的说服力。“空中楼阁”，多用来比喻虚幻的事物或脱离实际的理论、计划等，在这里用来说明书法艺术不能脱离实用属性。）“丑书”“怪书”不是创新，追求汉字书写美观是每个人的责任，准确书写规范汉字本身就能展现汉字的自然美。如“腐”本来是“从肉府声”，上下结构，楷书字形延长府的一撇，形成半包围结构，使得整字更为沉稳。再如“修”，本是“从彡攸声”，将“彡”放置在“攵”下，使字形匀称。在规范书写中深入理解汉字之美，也是生动体悟中华优秀传

统文化的重要过程。

（用“首先”二字引出“规范汉字书写教育”的重要性，作者将规范汉字书写与提升审美能力、浸润中华优秀传统文化相勾连，使用引用论证，强调了汉字书写必须注重规则；使用举例论证，既论证了汉字书写的自然美所在，更论证了理解汉字之美的过程也是体悟中华优秀传统文化的过程。）

④其次，规范汉字书写教育是正源固本、提升文化自信的必由之路。汉字在历史上曾有篆、隶等多种不同字体。当前，在强调写好楷体字的同时，也要重视加强辨别分析，重视阐明汉字形体中蕴含的文化信息。遇到楷体构意不明的，可以追溯古文字字形，还原构意，沟通古今。传承本源方能正本清源。（“传承本源”意味着“追溯”与“还原”。“追溯”本指逆流而上，向江河发源处走，比喻探索事物的由来。“还原”是将事物恢复原状。汉字的字体在历史上有过多种演变，因此我们今天一下子弄不清楚某些楷体字的构意，是很正常的现象。如果能在迷惑时，来一番追溯还原，不仅能“沟通古今”、解除困扰，还能加深对汉字形体中文化信息的了解，提升文化自信。）在规范汉字书写教育中讲汉字文化时，要遵循汉字构形的系统性，不能从主观臆测出发，弄出许多玄之又玄的新解。例如，有人将“出”解读为两山重叠，是无理据地简单拆分楷体字形。当我们追溯其造字意图时，“出”表示的是脚从坎穴中走出的意义，和“山”字并没有直接关系。（通过举例讲述“出”字的正确意义，说明在讲汉字文化时，应遵循汉字构形的系统性，不能主观臆测。）类似的例证还有许多，如果不追溯本源只从理据不明确的楷体字形简单理解，非但不是新解还成了误解，反而不利于文化传承。只有在了解和掌握汉字构形与字体演变规律的基础上，才能更清楚地阐明文化内涵，提升文化自信。

（“其次”承接上段，引出“规范汉字书写教育”的必要性。规范汉字书写的过程，也是沟通古今、正源固本的过程，进而可以更清楚地阐明文化内涵，提升文化自信。）

⑤最后，规范汉字书写教育需要坚持广阔的比较视野，推动更高质量的交流互鉴。中华优秀传统文化在世界上有广泛的影响，汉字在东亚文化圈多个国家地区广泛流传，在传播过程中形成了与我们有所差异的书写传统和字体风格。随着当前各类交流交往的增加，接触到域外汉字的机会也越来越多，我们要在比较中加强辨识、辩证对待，在互鉴互赏中坚守中华文化正源，做到守正开新。

（用“最后”二字引出“规范汉字书写教育”的现实性。汉字已经走向国际，面对异域汉字，我们既要坚守正源，又要辩证对待，推动高质量的交流互鉴。）

⑥概而言之，加强规范汉字书写教育是一项长期事业，文件的落实需要在学习和理解汉

字科学理论的基础上，充分发挥学生和教师的活力，适当借助数字时代的技术优势，使学汉字、写汉字、懂汉字、爱汉字贯串教育始终。（“充分”修饰动词“发挥”，强调了学生和教师在加强规范汉字书写教育事业中是不可或缺的力量。“适当”指合适、妥当，在这里限制动词“借助”，强调了可以借助但绝对不能过度依赖数字技术。这两个修饰限制词，增加了文章的严谨性，让文末的要求更准确。）

（以“概而言之”收束全篇，从政策、人力、时代等角度，畅想加强规范汉字书写教育的美好未来。）

（选自《光明日报》，2024 年 10 月 27 日 作者：周云磊 有删改）

【结构梳理】

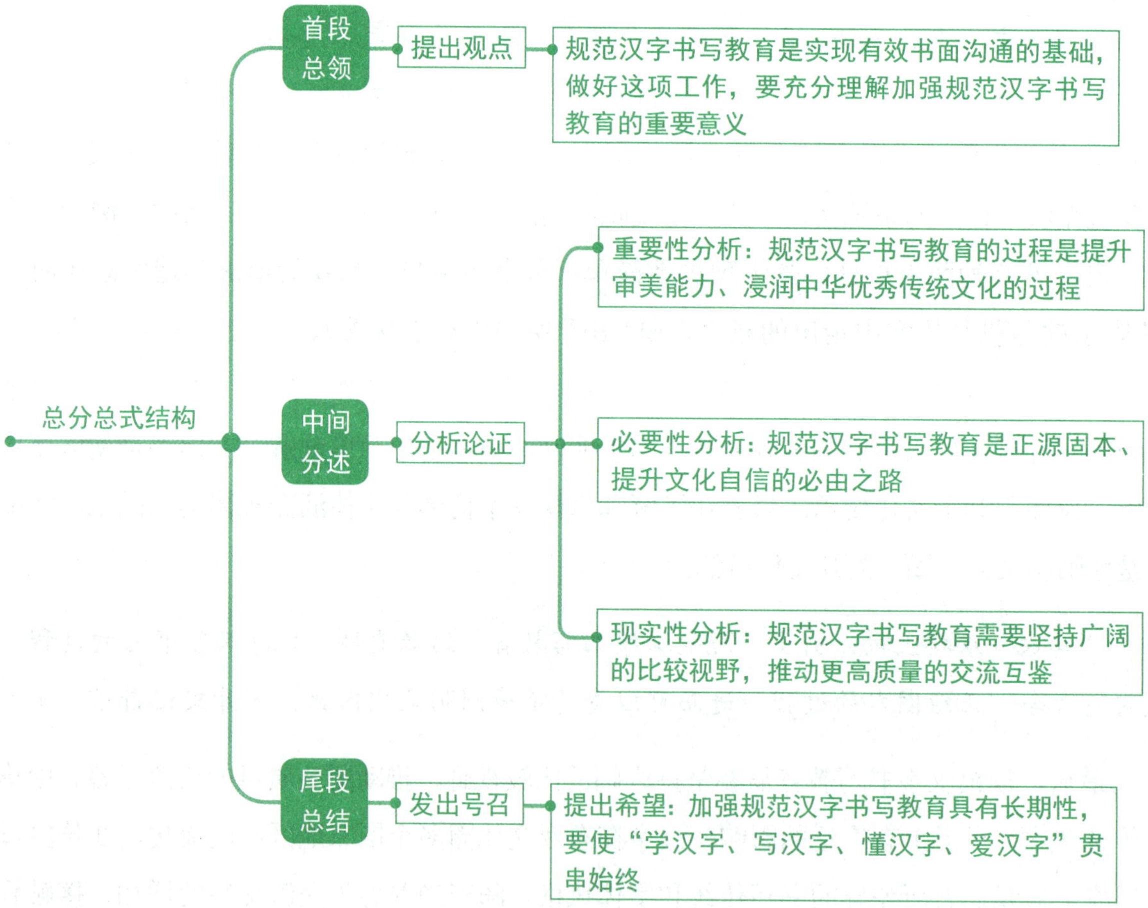

【时文点评】

文章切入角度非常巧妙，通过挖掘加强规范汉字书写教育的意义，从三个角度阐明了规范汉字书写对涵养文化自信的重大作用。“首先”“其次”“最后”“概而言之”这些词语清晰地展现了行文思路，使文章层次分明。作者既有独到的见解，又有务实的研究精神。此文能很好地指引我们规范汉字书写，涵养文化自信。

时文素材

让传统节日浸润时代人心

如何让传统节日与现代生活对接？今天，时代的发展、技术的升级，为传统节日传承发展打开了广阔空间。比如，一些网络平台借助直播技术，实时呈现多地皓月升空的过程，并进行音诗画等创意表演，让天南海北的人们可以一起赏月抒怀、畅游文海，于方寸之间展现过节“新姿态”。比如，有文化馆打造沉浸式户外“剧本游”活动，游客可以与“穿越”而来的李白、张九龄、苏轼等古代文化名人“不期而遇”，共同探索中秋故事与风俗，在互动性演绎中收获节日新体验。这些实践生动说明，以文化创意、数字技术等不断赋能传统节日，为传统节日注入更多时代气息、文化元素，能让古老节日焕发全新魅力。

适用主题：传承发展　节日文化　与时俱进　历久弥新

以数字技术赋能中华优秀传统文化“两创”

文化发展的不竭源泉是人的文化创造力。当前，数字技术发展催生了新的文化生产主体与消费群体。中华优秀传统文化创造性转化和创新性发展的场域，要以现实的人为逻辑前提，充分发挥人民群众在数字空间进行文化生产的主体作用，推动更多人接媒触网的能力，以“文化生产者”的姿态致力于中华优秀传统文化的数字化开发。比如，通过名师直播讲解古诗词、非遗传承人进驻短视频平台等方式，建立起一个传统文化与数字技术相互交融的、富有视听冲击力的空间，推动中华优秀传统文化创造性转化和创新性发展。青年一代是伴随着互联网成长起来的“数字原住民”，要进一步激发青年群体对传统文化的热情，使他们成为以数字技术赋能中华优秀传统文化内容创意、制作、营销的文化生产主体和文化产品消费主体，凝聚起传承弘扬中华优秀传统文化的青春力量。

适用主题：数字赋能　传承传统　青春力量

守护历史根脉，铸就民族未来

为更好保护和发展“北京中轴线”，2011年北京市提出中轴线申遗计划。历经申遗启动阶段（2012年至2016年）、全面加速阶段（2017年至2021年）、攻坚冲刺阶段（2022年至2024年），“北京中轴线”申遗成功，可谓来之不易、众望所归、振奋人心。

保护文化遗产，既是守护历史文脉，也是以保护促进改善民生。在申遗过程中，我们以“北京中轴线”申遗保护为抓手，带动北京老城整体保护，让中轴线更好地融入城市更新，为探索我国乃至世界其他国家古代都城保护理念与做法提供了中国方案、中国经验。以钟鼓楼文物修缮和展示提升工程为例，修缮工作不仅遵从“修旧如旧”的原则，修缮保护文化遗产，还对周边人居环境进行了整治改善，既让钟鼓楼景观视廊得到极大提升，再现了钟鼓楼地区别具特色的老城风貌，又使市民的生活环境更方便、更舒心，从而吸引更多人成为“中轴线”保护的支持者、参与者。

适用主题：守护历史文脉　全民参与　文化自信　中国智慧

如何在坚定文化自信中推动中华文明传承发展

跨界合作是推动中华文化创新的重要方式之一。艺术家、设计师、科技创新者等不同领域的专家通过合作，开发出既有传统韵味又符合现代审美和实用需求的产品和服务。这不仅能够使传统文化在现代社会中找到自己的位置，还能促进文化产业的发展，增强文化自信。近年来，《唐宫夜宴》《洛神水赋》《龙门金刚》《女娲补天》等节目屡上热搜、好评如潮。正是因为这些节目以中国传统文化为载体，与现代科技完美融合，把蕴含家国情怀与文化密码的故事讲得生动精彩，才给观众们留下了身临其境的深刻印象。

中华优秀传统文化的创新性转化和发展是时代的要求，也是文化自信的体现。通过深入挖掘传统文化的内涵，结合现代科技和创新手段，我们可以让中华优秀传统文化在新时代焕发新光彩，为推动文化进步做出更大贡献。

适用主题：跨界合作　文化自信　与时俱进　讲好中国故事

每周一题

【连线考场】

（2024·九省联考适应性考试）阅读下面的材料，根据要求写作。（60 分）

我们身边有很多历史遗留下来的名胜古迹、民间技艺、艺术形式、民俗活动、节庆礼仪等，都彰显出独特的人文价值，凝聚着共同的历史记忆，是宝贵的文化遗产。学校校刊准备开设“文化遗产”主题专栏并向同学们征稿，具体方向包括以下三种。

（1）向读者介绍一项文化遗产。注意避免过于形式化的说明文风格，应注重其人文内涵；不必面面俱到，力求重点突出。

（2）陈述某一项文化遗产的历史、现状，在此基础上，谈一谈对它的保护与传承。

（3）通过讲述你与某种文化遗产的故事，来展示这项文化遗产的魅力。

请选定一个方向完成文章写作。

要求：选准角度，确定立意，明确文体，自拟标题；不要套作，不得抄袭；不得泄露个人信息；不少于 800 字。

【高分佳作】

粽香寄深情，传承写自信

标题形象生动，概括主旨。

某考生

①“端午临中夏，时清日复长。”每至端午，粽香四溢，弥漫在大街小巷。那一缕缕粽香，不仅寄托着人们对先贤的深情缅怀，更见证着中华优秀传统文化的传承，书写着我们的文化自信。（引用诗句开头，聚焦于端午这个传统节日，别致典雅，入题快。“不仅……更……”用递进的方式引出中心论点。）

②粽香寄深情，是对历史的铭记与追思。

第②段提出分论点一，独立成段，从“历史”这一角度展开行文。

③屈原，这位伟大的爱国诗人，在汨罗江畔纵身一跃，留下了千古不朽的爱国篇章。人们为了纪念他，以楝树叶包饭投入江中，希望鱼儿不要伤害他的躯体。后来，楝树叶包饭外缠彩丝发展成粽子，粽子成为端午节最具象征意义的食物，那浓郁的香气中蕴含着对屈原爱国精神的传承。这份深情，穿越千年的时光，依然在我们心中激荡。每一口粽香，都是对历史的一次回味，让我们铭记那些极具家国情怀的英雄们。（回顾历史，具体展开介绍粽子的象征意义，展示了端午节独特的习俗。屈原的故事彰显爱国精神。粽子的传说，赋予了节日专属美食神圣的价值。）

④传承写自信，是对民族文化的坚守与弘扬。

第④段提出分论点二，独立成段，从“文化”这一角度展开行文。

⑤中华民族有着悠久的历史和灿烂的文化，端午节就是其中的一颗璀璨明珠。包粽子、赛龙舟、挂菖蒲、饮雄黄酒等习俗，不仅是形式，更是文化的传承。（罗列出各种习俗，让“文化根脉”得到了具象化呈现，避免了内容的空洞。）在全球化的今天，各种文化相互交融，我们更应该坚守自己的文化根脉，传承和弘扬中华优秀传统文化。当我们自豪地向世界展示端午节的独特魅力，让更多的人了解和喜爱我国文化时，我们的文化自信也在悄然增强。

第⑤段紧承上文，联系现实，阐明传承的不仅是习俗，更是文化，展示传承端午节的重要意义。

⑥然而，在现实生活中，有一些人对传统文化的重视程度不

第⑥段“然而”这一转折

够，甚至对传统节日的内涵知之甚少，这无疑是一种文化的缺失。要知道，粽香中蕴含的文化自信，让我们在面对世界文化的冲击时，能够保持从容与坚定。要看到，粽子在传承中不断创新，出现了各种口味和形式，粽香不仅在端午时节飘满街头巷尾，更在我们的日常生活中留下芬芳。我们应当行动起来，从自身做起，不再盲目崇拜外来文化，以开放的心态，汲取其他文化的精华，同时积极传承弘扬中华优秀传统文化，让中华优秀传统文化在现代社会焕发出新的生机与活力。

性的连词，引导行文走向另一层次。联系现实，直面问题，指出文化缺失问题不容忽视。随后以端午粽子的变化为例，阐明传承与创新的意义。建议极具操作性，针对性强，提升了文章的指导性。

⑦“路曼曼其修远兮，吾将上下而求索。”以粽香寄深情，用传承写自信，其实远远不止于端午，真心希望我们在中华民族伟大复兴的征程中，让更多优秀的传统文化绽放出绚烂的光彩！

结尾引用屈原的诗句，发出号召，切合情境，升华主旨。

总评

内容 18 表达 18 特征 17 总分 53

这是一篇优秀的考场作文。首先是审题精准。材料要求“选定一个方向”，本文选定方向（2），以“端午节”为写作对象，符合该作文题的限定性和自主性要求。其次是内容丰富。行文过程中，叙议结合，既写到了端午节的历史、现状，又谈到了对它的保护与传承，内容上面面俱到。最后是巧于构思。采用总分总的结构，分论点的设立和呈现，让行文层次分明；第⑥段转向文化传承中的不足，另辟蹊径，让文章更深刻，也让结尾水到渠成。

（指导老师：许亚琦）

第8周　热考主题：人际关系 思立身处世

主题阐释

人际交往，是互动参与的乐园，是情感交流的交响曲，是资源共享的盛宴，映照着群体的价值观与精神。在纷繁复杂的社交舞台上，“人际关系 思立身处世”不仅是生存的智慧，更是时代的课题。我们从热点“怀民亦未寝”中窥见青年对深度友谊的渴望，从“零糖”社交中见证年轻人对独立与自我空间的追求。匹克球的兴起，让我们看到社交与运动的完美结合，而线上社交新礼仪则映射出年轻人在虚拟世界中的交往规则。“搭子社交”的流行，揭示了群体性孤独与社交恐惧背后青年对陪伴的刚需……

本主题旨在通过分析这些时事热点，引导学生深入理解人际关系的复杂性，学会在保持个人独立性的同时，建立和维护良好的人际关系，并结合案例进行分析和写作练习；帮助学生积累素材，洞察人际关系的微妙变化，学习立身处世的艺术，并学会如何将这些思考融入作文中，从而在写作中游刃有余。下面，就让我们从时事热点出发，开启一段关于人际关系与立身处世的学习之旅吧。

命题角度

命题角度	试题链接	
人际关系：沟通与表达、坦诚交流的重要性	2024・全国甲卷	每个人都要学习与他人相处。有时，我们为避免冲突而不愿表达自己的想法。其实，坦诚交流才有可能迎来真正的相遇。 这引发了你怎样的联想和思考？请写一篇文章。
人际关系：仁爱与兼爱	2025・广西二模	墨家的“兼爱”和儒家的“仁爱”，两种观点都是强调人与人之间的爱，所爱的对象是相同的，即整个人类。儒家坚信在一个秩序和谐的社会里，人与人之间的关系应该是仁爱；而墨家则认为在一个秩序和谐的社会里，人与人之间的关系应该是兼爱。 其实这两种思想反映的正是和谐的人际关系。这引发了你怎样的联想与思考？请写一篇文章。

时文精选

青年说：共话“怀民亦未寝”

【阅读策略】

本文通过“怀民亦未寝”这一网络热梗，探讨了当代青年对高质量人际关系的渴望。文章采用小标题的形式，分别从不同角度展开讨论，结构清晰，观点鲜明，这为快速把握文章结构提供了很大便利。阅读时，需注意每一位青年对这一网络热梗背后深层社会现象的分析，关注文章是如何通过古今对比，将历史故事与现实问题相结合，揭示现代社会人际交往的困境和青年的社交需求的。

【批注式精读】

青年说：共话“怀民亦未寝”

（标题以青年对网络热梗的热议切入，冒号、引号的运用恰到好处，凝练突出。）

①最近，张怀民——一位生活于近千年前、生平不详的古人，又兴起一波“怀民亦未寝”的网络流量。“怀民亦未寝”成为热梗，踩中的是当代青年人际交流困惑和社会交往困境的痛点（“踩中”“痛点”等词语的运用，准确生动）。

（开篇点题，给出热议源头，为下文的“青年说”定调。）

李媛：寻找“张怀民”不如成为“张怀民”

②“怀民亦未寝”这一典故在网络上掀起的热潮，引发了人们对高质量人际关系的深度思考。从当代人的社交现状出发，这一现象无疑是对真挚友情的热切期盼。千年前的黄州冬夜，苏轼与张怀民因月色欣然起行，相伴步于中庭。在清冷的夜晚，他们彼此的陪伴宛如暖阳，驱散了生活中的阴霾。（以情境营造、比喻加持增强语言的表达力和感染力。）这份友情，历经千年岁月依然熠熠生辉，成为后人心中向往的典范。

（从“是什么”的角度立论，以当代人视角解读苏轼与张怀民的友情，指出这份友情对于当下社交的意义。）

③现代社会中，随着时间的推移和各自生活轨迹的变化，曾经亲密无间的伙伴可能已渐行渐远，失去了往日的亲近。对于年轻人，尤其是处于学业攻坚阶段的学生群体而言，“寻找张怀民”的渴望更为真切。面对学业、竞争以及未来的不确定性，我们（第一人称的叙述视角有代入感，易于共情）无比渴望能有一个如同张怀民般的挚友。在无数个挑灯夜战的时刻，我们期盼着能与朋友分享学习中的困惑和突破，倾诉成长路上的烦恼与喜悦，获得精神上的支持与鼓励。

（联系现代社会现实，从“为什么”的角度进行分析，揭示年轻人“寻找张怀民”的深层原因。角色意识鲜明，体现当代青年的心声。）

④“寻找张怀民”不仅仅是一句网络热梗，更是当代公众在快节奏、高压力社会环境下对高质量友谊的追寻。从此刻起，不妨主动关心朋友，在他们取得进步时送上真诚

的祝贺，在他们遭遇挫折时给予有力的支持。同时，努力提升自己，成为值得他人信赖、给予他人温暖的“张怀民”。

（以“怎么办”作结，对“寻找张怀民”的意义进行精准定位，并在“寻找”基础上进行延伸，提出“成为张怀民”的暖心倡议，充满正能量。且与小标题遥相呼应，形成逻辑的闭环。）

吕广龙：寻找“张怀民”是对高质量社交的呼唤

⑤苏东坡一句“怀民亦未寝”，让张怀民一度成为网络顶流。以互联网玩梗思维设想——张怀民如果得知此事，可能会礼貌地对苏东坡说一句：“你礼貌吗？”虽说如此，我们依然在寻找着自己的“张怀民”。半夜拉着朋友出门，看似“打扰”的背后，是年轻人对高质量社交的呼唤。

（以互联网玩梗思维解读“怀民亦未寝”，揭示隐藏在现象背后的年轻人的社交诉求。）

⑥如今的距离太远了。当我们用“好的呢”“宝子”等字词（引用网络热词，体现时代性）试图拉近双方的距离时，人与人的交往似乎变得愈发礼貌，但情感联结是否真的可靠可能还要打个“问号”。我们渴望寻找“张怀民”，也是在试图抵消现实交往中的战战兢兢（再现交往中小心翼翼的情态，凝练形象）。如今的距离又太近了。网络的普及与手机的便携，让我们可以时刻与网络上的其他人发生联系，甚至不自主地持续关注社交平台上的动态。这种过度联结，也带来了社交倦怠感。

（以距离的远、近对举，辩证思考现代社会视域下，年轻人对人际关系的渴求和困扰，引发人们对如何在人际交往中自处的思考。）

⑦“何夜无月？何处无竹柏？但少闲人如吾两人者耳。”看似有些“冒犯”的苏东坡，可能也是为了安慰被贬的张怀民，以“念无与为乐者”的借口，带他出门散散心。其实，正常的社交不需要太高的门槛，没有过多的礼貌，也没有过分的打扰，只在于心与心的交流，在于真诚纯粹。

（关联文本，合理设想，回扣话题，对开头“依然在寻找”“看似‘打扰’”的行为给出明确的态度和真诚的倡议。）

吕乐：转变社交观，找到自己的“张怀民”

⑧“怀民亦未寝”热梗的出现，反映了在快节奏的“屏社交”生活中年轻人对高质量人际关系的期盼。网络提供了丰富的信息渠道，“屏社交”看似拓宽了世界，实际上（与“看似”组合，完成语意上的转折，体现了思辨的深度）却是虚拟人际关系营造出的亲密幻象。虚拟世界隐去身份的交流方式或许（“或许”为限制性语言，体现了逻辑的严密性）为青年的网络社交带来了自由的火花，但关闭屏幕，回归现实生活，像“张怀民”一样随时能“相与步于中庭”的知心好友却少之又少。

（以“屏社交”生活的视角给出对“怀民亦未寝”的解读，表达自己的个性化见解。）

⑨即使走到线下，青年的社会交往仍然可能面临着“友谊衰退”。当前，社会交往高速流动，人们常常因害怕“脱轨”而被迫加快脚步，社交方式容易交而不往、浅尝辄止，倾诉需求与归属情结难以找到合适的抒发窗口。人们不禁感叹，能拥有一个随时可以打扰

又无需顾虑的“怀民”，几乎成了一种奢望。

（以“即使”完成过渡，由线上延伸到线下，从当下青年的社交困境出发，指出“寻找张怀民”的现实意义。）

⑩苏轼与张怀民这种建立在相似价值观与共同志趣上的“高质量友谊”实属友谊的典范。面对快节奏社会的“人际泡沫”（以“泡沫”一词形象点出看似膨胀实则空虚的交往关系实质），我们不妨（语气委婉、真诚）转变社交观，将真诚、信任融入人际关系的建立和维护中。如此，才有可能（突出强调“如此”的结果和意义）寻找到属于自己的“苏轼”或“张怀民”。

（提出“转变社交观，找到属于自己的‘苏轼’或‘张怀民’”的倡议。）

（选自《中国教育报》，2024 年 12 月 17 日　作者：彭焕萍　有删改）

【结构梳理】

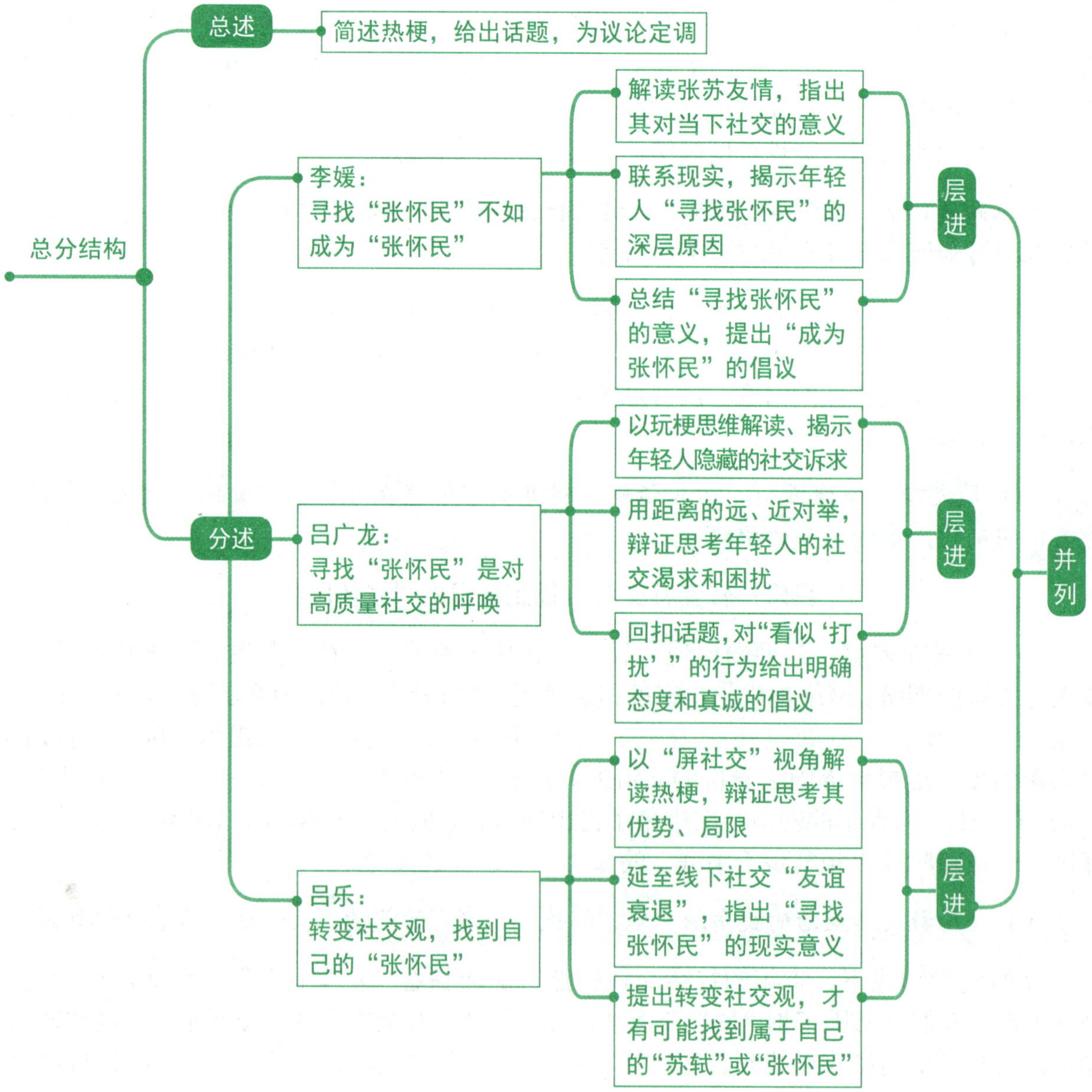

【时文点评】

本文以“怀民亦未寝”这一网络热梗为切入点，以小标题的形式并列呈现“青年说”的三种观点，在每部分“青年说”里，基本遵循“是什么—为什么—怎么办”的思维路径，深入探讨了当代青年在人际交往中面临的困惑和对真挚友情的渴望。结构清晰，主旨突出。

文章的亮点在于巧妙地将时事热点与个人情感体验相结合，引发读者的共鸣，同时提供了具体的行动建议。可以说，本文不仅有对当前社交现象的深刻洞察，也为读者如何在快节奏的生活中寻找和维护真挚友情提供了有益的思考，具有很强的现实指导意义。

“零糖”社交，与自信和快乐为友

【阅读策略】

本文以“零糖”社交为核心，以三个小标题为思路引领，构建篇章结构和写作思路。这也是我们阅读此类文章的抓手和捷径。写作方法上，文章采用了数据支持、引用诗句和对比分析等手法，使论点更加生动有力。素材积累运用方面，文章结合了社交趋势报告和网络流行文化，贴近现实，易于引起共鸣。

【批注式精读】

“零糖”社交，与自信和快乐为友

（观点鲜明，以逗号独立突出核心概念，并点出其“自信”“快乐”的内涵。）

①“草在结它的种子，风在摇它的叶子，我们站着，不说话，就十分美好。”（以隽永的诗句开篇，易于激发读者的阅读兴趣，值得借鉴。）顾城40多年前写下的这句诗，描绘出了当下不少人所追求的社交状态：喝零糖可乐，交“零糖”朋友。继饮食上的“零糖”“零脂”等概念受到热捧后，“零糖”社交成为这届年轻人的社交新潮流。

（善借东风，将引用诗句与“零糖”之喻结合，生动形象地引出话题：社交新潮流——“零糖”社交。有看点，有亮点。）

在“零糖”社交中找自己

②“零糖”社交的本质是“为己社交”，在交友时更在意边界感与自我空间。某社交App所属机构发布的《2024年社交趋势洞察报告》显示，有54%的年轻人表示“经常联系，但也有自己的独处空间”，18%选择“看心情联系，让自己简单轻松最重要”，选择“每天都可以黏在一起”的人占比仅12.6%。

（从概念的解读出发，并辅以数据支持，直观显示“零糖”社交对“边界感与自我空间”的诉求，真实而有说服力。）

③年轻人对于社交关系中的“甜度”（承上“零糖”的概念，继续以“甜度”比喻

社交需求程度，体现了思维的内在联系）需求各有不同，“零糖”社交者则会更强调“重构多维附近”。赶大集、Citywalk，重新爱上菜市场……这些热门现象的背后，是年轻人努力重建多维“附近”的结果。屏蔽掉不重要的群消息，鼓起勇气拒绝不想去的聚会，腾出时间偶尔和三五好友来一场Citywalk，或是打卡一家心仪的咖啡店，不少年轻人觉得“跳出人群，反而找到了更加清晰的自我”。

（以年轻人的生活行为诠释社交抽象概念，并引用年轻人“语录”表达个体感受，贴近生活，易于达成认知上的共识。）

④在信息过载、社交负担繁重的今天，通过强调“距离感”“边界感”，年轻人更加清晰地勾勒出自我认知的轮廓，完成了一次自我价值的回归。

（总结要点，也是对小标题的回扣与深化。）

社交“降糖”，快乐加分

⑤“零糖”社交的走红并非偶然，网络流行文化的表象之下，更是关系青年群体生活状态与精神追求的公共议题。

（从表象到本质，揭示“零糖”社交的重要意义。“……并非偶然，……的表象之下，更是……”的句式值得借鉴。）

⑥从字面意思理解，“零糖社交”的主要实现路径就是为社交做减法，进而回归简约清爽的生活状态。现在，青年群体率先开启了“社交减负”的实验。不论是“00后整顿职场”、下班后上夜校等对传统社交模式的“反叛”，还是主张“断舍离”、找“搭子”、轻社交等新尝试，都让人们看见了在社交关系更加多元的今天，新型社交带来的更多可能性。（集中列举青年群体的“社交减负”行为，以数量优势形成一种表达的气势。）

（从“做减法”的角度，列举“零糖”社交的社会表现，肯定了其为新型社交带来更多可能性的积极意义。）

⑦从辩证的视角来看，“零糖”社交也是（以“也是”关联上段，保持结构和文脉的连续性）在为社交价值的回归以及自我价值的探索做加法。“零糖”社交者强调“性价比生活”，崇尚“反向消费”、恪守清醒购买；选择以泡脚、早睡早起、养生按摩等方式维护身体健康……刨去负担过重的无效社交，拒绝（与前面的“刨去”皆为“减法”的变体，体现表达的灵活性）复杂社交关系带来的“精神内耗”，才能将时间和精力用在更多更有价值的事情上面。为无效社交做减法的过程，同样是在为快乐加分。一种能够让自己更自信、更有活力和创造力的社交方式，才是真正有价值的社交。

（从“做加法”的角度，列举“零糖”社交者在理念和行动上的表现，与上文的“做减法”形成思辨，肯定“降糖加分”的意义。）

找到适合自己的社交“糖度”

⑧古人说，“君子之交淡如水”。（引用古人关于社交的名言为“零糖”社交定性，增强说服力。）面对“零糖”社交这样一种“淡淡的”新型社交方式，公众也应该正确理性地看待，并从中找到适合自己的社交“糖度”。

（提出应有的理性态度，自然呼应本部分小标题。）

⑨多一些引导，少一些盲从。在互联网的助推下，“零糖”社交成为一个巨大的流量池。对于社交媒体平台而言，要对相关内容加强监管和识别，避免“零糖”社交变为制造焦虑、变相营销的工具，警惕滑入流量狂欢的深渊（用词准确，比喻生动，形象地摹画出流量的疯狂面孔），积极倡导风朗气清的网络环境。

（以“多一些……，少一些……”的句式，扣住小标题中的“适合”“糖度”等关键词，对社交媒体平台提出倡议。）

⑩年轻人特别是青少年也要警惕盲目跟风和过度玩梗的话语陷阱，“零糖”社交并不是一种时尚风潮，也不一定适合每一个人。不论“零糖”“低糖”或是“全糖”（“某糖”的系列仿词对应社交的浓度，形象贴切），正视自己的需求，找到适合自己的方式，才能在社交中收获自信与快乐。

（对年轻人提出建议，独立成段以示强调。）

⑪多一些尝试，少一些逃避。“零糖”社交并不等于“零社交”，注重社交边界感与渴望亲密伙伴也并不冲突。不能将“零糖”社交简单地理解为不社交或者是少社交，给自己增加不必要的“精神枷锁”，进而陷入消极情绪之中，将自己困于社交“孤岛”。

（持续使用“多一些……，少一些……”的句式，与上文形成结构上的呼应，在内容上体现对“零糖”社交的辩证思考和理性认识。）

⑫人作为情感动物，适当的深度社交也是必不可少的。在与别人的深度交流中，也能提升自己的思维能力、表达能力，获得不一样的情感体验。（与“零糖”社交形成互补，为下文“张弛有度”的倡议做铺垫。）在与人交往中，多一些自信与勇敢，在张弛有度中把握社交关系的主动权，这样既能享受“零糖”社交带来的松弛感，也能体会到传统社交的乐趣和意义。

（观点单独成段，强调了张弛有度的社交关系才是双赢的关键。）

（选自《北京日报》客户端，2024 年 11 月 4 日　有删改）

【结构梳理】

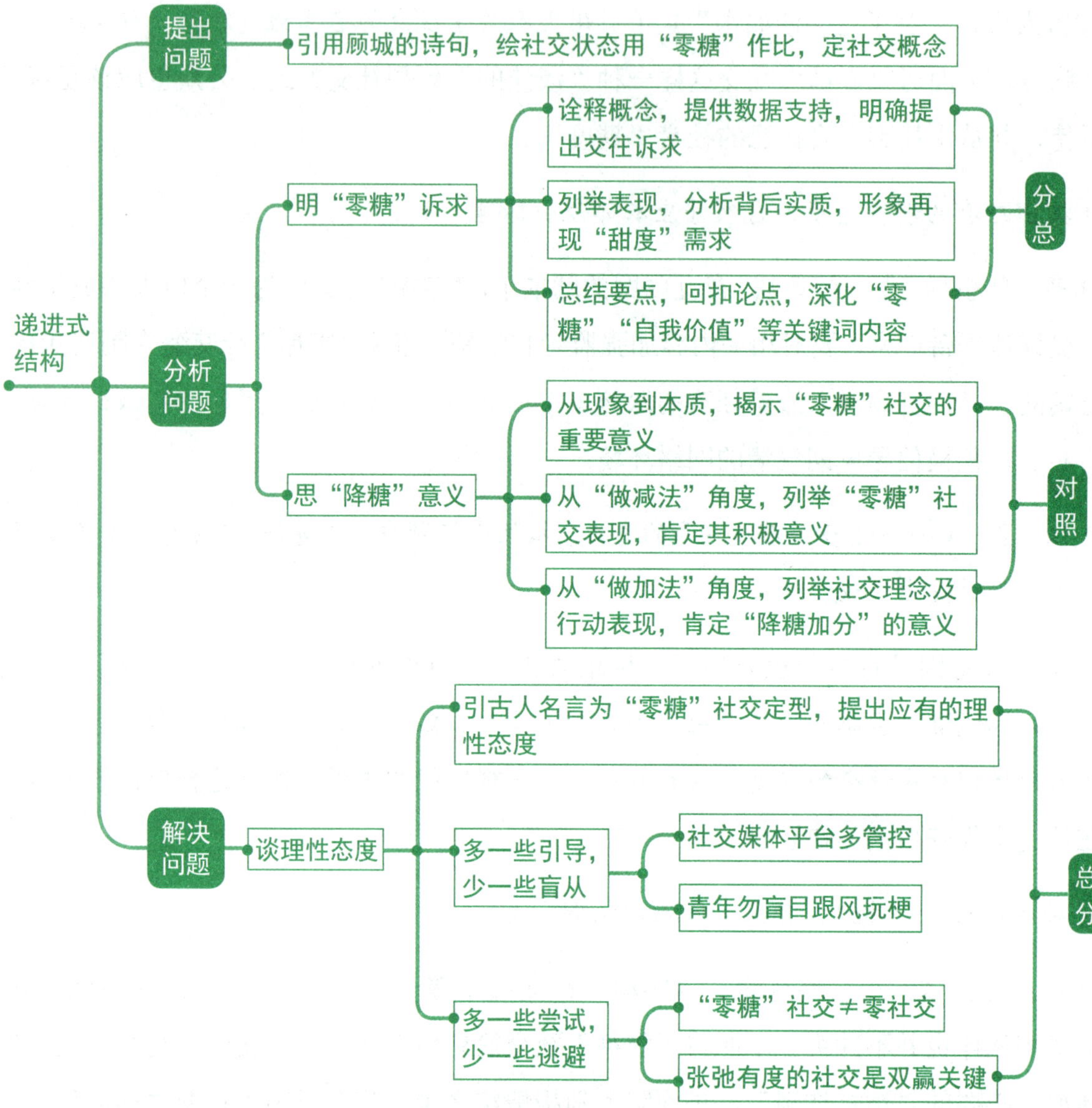

【时文点评】

本文以“零糖”社交为核心，探讨了当代年轻人在社交中追求简约、自我空间的新趋势，亮点颇多。

在立意上，贴近生活，将当下流行的饮食文化概念“移花接木”到社交行为上，形象反映了年轻人对社交负担的反思和对生活质量的追求；在结构上，以小标题形成思维路径，首先引入“零糖”社交的概念，其次分析其背后的社会现象和个体心理，最后讨论如何在社交中找到适合自己的“糖度”，层次清晰，探讨深入；在论证上，通过具体数据和实例来支撑观点，以及运用对比和引用来增强文章的说服力。

特别值得一提的是，文章将理性思考进行到底，提醒读者在互联网时代下，应理性看待“零糖”社交，避免盲目跟风，强调了自我认知和个性化选择的重要性。

时文素材

匹克球：社交与运动一拍即合

在昆区全民健身中心，匹克球成了所有运动项目中最靓的“仔”，一把木质拍，一个塑料镂空球，处处透露着“新鲜感”。“匹克球通常多人一起玩，可以认识很多新朋友。大家在球场上互相交流、互相鼓励，氛围非常好。运动强度低、上手快、花费小，因而为各个年龄层所接受，传入中国后深受年轻人追捧。”匹克球教练王松生说。

与那些充满竞争的竞技类运动不同，匹克球以其新手友好的特性，让每个人都能在球场上找到自己的位置。在这里，赢球并不是最重要的，更重要的是与朋友共享这份快乐。正如教练所说，匹克球更像是一种社交运动，它让每个人都能在轻松的氛围中享受运动，享受生活。

适用主题：运动社交 团队协作 健康生活 快乐共享

开启社交新时代：AI与社交的完美结合

随着一场关于AI社交的大战悄然展开，各大互联网巨头纷纷布局，探索AI与社交的结合。QQ推出的“AI聊天搭子”、抖音的“话炉”、美团的WOW等一系列新兴产品不断涌现，标志着AI社交新时代的正式来临。

AI社交不再仅仅依赖人与人的交流，用户可以通过智能聊天机器人与AI进行对话，获取建议、分享想法或者进行情感交流。这样的功能不仅增强了用户的社交体验，也使得社交场景变得更加丰富和多样化。AI的强大分析能力和学习能力使其能够根据用户的偏好和行为进行个性化推荐。用户不仅可以与虚拟角色互动，还可以根据自己的兴趣定制角色的性格和背景，从而提升社交的趣味性和个性。许多AI社交产品还借助XR（扩展现实）技术，将用户带入一个更为真实的虚拟社交场景。用户通过身临其境的体验，能够享受到与现实世界中相似的社交互动，不仅提升了社交的乐趣，也让用户在心理上获得更多的连接和认同。

适用主题：社交新时代 互动与分享 虚拟与现实 个性化定制

线上社交年轻人形成一套新礼仪

发消息一定要带表情或者表情包；句末加上语气词如啦、嘞、哈、滴、呔、咩；回复“OK”在情绪上还不够，回复“OKK”才是OK的；同理，“哈哈”不行，“哈哈哈哈哈”才行……“文字讨好症”是近年来社交网络热议话题，它指代在线上聊天时，通过字斟句酌修改聊天词汇，或是使用语气词、表情、夸张表达等方式来减少交流中的隔阂感和生硬感，传达友善、亲切情感的行为。

在调查中，超八成年轻人曾有过“文字讨好症”行为，但依然有16%的“硬核”年轻人能保持理性、简洁的交流风格，拒绝人造的亲昵。近七成年轻人在与爱人、家人、挚友等亲密关系交流时，最容易表现出“文字讨好症”行为，可能在当代年轻人看来，只有最亲近的人才最值得讨好。仅有7.6%的年轻人反感“文字讨好症”。30.2%的年轻人在面对对方没有任何修辞的表达时，会担心对方是否不开心，15.2%的年轻人则会觉得对方有失尊重——这算得上是数字时代人们的社交新困扰吧。

适用主题：情感传达 “讨好式”社交 亲密表达 社交困扰

搭子社交因何风行

一起去听偶像的演唱会，相约去江边来一场酣畅夜跑……三五成群，有说有笑，这是繁忙工作场景下的一道道流动风景。随着互联网的高速发展和信息传播途径的多元化，一种名为“搭子”的新兴文化在年轻人群体中迅速流行起来。球搭子、逛街搭子、考研搭子甚至是下班即失联的话搭子、一起拼起送费的咖啡搭子等，可以说“只有你想不到，没有年轻人搭不到”。

搭子社交的出现不是偶然，是年轻人群体性孤独“后遗症”夹杂着多种条件催生的必然结果。牛津大学人类学家项飙在一档访谈节目中就提到了“消灭附近”这一概念加深了人与人之间的隔阂，而重拾附近可以帮助年轻人在快节奏的原子化生活中了解多样化领域，重构社会关系。在这个背景下，找搭子自然成了年轻人缓解孤独、重拾附近的“灵丹妙药”，满足社交需求的同时，又最大限度淡化了所需付出的时间和情感成本。

适用主题：搭子文化 社交新风 缓解孤独 重构关系

年轻人向往深度社交，与轻社交不矛盾

如今，不少年轻人感慨，朋友间的“有空约顿饭”似乎成了一张“空头支票”，明明身处同一座城市，但见一面却很奢侈，想要建立和维系亲密的关系很有难度。

围绕在当下年轻人社交话题中的关键词，大部分属于“轻量化”社交，比如“搭子社交”“momo 匿名社交”“向上社交”等。

越来越多人追求个性上的独立，渴望与他人保持一定的距离，轻社交是可以满足这部分需求的。但同时人们也渴望建立长程性的友谊，获得更多情感的满足和温暖，来缓解时不时冒出来的孤独感，这是需要深度社交来加持的。

从这一层面上来讲，轻社交与深度社交，弱关系与强关系，其实并不是孤立和矛盾的存在，二者是可以产生互补效应的。不仅仅考虑自我精神的满足，也学会感受和回应他人的情绪，同时在各种情感交流中达成理解与爱，可以说是每个人都需要学习的一种能力。

适用主题：轻量化社交 深度社交 边界感 情感交流

每周一题

【连线考场】

（2024·广州综测一）阅读下面的材料，根据要求写作。（60 分）

最好的相处之道，是站在对方的立场考虑问题；也有人说，相处时，守住自己的立场最重要。

这引发了你怎样的联想和思考？请明确立场观点，写一篇文章。

要求：选准角度，确定立意，明确文体，自拟标题；不要套作，不得抄袭；不得泄露个人信息；不少于 800 字。

【高分佳作】

共情与坚守，和谐相处的双螺旋

辽宁省建昌县高级中学 陈来阳

紧扣作文材料关键词确定文题，确定议论方向，体现思辨性。

①“己所不欲，勿施于人”，还是“我就是我自身的主宰”，哪个才是相处之道的最佳立场？在我看来这无需纠结，只要我们跳出单选的桎梏（以“单选的桎梏”的比喻，形象地表现出思维的局限性），就会发现这两种观点看似对立实则互补，是人际交往艺术的双螺旋，共同构成了和谐相处的完整基因。（“双螺旋”“基因”等词构成一个小的比喻系列，内容紧凑，语势连贯。）

以名言诠释材料中的两种立场，发出灵魂之问，以回答的形式呼应标题，亮出观点。高质量地完成了名言、材料、观点的三引任务，语言精练，衔接自然。

搭建共情的沟通之桥

以小标题形式提出分论点一，从“共情”的概念出发，运用因果分析的论证方法，阐释“搭建共情的沟通之桥”的意义。

②共情，即设身处地地理解他人的情感和立场，是人际关系中不可或缺的一环（以“不可或缺”强调“共情”在人际关系中的重要性）。因为每个人都是带着自己的经验和价值观来到对话中的，这些独特的背景塑造了他们的看法和立场。在共情中，我们学会了倾听和理解，就能更深刻地理解别人的需求，从而搭建起沟通的桥梁（点题之笔，很必要）。

③试想，在商业谈判中，双方若能站在对方的立场上思考，往往能够找到共赢的解决方案，而不是陷入零和博弈的僵局；在家庭中，父母若能站在孩子的角度去理解他们的成长烦恼，便能更好地引导他们。共情的力量，如冬日里的暖阳（以“冬日暖阳”之喻形象阐述共情力量，增强文章感染力），穿透沟通的冰层，照亮以理解和尊重为基的相处坦途。

运用假设论证，明确指出共情在相处中的力量。

坚守自己的立场底线

延续上一部分写作框架，以小标题形式提出分论点二，与分论点一形成并列结构。从“坚守”的概念和意义出发，引用名言佐证自己的观点。

④坚守，即在相处时守住自己的立场底线，是维护个人尊严和价值观的必要条件（以“必要条件”突出“坚守”在人际交往中的重要性）。诚如古罗马喜剧作家普劳图斯“我就是我自身的主宰”的大胆宣言，在尊重他人立场的同时，我们也必须鼓起勇气表达自己的观点，维护自己的权益。这是自尊和自爱的体现。

⑤且看，哪怕与自己政见不合的是平生挚友，王安石仍书信表明立场，与司马光针锋相对；哪怕游说自己的是英国首相，金庸仍坚持香港应归中国的立场，不因权势动摇（叙后有议，加深论证的力度）。这样的坚守，不仅保住了自我立场的底线，还能

以“且看”领起两个例证，证明坚守自己立场底线的意义，“哪怕……仍……”的句式加强了情感表达的力度。

以比喻论证反向论证了没

在互动中展现出个人魅力。而一个没有自己立场的人，就像一艘没有舵的船，在交往的海洋中随波逐流，最终迷失自己。

有自己立场的弊端，与例证构成对比。

寻找交往艺术的平衡

⑥平衡，是共情与坚守之间的艺术。在共情与坚守的天平上，我们每个人都需小心翼翼地放置砝码（表达形象，体现寻找平衡的不易）。我们不能一味地迁就他人，从而失去自我；也不能一味地坚持己见，从而忽视他人。这需要我们具备高度的情商和智慧，能够在不同的情境中灵活应对。（“一味”“高度”“灵活”用词准确，体现语言严密性。）

延续之前的风格，提出分论点三，并指出平衡交往艺术的具体做法。

⑦这不只是相处之道的刚需，亦是人生旅途的必要装备。（“刚需”“必要装备”再次体现作者的语言驾驭能力，展现其良好的语文素养。）一项由哈佛大学进行的研究表明，那些在社交互动中能够平衡自我与他人需求的人，往往拥有更高的社交满意度和更低的心理压力。掌握这种平衡的艺术，我们可以更好地在理解中成长，在坚守中前行，绘制更加美好的人生画卷。

以研究结果证实平衡艺术在个人成长中的重要性。

⑧相处之道是一门深奥的艺术，它的最佳立场不应是简单的单选思维，共情亦有底线，坚守不忘虑他，互渗互融才是它的正解。（“单选思维”“正解”等词自然呼应首段之问，形成思维的闭环。）那就让我们拿出真诚的态度，在共情与坚守的双螺旋中优化相处基因，展示最好的相处艺术吧！

结尾回扣论题，总结深化论点，并提出真诚的倡议。首尾呼应，有问有答，有始有终，结构完整严谨。

总评

内容	表达	特征	总分
17	18	18	53

文章切合材料命题，体现了作者对相处之道最佳立场的思辨认识，是一篇中心突出、内容充实的议论文佳作。文章整体呈总分总结构，分述部分以小标题形式形成并列结构，每部分以诠释概念—分析原因或意义—综合论证的行文思路写作。层次分明，思路清晰，结构严谨而不呆板。在论证上，综合使用引用论证、举例论证、比喻论证、假设论证等方法论证了“共情”“坚守”“平衡”的意义，增强了论证的说服力。在表达上，用词准确，语言生动，文句有意蕴，是文章的一大亮点。

（指导老师：韩黎明）

第9周　热考主题：回眸历史 评历史人物

主题阐释

“回眸历史　评历史人物”是通过对历史人物的生平事迹、思想观念、文化贡献等进行深入探究与全面分析，展现历史人物的复杂性与多面性，从中汲取经验教训与智慧启示，为个人成长以及当下社会发展、文化传承等提供借鉴与动力。

该主题写作选材范围比较广：政治军事领域，如蔺相如以国事为重容让成就“将相和”、拿破仑·波拿巴征战欧洲的战略举措等；文化思想领域，如孔子等思想家创立的学说对后世的影响，辛弃疾、莎士比亚等文学家的作品为后人提供了丰富的艺术借鉴和启示；科学技术领域，如牛顿发现万有引力定律，祖冲之将圆周率精算到小数点后七位等；除此之外，还有社会变革、经济贸易、民间技艺传承等领域。此主题重在穿越时空迷雾，使考生正视历史人物，给予客观公允评价。于历史事件中探寻文化、传承创新基因；于历史微芒处，见平凡人物之伟大力量；等等。

命题角度

命题角度	试题链接	
齐桓公：胸怀与气度 管仲：才能与机遇 鲍叔：知人与让贤	2020·全国Ⅰ卷	春秋时期，齐国的公子纠与公子小白争夺君位，管仲和鲍叔分别辅佐他们。管仲带兵阻击小白，用箭射中他的衣带钩，小白装死逃脱。后来小白即位为君，史称齐桓公。鲍叔对桓公说，要想成就霸王之业，非管仲不可。于是桓公重用管仲，鲍叔甘居其下，终成一代霸业。后人称颂齐桓公九合诸侯、一匡天下，为“春秋五霸”之首。孔子说：“桓公九合诸侯，不以兵车，管仲之力也。”司马迁说：“天下不多（称赞）管仲之贤而多鲍叔能知人也。” 班级计划举行读书会，围绕上述材料展开讨论。齐桓公、管仲和鲍叔三人，你对哪个感触最深？请结合你的感受和思考写一篇发言稿。

续 表

命题角度	试题链接	
地方名人（含历史人物）、地方风土人情、地方自然风景、地方历史文化	2020·全国新高考Ⅱ卷	读万卷书，行万里路。无论读书还是行路，我们都会与地名不期而遇。有些地名很容易让你联想到这个地方的自然特征、风土民情、历史文化、著名人物等；有些地名会唤起你的某种记忆与情感，或许是一段难忘的故事，又或它对你有着特殊的意义。 电视台邀请你客串《中华地名》主持人。请以《带你走近__________》为题（补充一个地名，使题目完整），写一篇主持词。
家乡人物（含历史人物）、家乡风物	必修上册 第四单元·学习活动一（节选）	采访有关人物，了解家乡的人、物、历史、习俗等，并收集相关的文献资料和实物资料，写一篇《家乡人物（风物）志》。

时文精选

行不由径，方能致远

【阅读策略】

阅读此文有章可循：首先要明确观点，注重标题、首尾与关键句。这些文字里往往潜藏着作者的核心看法，这是理解全文的关键钥匙。其次梳理逻辑，分析段落结构。段落之间或层层递进，或并列铺陈，或正反对照，共同支撑主旨。再次分析论据，看事例、数据等。事例论证、数据引用等增强说服力，为观点提供有力的支撑。最后把握意图，思考写作目的。关注文中呼吁性的语言，知晓作者所传达的期待。阅读时，注意作者是如何围绕观点组织语言，如何巧妙过渡的。学习这些，有助于提升读写能力，使自己在阅读与写作中更加得心应手，逐步提升语文素养。

【批注式精读】

行不由径，方能致远

（因果关系明确主题，语言简洁而富有深度。）

①孔夫子虽然被奉为“圣人”，但在识人方面也有看走眼的时候。比如他的弟子澹台灭明，起初在他眼里就没能获得应有的重视。

②史载，澹台灭明字子羽，武城人。他拜孔子为师时，孔子见他长相丑陋，便以貌取人，

认为他没有多大才能，不怎么看重他。后来，澹台灭明发奋苦学，成为当时有名的学者，而且品行广受认可。孔子得知后，感慨地说：“吾以言取人，失之宰予；以貌取人，失之子羽。”（直引孔子说的原话体现孔子对自己以往评价他人的反思，说明仅凭外在表象去认识与判断一个人是不合理的，人往往具有多面性且会不断变化，需要更深入、全面地去了解。）

（开篇引入：以孔子起初对澹台灭明以貌取人的故事为例，引出论点“行不由径”，生动且富有文化底蕴，引起读者对人物后续发展及主题含义的兴趣。）

③今天想起澹台灭明，是因为其“行不由径”的故事。澹台灭明为人公正无私，有标准的“君子人格”。《论语•雍也》记载：“子游为武城宰。子曰：‘汝得人焉尔乎？’曰：‘有澹台灭明者，行不由径，非公事，未尝至于偃之室也。’”（直接引用《论语·雍也》中的句子，表现澹台灭明是一个为人正直、公私分明、坚守原则的人。同时也表现出子游在选拔人才方面注重品德等良好素养的观念。）其大意是，子游在武城当长官时，孔子问他：“你在那里有没有得到什么人才？”子游回答：“有一位叫澹台灭明的，做事从不走捷径投机取巧；如果没有公事，他从不到我家里来。”“行不由径”于是成了一个比喻行动正大光明的成语。

（故事解读：引用《论语·雍也》里的话详细阐释澹台灭明“行不由径”的故事，解释“行不由径”比喻行动正大光明的由来。）

④今人或许以为“行不由径”是思维死板僵化，全然不懂通融。其实这是一个关乎原则的问题。在那个时代，“路”和“径”是大有区别的。周朝实行井田制，井田以外的叫路，以内的叫径。路是公共通道，径则是私人领地，走小径的行为是不合礼的。澹台灭明不抄小道图便利、不在私下里搞“政治攀附”，就是因为做人光明磊落，处事遵循正道，有话说在明处。（列举史实，阐明周朝井田制中“路”与“径”的区分及相应的礼制，彰显澹台灭明严格遵循礼制，不逾矩、守规矩的良好品德。）

⑤不走“捷径”，奉行正道，这事说起来容易，践行起来却不易。做到这一点，需要很高的觉悟和很强的自律能力。没有这等觉悟，就意识不到这种行为的必要性；没有那份自律能力，即使有这个认识也管不住自己的行为。

（正面阐释：明确澹台灭明在当时情境下的行为意义——不走小路、不搞攀附；将典故与现实行为准则相联系，使抽象的道德观念具象化，增强可读性与说服力。本段系重要性分析。）

⑥回到现实中，我们会发现，热衷于走“捷径”甚至歪门邪道的人并不少。这种人，为了达到某个目的，首先想到的不是脚踏实地努力奋斗，靠真本事硬功夫走向成功，而是

琢磨哪里有“关系”可用，何处有“空子”可钻，偷工减料，只求“速成”。（运用对比，细致展现出两种截然不同的行为方式与价值取向，让人一目了然；同时强化作者对不正当行为的批判与对正确价值观的引导，增加感染力与说服力。）更有甚者，毫无敬畏之心，只要能实现目标，再大的法纪风险也不当回事，只有他“想不到”的事，没有他“做不出”的事。

（反面批判：尖锐地指出当今社会有人热衷于走“捷径”等不良现象，从思想根源——不劳而获、投机取巧，到行为表现——找关系、钻空子，进行剖析，切中时弊，引发读者对社会风气的反思。本段系必要性分析。）

⑦现实中另一个事实是，崇尚“捷径”者，最后一头栽倒在这条道上的也不少。举个例子。很多年前，有家企业要建大楼，老板仗着和有关领导关系“铁”，未批先建，执法人员一时还真拿他没办法。不料，大楼即将封顶时，该老板的“靠山”倒了，新任领导根本不吃他这一套，于是，这座拔地而起的庞大违法建筑，被立即勒令停工整改，该企业的如意算盘被打翻……类似的“起高楼、宴宾客、楼塌了”的版本，千百年来总是不断地重复上演。很多不当得利，就是这样来得快去得也快，怎么来就会怎么去。毕竟，少了正当的程序，就少了一份合法的保障。搞歪门邪道的行为，总是见不得阳光。一旦阳光照耀过来，那些看似坚固的东西便会像冰山一样崩塌。（运用比喻的论证方法深刻揭示不正当得利的短暂性与危害性，为前文的批判提供有力支撑，强化论点。）

（后果警示：列举企业未批先建最终失败的案例，具体呈现走“捷径”带来的严重后果。本段系现实性分析。）

⑧看多了戏剧性的结局，令人倍生感慨：老想着“不劳而获”，最终可能两手空空一无所获；老想着破坏规则，最终会让“规则”的枷锁戴在自己身上。（语言对仗，揭示两种不良心态及其带来的后果，对社会中一些漠视规则、肆意妄为的现象进行批判，告诫人们要踏实劳动，遵守规则，树立正确价值观。）少些花花肠子，少些“捷径”思维，远离“无功受禄”的思想，杜绝“损人利己”的念头，切忌“走自己的路，让别人无路可走”，才是安全可靠的大道、正道。“行不由径”应当成为一种自觉的追求。古人云：“捷径虽云易，长衢岂不平。”不走“捷径”，不图小利，置身于光明之中，习惯按规则办事，方能问心无愧，行稳致远，把事情做得妥妥当当，把日子过得踏踏实实。（道理论证，引用唐朝俞简的诗句进一步表明观点，增添论述的文化内涵，增强说服力；长短句结合，错落有致，从多方面阐述按规则办事的好处，即能让人问心无愧、稳步前行，对人们的行为有指导意义。）

（总结升华：自觉追求“行不由径”，才是安全可靠的大道、正道；劝诫人们摒弃“捷径”思维，遵循正道。）

（选自《新湘评论》，2024 年 24 期　作者：李伟明　有删改）

【结构梳理】

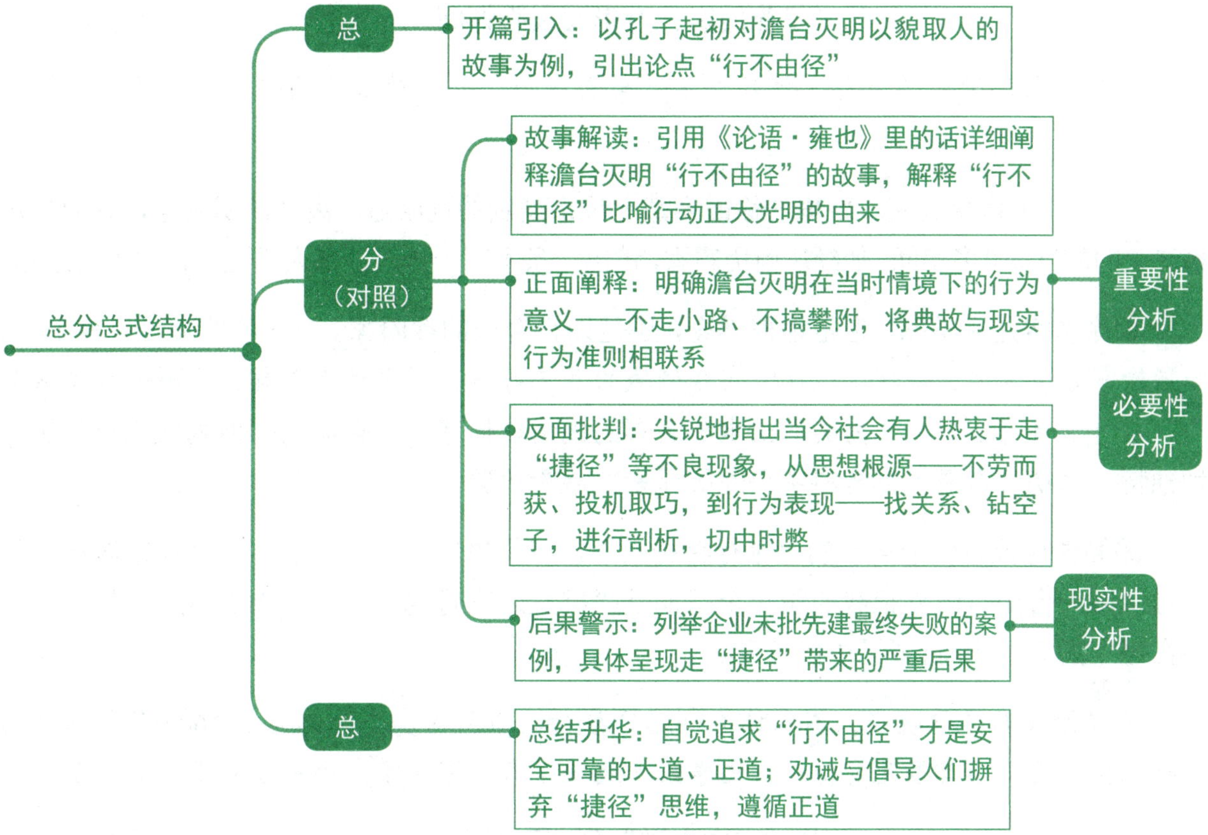

【时文点评】

文章整体结构完整，逻辑清晰，从历史典故到现实问题，论证方法多样，举孔子对澹台灭明起初以貌取人与企业未批先建等事例，直观展现不同行为所带来的结果，增强说服力，使读者更直观地理解“行不由径”的内涵及走“捷径”的危害；对比古今行为模式，鲜明地表明作者褒贬态度，强化“行不由径”的正确性与重要性，加深读者印象，对读者树立正确观念具有启发意义；从个人品德修养上升到生活、事业的成功之道，深化主题“行不由径”的价值，使文章具有现实指导意义，是一篇优秀的论述文。

徐霞客：万里写入胸怀间

【阅读策略】

阅读此文行之有效的方法如下：第一，把握主旨，先快速浏览，重点关注标题、开头与结尾。标题是文章核心话题的高度凝练，开头一般会抛出问题或亮明观点，结尾则通常会升华主题，抓住这些关键位置，有助于快速明确文章主旨。第二，梳理架构，判断其采用的是总分式、并列式、递进式、引议联结式等结构中的哪一种。清晰把握文章结构，能让我们对作者的行文思路一目了然。第三，明确观点论据，要善于圈出观点句，同时对论据要格外留意，包括具体事例、数据以及引用等。第四，理解词句内涵，一定要结合上下文解读重要且含义特殊的字词句。第五，关注语言风格，文章语言通常严谨规范，且带有一定的情感倾向，留意这些有助于更好地理解深层含义与写作意图。

【批注式精读】

徐霞客：万里写入胸怀间

（题目引用李白的诗句，兼具文学性与表现力，并且精准展现徐霞客游历之广泛、胸怀之广阔，激发读者求知欲。）

① 1607 年暮春三月，20 岁的徐霞客戴上母亲缝制的远游冠，离开江阴老家，开启他渴慕许久的旅行。30 多年间，他经风雨历霜雪，蹚出一条不同于传统读书人学优登仕的人生道路。

②徐霞客是文学家，也是地理学家，还是知行合一的探险家。（运用排比的修辞手法，概括徐霞客在文学、地理以及探险实践领域的多重身份，引发读者兴趣，为进一步了解其人生与贡献奠定基础。）秀美的山水和多彩的民俗在他笔下交融激荡。他为我们贡献了一种独特、真切、奇丽且富含科考探险等元素的旅游体验。

③仰仗这位古代最著名的“旅行特种兵”，我们每年多了一个节日。《徐霞客游记》开篇《游天台山日记》记载的第一个日期是“癸丑之三月晦”，公历 1613 年 5 月 19 日。现在每年的 5 月 19 日成了中国旅游日。

（以徐霞客另辟蹊径，不入仕途却选择旅行之事引入。先介绍其在 1607 年暮春开启别样人生；再揭示其多元身份——文学家、地理学家、探险家。进一步引出下文。）

从“有方之游”到“万里遐征”

④青年徐霞客舍弃传统读书人孜孜以求的科举功名之路。他主要依靠步行完成了实地勘查、游览、探险域内诸多名山大川、秘府奥境、奇异景观的宏愿。

（总写徐霞客主要依靠步行完成了探索江山的宏愿。）

⑤纵观他的旅行生涯，大致可分为三个阶段：明朝万历四十一年三月晦，他开启了第一阶段的旅程。以家乡为圆心，以江浙为半径，徐霞客开始了他的壮游事业，首游天台山，三游雁荡山。从 26 岁到 46 岁，他完成了第二阶段的跋涉，到了南方的福建、安徽，北方的山西、陕西、河南、河北等地，这一次游览半径最大、范围最广，是跨越南北东西的纵横之旅。不过这两个阶段，徐霞客秉承“父母在，不远游，游必有方”的古训，旅行计划性强，“定方而往，如期而还”。49 岁那年，他感到“老病将至，必难再迟”，决定开启第三阶段的“西南万里遐征”之旅。这也是他的最后一段旅程。他携迎福寺的静闻和尚，从江阴出发，先后行经了浙江、江西、湖南、广西、贵州、云南等地，最后抵达云南和缅甸交界的腾冲。此行游览考察对象众多，有不少地方在明代及以前都是为中原人所陌生的蛮荒之地，行程最长、难度最大、专业性也最强。4 年后，已在边疆看过了将近 1 500 轮的日升月落，“两足俱废”的徐霞客终于踏上了归途。半年后，他溘然长逝。

（条理清晰地梳理徐霞客旅行生涯的三个阶段，首游天台山、三游雁荡山，纵横南北跨越东西的中期之旅以及后期艰难的“西南万里遐征”，让读者对其游历轨迹有了全面且深入的了解，展现出徐霞客的游历广度与探索深度。本段系重要性分析。）

是山水之游，也是科学考察

⑥徐霞客以细腻的笔触、真实的感受、精微的观察、理性的分析，在中国文学史上第一次系统而全景地描摹了中华大地上诸多山河景观的奇特风貌，其中还夹杂着大量留存于斯的碑刻佚文、地理掌故、诗艺茶道、民俗风情。在如画的风光描绘、如诗的风俗叙写中，他不时流露出浓厚的文人意趣。在浙江金华，他登上山顶写道：“夕阳已坠，皓魄继晖，万籁尽收……谁复知此清光！”情景双绘，使人宛如身临其境。（引用徐霞客《浙游日记》里的句子，不仅使内容更具可信度，还能让读者直接领略到徐霞客文字的魅力与审美情趣，感受其浓厚的文人意趣。）

（阐述徐霞客文学创作上的成就，文字细腻生动，富有文人意趣。）

⑦徐霞客对自然的欣赏没有停留于表象，他还以理性精神审视天地。徐霞客超越前人，“开创出具有现代地理学意义的系统观察自然、描述自然、深入解释地理现象”的新方向。他探究喀斯特地貌的成因、特征等，指出岩洞是由“水冲刷浸蚀”而成，钟乳石是由高钙质水滴蒸发凝聚而成。这比欧洲地质学家要早 150 至 200 年。此外，他尊重权威，但对权威典籍敢于质疑，他认为“非躬至，则郡图犹不足凭也”。（过渡句，开启下文，突出徐霞客不盲目迷信权威，具有独立思考精神，使人物形象更加鲜明、立体；直接引用他的观点，增强内容的可信度与说服力，让读者了解其秉持的实践出真知的理念，并从侧面反映其严谨的治学态度与勇于探索的科考精神。）坚持“足勘目验”，实践出真知，创新获新知是其科考精神的写照。他通过对长江源头的勘察，指出长江真正的源头不是岷江而是金沙江。

（重点突出徐霞客在科学考察方面的卓越贡献，强调以理性精神审视天地，尊重实践、敢于质疑权威的科学精神，体现旅行的多元价值与深远意义。本段系必要性分析。）

漫以血肉，偿彼冷暖

⑧徐霞客不仅记载了山川河流、岩洞湖泊，还记载了旅途中种种关于人和事的见闻。淳朴的乡民，动荡的岁月，交织成明末的社会画卷。但更多的时候他身处险境，其中最典型的莫过于崇祯十年湘江遇盗，他用 3 000 余字来叙述遇盗始末，生动描绘出晚明社会的善恶众生相。

⑨以双足丈量山川大地的同时，徐霞客“哀民生之多艰”。（过渡，“以双足丈量山川大地”承接上文，塑造一个不辞辛劳、亲自踏访山川的探险家形象；引用《离骚》中“哀民生之多艰”一句开启下文，刻画出一个心怀百姓、充满人文关怀的儒者形象。将探险精神与悲悯情怀有机融合，立体展现其丰富的内心世界与多元的人格魅力。）对于晚明日蹙的国势他深感不安。在黄果树瀑布下，他记录了贵州的民生疾苦；对庆远府民生艰难状况有痛彻心扉之叹。蒿目时艰，关心民瘼，悲伤之情溢于言表。

（通过叙述湘江遇盗等事件，描绘出晚明社会的众生相，同时展现徐霞客对民生疾苦的关怀，使人物形象更加立体丰满。凸显其不仅是一位游历者，更是一位心系天下的有识之士，升华徐霞客的精神境界，也让读者感受到他所处时代的复杂性。丰富文章内涵，引发读者对历史与人物的深入思考。本段系现实性分析。）

⑩徐霞客用他的脚步，穿越的不仅是疆域的荒蛮地带，也是知识的荒蛮地带；它既是现实中的旅程，也是精神上的旅程。（运用递进手法，指出徐霞客的旅程具有重要精神意义——不畏艰难、勇于求知，这是物质的磨砺与精神的升华。）将徐霞客置于历史的长河，他的追求丰富了人们的精神图谱、知识图谱。徐霞客用实际行动叙写了一段震烁千古的传奇。我们也许终其一生也无法成为徐霞客，但光是被带到历史河岸边看一看，也可获得动力和滋养。

（总结全文，对徐霞客的历史地位予以高度评价；强调其对后世精神与知识的滋养作用，主题得以升华。呼应开头，结构完整。）

（选自《光明日报》，2024 年 12 月 20 日　作者：谷文彬　有删改）

【结构梳理】

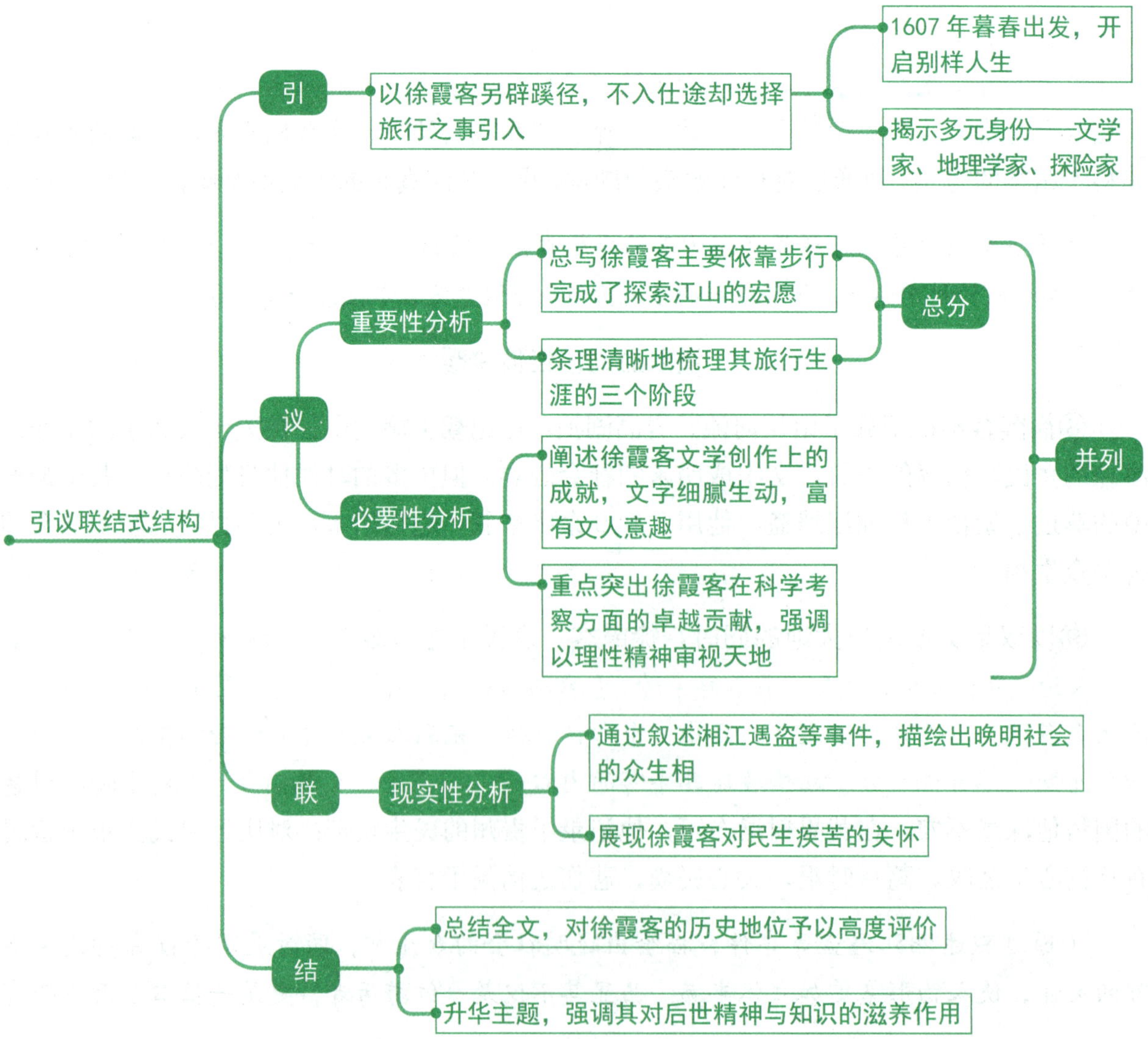

【时文点评】

本文围绕徐霞客的生平经历展开，以其弱冠踏上旅程为引子，提纲挈领，点明他独特的人生道路。详细阐述其从江浙周边游到跨越南北东西的纵横之旅，再到艰难的“西南万里遐征”的三次探索足迹，体现出迥异他人的人生抉择——决然舍弃科举仕途而毅然投身山川。同时，深入分析其在文学与科学考察方面的成就：文学描写细腻入微，富有文人意趣；科学考察上超越前人，开创现代地理学观察自然的新方向，敢于质疑权威，坚持实践出真知。更重要的是他在旅途中对社会民生的关注，反映出晚明社会的众生相。徐霞客传奇的一生中，他的探索精神、科学态度以及人文情怀，都是为后世留下的宝贵财富，给予更多人前行动力与人文涵养。其文熠熠生辉，其人高山景行。

经典素材

我们真的了解孔子吗?

在先秦诸子中，对后世影响最大的当然是孔子。2024 年是孔子诞辰 2 575 周年，作为万世师表，孔子深深影响了一代代中国人的价值观。我们常自以为熟悉孔子，然而真的了解、理解他吗？孔子其人充满矛盾。他时而热衷出仕，“三月无君，则皇皇如也”“出疆必载质”，甚至对一些小角色的征召也愿一探究竟。但时而又对出仕态度疏淡，认为“饭疏食，饮水，曲肱而枕之，乐亦在其中矣。不义而富且贵，于我如浮云”，还有“吾与点”的理想。孔子心怀政治理想，周游列国以求施展之机，在鲁国任司寇时也曾有所作为。但他不为做官而做官，若理想无法实现，便不愿徒占其位。本质上，他是具有强烈现实关怀的理想主义者，认为读书人当弘道救世，出仕是尽社会责任，却也坚守做官的原则底线。如卫灵公询问军旅之事，他因与自身理念不符而离开卫国。孔子在仕与隐之间的抉择，虽无固定标准，却展现出他独特的人格与理想追求，对后世读书人产生了深远的影响。

适用主题：人格典范　仕隐有道　仕隐抉择　弘道救世

蔺相如“让”的智慧与担当

王泰让枣，孔融让梨，是兄弟相让；东汉开国功臣冯异屡立战功，却“行与诸将相逢，辄引车避道”，是同僚礼让；蔺相如对良将廉颇一让再让，是为国事容让，让出了“将相和”、国之安。《史记》载，战国时期，出身卑微的蔺相如，因立大功被赵王封为上卿，官位在廉颇之上。廉颇不服，欲羞辱蔺相如，蔺相如则尽量回避。手下以为蔺相如胆小，蔺相如称强秦不敢犯赵，因他与廉将军在，若两虎相斗，秦必乘虚而入。廉颇闻之惭愧，负荆请罪，二人遂结刎颈之交，即“将相和”。蔺相如之举，绝非懦弱退缩，而是出于超越常人的睿智与胸怀天下的担当。在个人荣辱与国家安危的天平上，他毅然选择顾全大局，以隐忍和退让化解内部矛盾，为国家的稳定发展奠定基石。这种深明大义、以国为重的思想境界，以及宽容豁达、忍辱负重的高尚品质，不仅消弭了可能引发的朝堂危机，更为后世树立了楷模典范。“将相和”蕴含着中华传统文化中“和”的智慧与“义”的坚守，在人际交往与国家治理中都有着不可估量的价值。

适用主题：以和为贵　礼让包容　谦逊豁达　团结协作　顾全大局

谈苏轼之偶像

自古人们便尊崇偶像，苏轼十分敬仰位列“唐宋八大家”之首的韩愈。韩愈，这位有“百代文宗”之称的文坛巨擘，开古文运动之滥觞，力挽狂澜，变六朝骈文的衰败气象为古文的兴旺发达，其文字如黄钟大吕，振聋发聩；其思想似熠熠星辰，照亮了混沌的世道人心。苏轼在《潮州韩文公庙碑》中高度赞扬韩愈：“文起八代之衰，而道济天下之溺，忠犯人主之怒，而勇夺三军之帅。”而苏轼也受其文风哲思及其所象征的儒家正气影响，即便仕途受挫，如遭遇“乌台诗案”，仍追求精神上的富足，在韩愈思想的基础上，又形成自成一派的洒脱自适，增添独属于自己的豁达韵味。总之，古贤多有偶像，优质偶像对人影响深刻，内化于心外化于行，其影响贯串人生各阶段，于笔下文章、周身气质中皆有体现，助人迈向更高境界。偶像之力，可见一斑。

适用主题：尊崇超越　豪放洒脱　偶像之力　见贤思齐　榜样力量

少年心事：辛弃疾的归宋路

辛弃疾自幼受祖父熏陶，秉持汉贼不两立的观念。在1161年金国各地民变时，山东各方“各以义旗聚众”，辛弃疾召集两千人马，于金国腹地起事，加入当时势力更强大的耿京起义军，并提议南归宋朝，获耿京同意后前往南方。1162年正月，辛弃疾首踏宋朝土地，那一刻，他完成自祖父以来两代人的梦想。宋高宗“大喜，皆命以官”。闰二月，归途中惊闻耿京被张安国杀害且张已降金，辛弃疾遂与王世隆等人商议，仅率五十骑前往济州智取张安国。他们在济州城外巧布疑阵，辛弃疾与王世隆入金营，趁张安国醉酒将其劫持，然后迅速撤离，金将追之不及。辛弃疾等人一昼夜疾驰，将张安国交予朝廷处置，朝廷“斩安国于市”。归宋后，辛弃疾给南宋的抗金大业添了一把旺火。他有一身的军事本领，政治主张虽说朝廷没全采纳，但他也让抗金之事在朝堂上更受重视。他写的词词风豪放，满是爱国心怀，在南宋的词坛独树一帜，在中国文学的地盘上，结结实实地踩出自己的脚印。

适用主题：爱国赤诚　壮志荣归　青衿之志　矢志凌云

每周一题

【连线考场】

（2024·安徽蚌埠阶段练习）阅读下面材料，按要求写作。（60分）

“观今宜鉴古，无古不成今。”高中语文必修下第一单元诸子散文与史传作品闪耀着中华文明之光，作品中的人物无不闪耀着智慧的光芒。其中有倡导礼乐治国的孔子，有宣扬保民而王的孟子，有游刃有余的庖丁，有智退秦师的烛之武，有逃脱鸿门宴的刘邦……

班级计划举行读书会，围绕上述人物展开讨论，上述几个人物，哪一个给你的启示最深？请以“我最喜爱的历史人物”为主题，结合你的感受与思考写一篇发言稿。

要求：结合课本内容，联系现实，阐述自己的观点，理性评价历史人物。自拟标题，自选角度，确定立意；不要套作，不得抄袭；不得泄露个人信息；不少于800字。

【高分佳作】

怀智勇之光，承先贤之志

黑龙江省齐齐哈尔市克山县第一中学校　石惜文

对偶为题，富有节奏感与韵律美；展现积极追求的精神风貌，传达深厚的文化底蕴与历史使命感，营造出庄重、激昂的氛围感。

尊敬的老师、亲爱的同学们：

①大家好！“观今宜鉴古”，高中语文课本中历史人物灿若星河，而烛之武堪称其中最耀眼的一颗，其智勇爱国之光，无不激发着我们向先贤进发的斗志与干劲！

第①段引用《增广贤文·上集》中的句子切入中心论点——烛之武智勇爱国之光激励我们前行。

②回溯往昔，郑国被秦、晋围困，一时危在旦夕。烛之武虽身处壮志未酬的阴霾，却不计前嫌。“老骥伏枥，志在千里”，毅然挺身而出，抛却往日不遇之怨，决然担起救国之责，其爱国之心如此热烈而坚定，如熊熊燃烧的火焰，照亮郑国黑暗的夜空。

第②段运用引用、比喻的修辞手法再现郑国危机与烛之武挺身而出的历史一幕。

③智烛幽微，明察大势！烛之武无疑是洞察局势的智者。郑国大厦将倾，他未陷得失泥沼，“夜缒而出”，孤胆英雄勇闯龙潭虎穴，何其壮哉！他以秦伯利益为引，言辞间谦逊有礼却暗藏玄机，“若亡郑而有益于君，敢以烦执事”，步步诱导秦伯权衡利弊，再凭借对秦晋关系的精准把握，瞬间瓦解其看似牢不可破的利益联盟，为风雨飘摇的郑国谋得生机。其智之深，其策之妙，令人拍案叫绝。（从其行动和言辞方面阐述瓦解秦晋联盟的过程，有力地呈现出其智谋，语言简洁明了，分析精准到位。）

第③段提出分论点一：烛之武是智者。运用引用、比喻的修辞手法深入分析烛之武的智慧。

④勇毅无畏，直面危局！烛之武更是坚毅的勇士。身处强秦威压之下，其狼子野心昭然若揭，他却镇定自若，直言不讳“越国以鄙远……君之薄也”（用词精准，如“镇定自若”“直言不讳”等，生动地刻画其勇敢形象，增强感染力），以非凡勇力，句句攻心，戳破秦晋症结；从容不迫，在波谲云诡的局势中力挽狂澜，其勇毅之姿，让人为之折服。

第④段提出分论点二：烛之武是勇士。引用《烛之武退秦师》中的句子，突出烛之武在秦营的勇气，内容简洁而重点突出。与分论点一呈并列关系。

⑤位卑志坚，心怀家国！烛之武是忠贞爱国者。他以史实为刃，以现实为盾，痛斥晋之贪鄙失诺——“且君尝为晋君赐矣……若不阙秦，将焉取之？”他目光如炬，言辞犀利，坦诚讲述秦曾施恩于晋，晋却背信弃义，曾许之地转头即变，且晋贪婪无度，若不削弱，秦必被其侵，秦助晋有害无益，如此层层剥茧，丝丝入扣，剖析利弊，终使秦伯自主退兵，郑国转危为安。（“以史

第⑤段提出分论点三：烛之武是爱国者。引用史实，解读烛之武的爱国情怀，结合其对秦伯的劝说进行分析，层次分明，逻辑清晰；与分论点一、二呈递进关系。

实为刃……层层剥茧”等表述体现其分析的深刻性，语言简练且表意深刻。）其深入虎穴，扭转乾坤，爱国之情深沉而伟大！若不如此，郑国何以生存？

⑥纵览历史长河，智勇爱国之士不乏其人，完璧归赵的蔺相如、勇闯鸿门宴的樊哙、闻鸡起舞的祖逖，皆为后世楷模。

第⑥段列举蔺相如等历史人物，丰富文章内容，拓宽主题范围，展现此类精神在历史中的重要性。

⑦“无古不成今”，当今世界风云变幻，传承先贤精神势在必行，当取其精髓融于时代风云：于国际舞台，以烛之武之智洞察各国态势，寻突破求发展；持其勇坚守人类命运共同体价值底线，有志气敢争先；怀其爱国心应对气候变化、海洋污染等全球挑战，为推动人类共进贡献力量。且看无论是华为孟晚舟被扣维权回国，还是外交部发言人应对西方抹黑维护国家利益，皆为当代传承之鲜活注脚！

第⑦段联系历史，举现实之例，阐述传承先贤精神的方式与意义。

⑧吾辈青年当以先贤为范，汲取智勇精神，厚植爱国情怀。怀壮志长行，携智勇抚凌，于学习中精研深思以修身，于生活里正道担当以正己，于时代潮头胸怀天下以济民，将个人奋进与国家复兴合力相融，续写华章在即！（收束有力，简洁而富有感染力。）

第⑧段总结全文，向青年发出号召，语言富有激情；阐述实践途径，将个人与国家相连，为传承提供方向，升华主题。

谢谢大家！

总评

内容 20 | 表达 19 | 特征 18 | 总分 57

全文紧扣烛之武智勇爱国精神，详析其救国于危难的壮举及精神内涵，佐以蔺相如等人的事例强化主题，且结合孟晚舟事件等现实事例，古今交融贯通，思想有深度、高度，时代感强，凸显考生对主题的深刻认知。语言优美有文采，善用引用、比喻等修辞手法，增强底蕴；用词精准生动，分析透彻，感染力强，彰显深厚功底。结构上，以烛之武开门见山，再用其智、勇、爱国三个分论点展开论述，后列历史人物，继而联系现实，阐述传承意义与具体做法，具有很强的前瞻性与导向性；首尾呼应升华主题，层次清晰，逻辑连贯，能够让读者清晰地感受到先贤精神的价值以及传承的重要性与紧迫性。全文具有较强的说服力与感染力，展现出较高的写作水平。

（指导老师：孙春梅）

第10周　热考主题：走近中国　书地方风情

主题阐释

本周以“走近中国　书地方风情”为主题，深入探寻不同地域的独特风貌，不限于自然风光、民俗文化以及生活方式与价值观念等方面，构建对多元文化的认知与理解、继承与发展，传承独特的历史记忆与文化基因。

展现地方风情，一方面能够保护与传承传统文化、民俗技艺，唤起对本土文化的认同与热爱；另一方面，不同地域间的风情交流能促进文化的融合与创新，丰富精神世界，增强民族凝聚力；同时地方风情也是国家走向世界、让世界了解中国的重要窗口，能够助力文化输出，提升国家文化软实力与文明魅力。

学习这一主题，重在发散思维，形成多元、多维立意。如守护乡愁记忆，挖掘地方风情的人文底蕴与情感价值，立意可为“情系地方风情，留住乡愁记忆”；倡导文旅融合发展，实现文化传承与经济发展的双赢或多赢，立意可为“文旅共进：地方风情的时代新篇”；强调文化多元共生，呼吁尊重与珍视不同地域文化的独特性、平等性，促进文化交流共情互鉴，立意可为“赏地方万种风土，筑多元文化家园”。

命题角度

命题角度	试题链接	
从地名看文化传承之血脉；探寻小众地名文化，守护心灵原乡；踏名人足迹踔厉前行；地名之变与辨；乡愁与发展的权衡……	2020·全国新高考Ⅱ卷	读万卷书，行万里路。无论读书还是行路，我们都会与地名不期而遇。有些地名很容易让你联想到这个地方的自然特征、风土民情、历史文化、著名人物等；有些地名会唤起你的某种记忆与情感，或许是一段难忘的故事，又或许它对你有着特殊的意义。 电视台邀请你客串《中华地名》主持人。请以《带你走近_________》为题（补充一个地名，使题目完整），写一篇主持词。

续表

命题角度	试题链接	
重新发现：民俗风情发源地、身边的美好、自我潜能、传统文化魅力、熟悉地方的新面貌、亲情（友情）的深沉、那不变的江河情怀、山水的情绪价值……	2024·天津市河北期中	陆梅在散文《千山归一山》的最后一段提到了朋友“重新发现故乡”的心境。生活中，我们也有很多“重新发现”的经历，被“重新发现”的，也许是一样东西，也许是一处地方，抑或是一个人…… 请以《重新发现________》为题，写一篇文章。
从路名溯源历史文化；以路名讲述人物故事；借路名展现风土人情；依路名探讨发展愿景；由路名引发情感共鸣；因路名畅谈文化基因与文明路径；寻访路名就是寻觅乡情与乡愿……	2024·南昌开学考	读万卷书，行万里路。无论读书还是行路，我们常会与一些路名不期而遇。有些路名很容易让你联想到这个地方的著名人物、历史文化、风土人情、发展愿景等，是一个城市的记忆和名片，更是一个地方历史变迁的“活化石”，寄托着人们对于美好生活的共同愿望。 学校校报寒假准备开设“寻访路名”主题专栏并向同学们征稿，请选择一处你熟悉的路名，撰写文案进行投稿。

时文精选

让乡村的“夜”更有魅力

【阅读策略】

阅读此文四步骤：首先要明确主题，通过文章标题、关键语句等推测主要内容与核心观点，这是理解文章的根本；其次要把握结构，浏览开头、结尾与各段关键句，能快速了解行文脉络，如是否为总分式或引议联结式等结构，有助于整体把握文章；再次要关注事例，圈画其中关键字、词、句，明确事例与观点的联系，事例重在阐释分析与逻辑过渡，可使文章更具说服力；最后要品味语言，体会生动形象、通俗易懂等语言风格，感受其吸引力与感染力，如运用比喻、拟人等修辞增强画面感，让读者更好地沉浸于文章所营造的氛围与情感态度之中。

【批注式精读】

让乡村的“夜”更有魅力

（祈使句，简洁明了且富有吸引力，直接点明核心主题，引发读者的好奇与思考。）

①匠人们把铁水舀起，用力击打，“铁花”绚丽绽放，营造出“火树银花不夜天”的浪漫场景；烟花瀑布、主题灯光秀轮番上演，光与影的“奇遇”美轮美奂。2024年国庆假期，游客在天津静海区独流镇十一堡村家庭农场享受到难忘的视觉盛宴。

（列举天津“打铁花”等活动，引出“点亮乡村之夜”这一话题，增强文章的吸引力与可读性。）

②白天去枣园采摘冬枣，去萌宠乐园亲近自然，晚上看完表演，再入住星空帐篷，烧烤露营……当乡村的“柴扉”在夜间被叩开，各类活动串联起村子里的资源和景观，一花一树、一柴一舍（这短短八个字，用词凝练，充满诗情画意，营造出宁静质朴、悠然自得的氛围）也就有了新的质感。点亮乡村之夜，将田园特色融入现代生活方式，正在打开“乡村+”的各种可能。

（列举“点亮乡村之夜”的多种活动，从现象深入到本质，分析乡村夜间经济的意义——资源串联盘活乡村，开启“乡村+”的各种可能。本段系重要性分析。）

③夜间经济的触角延伸至乡村，不仅激活了自然资源，也是对乡村特色文化资源的深度开掘。一场稻田艺术节，利用水车、稻草等元素，带领观众融入音符与稻香交织的艺术氛围；一场“土味”戏剧，让游客沉浸式感受乡土文化的质朴和鲜活，夜间经济给乡村多元发展带来新空间。（“音符与稻香交织”“‘土味’戏剧”“质朴和鲜活”等表述，生动展现了乡村艺术活动的独特魅力与夜间经济对乡土文化特色资源的深度挖掘，激发读者兴趣。）

（进一步列举夜间经济激活乡村自然资源与深度开掘乡村特色文化资源的表现，论证夜间经济给乡村多元发展带来新空间，使观点更具说服力。本段系重要性分析。）

④把乡村夜间经济的热度转化为持续发展的动能，要守住“乡味”、不失品位。乡村独特的自然环境、丰富的历史文化、淳朴的民俗风情，以及地道的乡土生活是“乡味”的来源，这些元素共同构成了乡村独有的魅力和特质，是乡村夜间经济发展不可或缺的文化内核，也是其吸引力所在。不久前，天津武清区大碱厂镇港北辛庄村连续举办小夜集，在浓浓的“乡味”中唤起人们的记忆和乡愁。夜集上，玩一玩套圈、跳皮筋游戏，看一场露天老电影，欣赏一段极具年代感的舞蹈，或是在田园小院里尝尝大厨现场制作的老面馒头、农家炖肉……推动乡村发展“出圈”，必须保持文化的延续性和独特性，让每一盏灯火、每一场活动、每一项体验都融入浓厚的地域特色和文化内涵。（运用排比的修辞手法，点明乡村发展“出圈”关键在于保持文化的延续性、独特性，融入地域特色与文化内涵。）

（举例强调乡村夜间经济持续发展要守住“乡味”，阐述乡村文化内核对乡村发展“出圈”的重要性，说明保持地域特色与文化内涵的意义。本段系必要性分析。）

⑤守得住，不是守旧不前，结合本土特色，挖掘“乡村+”的各种可能，才能让乡村的夜间经济更有品质。以创新和融合思维，对乡村资源进行多维度开发和利用，可以实现乡村与城市、传统与现代、自然与文化的有机结合。“乡村+科技”，既古老又有现代感的村落在夜色中焕发新光彩；“乡村+体育”，赛事破圈的影响力带动农商文旅体融合发展。“乡村+”，加什么、怎么加，需要基于自身禀赋，因地制宜、因时制宜，而不能在一味模仿中丢了本真。（明确指出“乡村+”实施的多种可能，要基于自身禀赋，因地制宜、因时制宜，保持本真，反对盲目模仿。逻辑清晰、观点鲜明，极具现实指导意义。）

（采用举例与说理结合的方式，阐释乡村夜间经济发展的方向——守正创新。本段系现实性分析。）

⑥正如飞上天的“铁花”，令人向往，值得回味（“铁花”象征着生机、绚烂、独特，引发读者的联想、回味、思考）。乡村的夜晚，蕴藏着无限潜力，需要发挥更大的想象力去发掘和点亮。

（总结乡村夜晚有着无限魅力与潜力，呼吁人们要发挥更大想象力去发掘、点亮乡村夜晚。）

（选自《人民日报》，2024年10月22日　作者：谷朋　有删改）

【结构梳理】

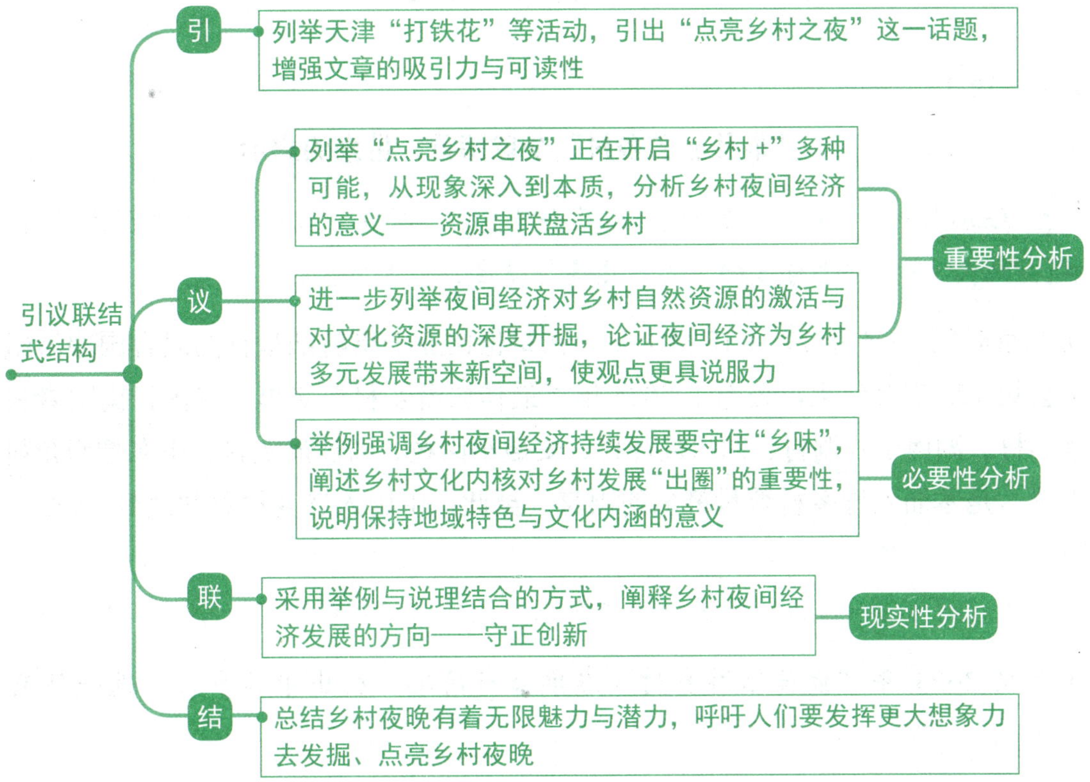

【时文点评】

文章围绕“乡村夜间经济发展”这一主题，层层递进。开头用“打铁花”等民俗视觉盛宴引入，营造出中国人独有的浪漫色彩，为下文做铺垫。再阐述乡村夜间经济的魅力、意义以及发展路径，呼吁挖掘乡村夜间经济潜力，一气呵成，号召力与感染力十足。这对乡村振兴背景下乡村夜间经济的发展具有一定的启发意义与现实指导价值。文章运用举例论证，结构清晰，观点明确，语言平实生动，不仅能使读者易于理解并接受其观点，而且能使其感受到乡村夜间经济的无限魅力与乡村振兴的伟大前景。

“最佳旅游乡村”全球榜首，带来的启示

【阅读策略】

阅读此文四步骤：首先看标题、开头与结尾、小标题或分论点，了解文章大致内容，如事件、主题等。其次，确定重点，关注文章中的重要信息，对于一些带有作者观点的时文，要找出能体现作者态度的语句，是支持、反对还是中立，这些观点句通常在段落开头或结尾，偶有中间。再次，梳理结构，从整体到部分，明确文章是总分总还是并列、递进或引议联结等结构关系，再分析段落之间的衔接，比如使用过渡句来承上启下的部分，能巧妙地衔接上下文，更好地理解文意。最后，深度理解，联系上下文语境理解文中的重点词汇与句子，特别是一些有特殊含义的地方；如果遇到比较难理解的比喻、象征等修辞手

法，要结合语境领会其真正意图；思考文章的现实意义，比如对于反映社会现象的文章，要思考这种现象背后的原因与可能产生的影响、未来走向等。

【批注式精读】

“最佳旅游乡村”全球榜首，带来的启示

（聚焦热门话题“最佳旅游乡村”斩获全球榜首，深挖背后启示，既能引发读者兴趣，又为乡村旅游发展提供思考方向，兼具热度与深度，代入感很强。）

①北京时间2024年11月15日上午，在哥伦比亚卡塔赫纳举行的联合国旅游组织执行委员会第122次会议上，公布了2024年“最佳旅游乡村”名单。我国云南阿者科村、福建官洋村、湖南十八洞村、四川桃坪村、安徽小岗村、浙江溪头村、山东烟墩角村7个乡村入选，是本届入选乡村数量最多的国家。至此，中国入选乡村总数达到15个，位列世界第一。（直观呈现入选规模，“数量最多”“总数达到15个”“位列世界第一”等数据，极具说服力与权威性，突出中国在全球“最佳旅游乡村”评选中的领先地位。）

（介绍2024年“最佳旅游乡村”名单公布情况，引出中国乡村入选佳绩及后文论述。）

②这份荣誉，是对我国乡村旅游发展成就的肯定，是对中国乡村振兴战略效果的生动展现。从2021年首次评选至今，每一年的“最佳旅游乡村”名单中，都有中国乡村的身影。从2021年入选的浙江余村、安徽西递村，到2022年入选的广西大寨村、重庆荆竹村，再到2023年入选的江西篁岭村、浙江下姜村、甘肃扎尕那村和陕西朱家湾村，这些乡村凭借独特的自然风光、深厚的文化底蕴和创新的旅游发展模式，向世界展示了中国乡村旅游的魅力和活力。

（分论点一：入选“最佳旅游乡村”是对中国乡村旅游发展成就的肯定。罗列历年入选“最佳旅游乡村”的乡村身影，凸显乡村旅游发展成果。本段系重要性分析。）

③最佳旅游乡村，展中国之美。新入选的7个乡村，跨越我国东、中、西部，涵盖了高原丘陵、平原腹地、沿海岛屿等多种地形地貌，展现了中国乡村的多样性、丰富性。红河哈尼梯田的壮丽景色令人叹为观止（“叹为观止”精准传达出哈尼梯田景色给人的震撼）。当薄雾散去，梯田如链似带，层层叠叠（“如链似带”“层层叠叠”运用比喻、叠词的修辞手法，细腻刻画梯田的形态，增强语言的韵律感与画面感）。上有森林，下有梯田，水沟穿村而过，构成了一幅人与自然和谐共生的绝美画卷（有序组合森林、梯田、水沟、村庄这些元素，空间布局层次分明，错落有致，生动展现人与自然和谐共生的绝美画面）。而山东烟墩角村，则是另一番景象。海浪轻拍沙滩，五颜六色的海草房错落有致。冬季，天鹅翩翩起舞，与海草房相映成趣，诉说着千年的故事。只看文字，美丽中国的乡村画卷就已栩栩如生。（以海浪、沙滩、海草房、天鹅构建画面，既宁静美好又充满生机，

营造出浪漫、闲适且富有历史底蕴的氛围；字里行间饱含对这一乡村美景的热爱与赞美，传递出对美丽中国乡村的自豪自信之情。）如亲临其境，更被那震撼美景深深打动。

（分论点二：最佳旅游乡村，展中国之美。描写红河哈尼梯田与山东烟墩角村的独特风光，体现中国乡村的多样性、丰富性。本段系必要性分析一。）

④最佳旅游乡村，是中华文明多元一体格局的缩影。从藏羌文化的神秘独特，到客家文化的开拓进取；从苗族文化的多彩深厚，到哈尼族文化的梯田歌舞；从安徽小岗村的农村改革文化，到浙江溪头村的青瓷文化，再到山东烟墩角村的渔家文化，每一个乡村都承载着丰富的历史文化遗产，彰显着中华文明的博大精深和独特魅力。（用“神秘独特”“开拓进取”“多彩深厚”等词，生动概括各民族文化特点；对藏羌、苗族、哈尼族、农村改革、青瓷、渔家文化等的描述，直观呈现不同文化魅力，激发读者对乡村文化的热爱与保护。）这些文化遗产不仅是乡村的宝贵财富，更是中华文化根系所在，也是吸引游客的重要因素。游客在旅游的过程中感受到中华文化的深厚底蕴和独特魅力，增进对中华文明的了解和认同。

（分论点三：最佳旅游乡村是中华文明多元一体格局的缩影，承载着丰富的历史文化遗产。列举多种文化，如民族文化与地域特色文化，凸显文化魅力与价值。本段系必要性分析二。）

⑤最佳旅游乡村，各显神通，走出了各具特色的乡村振兴之路。比如，福建官洋村通过改善和活化利用土楼，融入休闲业态，推动了产业融合和城乡融合；又如，四川桃坪村以其独特的碉楼和传统民居建筑，以及丰富的民俗风情，吸引了国内外游客的目光；再如，安徽小岗村作为中国农村改革的主要发源地，通过发掘在地资源，向游客述说中国农村改革的历程和改革开放的巨变。这些乡村在传承与创新中找到了平衡点，实现了绿水青山向金山银山的华丽转身。（运用比喻的修辞手法，生动形象地描绘乡村生态价值转化为经济价值的过程，展现乡村发展前后的巨大变化与美好前景。）

（分论点四：最佳旅游乡村走出了各具特色的乡村振兴之路。以福建官洋村等乡村为例，介绍乡村利用特色资源实现振兴，展示成功范例与探索路径。本段系现实性分析。）

⑥“最佳旅游乡村”数量世界第一的背后，深刻启示我们：乡村的守护与振兴之路，应始终致力于保留其独特的乡土风情、文化韵味及乡愁记忆。在追求科学且可持续发展的进程中，我们要不断提升村民及游客的幸福感与满足感，不断探索乡村旅游的可持续发展之路，确保乡村美丽与繁荣并进。

（议论抒情，由中国乡村入选佳绩得出乡村守护与振兴的启示升华主题，展望未来，呼吁探索可持续发展之路，实现乡村美丽繁荣）

（选自人民网，2024年11月15日　作者：孟哲　有删改）

【结构梳理】

- 引议联结式结构
  - 引
    - 事件引入，介绍 2024 年“最佳旅游乡村”名单公布情况，引出中国乡村入选佳绩及后文论述
  - 议
    - 重要性分析
      - 分论点一：入选“最佳旅游乡村”是对中国乡村旅游发展成就的肯定
    - 必要性分析
      - 分论点二：最佳旅游乡村，展中国之美，体现中国乡村的多样性、丰富性
      - 分论点三：最佳旅游乡村是中华文明多元一体格局的缩影，承载着丰富的历史文化遗产
  - 联
    - 现实性分析
      - 分论点四：“最佳旅游乡村”走出了各具特色的乡村振兴之路
  - 结
    - 议论抒情，由中国乡村入选佳绩得出乡村守护与振兴的启示
    - 升华主题，展望未来，呼吁探索可持续发展之路，实现乡村美丽繁荣

【时文点评】

本文主题明确，围绕中国多个乡村入选“最佳旅游乡村”这一事件展开，开头阐述其意义——“是本届入选乡村数量最多的国家……位列世界第一”让人眼前一亮，并为之自豪。再以乡村之美展现中国乡村的多样性、丰富性，“最佳旅游乡村”以文化底蕴增进游客的文化认同，在传承与创新中找到平衡点，实现乡村振兴。最后谈启示——“乡村的守护与振兴之路，应始终致力于保留其独特的乡土风情、文化韵味及乡愁记忆”，得出乡村守护与振兴应保留特色、追求可持续发展，提升村民及游客的幸福感与满足感，实现乡村美丽繁荣的结论。整体逻辑清晰，论据充分，论证有力，对中国乡村旅游与文化发展具有一定的启示作用。

时文素材

《人民日报》点赞“一斤肉价随礼”

在龙匣村的彩绘宣传墙上，绘着该村的“村规民约”，其中有一条是：红白事，节俭办，肉价礼，情意重。老一辈人在办酒席时，一直坚持着“一斤肉价随礼”的习俗。随着经济发展、生活改善，大操大办、攀比之风曾在龙匣村盛行一时，但也让很多人不堪重负。有德高望重者提出改进意见，在村“两委”积极协调下，邻里之间按一斤猪肉的市场价随礼的优良传统得以恢复。在人情上做减法，在文明上做加法，一项项村规民约从传统美德中脱胎而来，让村民免去“人情债”，让邻里情更简单纯粹，也让中华优秀传统文化得到更好的弘

扬。乡村全面振兴，既要塑形，也要铸魂。习近平总书记指出：“要弘扬新风正气，推进移风易俗，培育文明乡风、良好家风、淳朴民风，焕发乡村文明新气象。”乡村全面振兴，文明乡风是保障；培育文明乡风，移风易俗是关键。目前，全国已创建各类婚俗改革实验单位 1 800 多家。各地因地制宜，在革除人情攀比等陈规陋习上下了很大功夫，群众的婚嫁彩礼负担明显减轻。

适用主题：移风易俗　人情减负　弘扬新风　乡村振兴

“尔滨”华丽变身，升级的不仅是美景

冰建还在施工，已能看见新建的巨大号雪花摩天轮“空降”冰雪大世界；红专街早市的桌椅增加了一倍，街上的“网红油条”再添新口味；商业街上，场景复古的创意商店不仅能品尝美味也能出片……进入冬季，黑龙江省的冰雪季也正式开启，又整上了“新活”，重点突出一个“升级”——园区面积更大、娱乐项目更多、美食口味更丰富、服务更细致。出行升级背后是整个交通运输体系的升级优化。2024 年 11 月，雪乡亚布力南站迎来该年冰雪季首趟列车，从哈尔滨过来滑雪，只需要 2 小时 15 分，亚布力管委会与铁路部门密切合作，每天通过“精准大数据”调配专车“接驾”，大巴、中巴等车型随时投入接送站，并有出租车辅助接待，实现游客落地“零换乘”。在这便捷的背后，是旅游线路交通配置的优化、公路铁路的综合优化，而推进“快旅慢游零换乘”，其实就写在 2024 年的黑龙江省政府工作报告中。

适用主题：风土人情　文旅升级　创新民风　民俗优化

一个让人向往的地方——阿勒泰

随着电视剧《我的阿勒泰》的热播，北疆风光再度“出圈”。广袤无垠的草场上，盈盈嫩黄随风舞动；蓝色织锦似的天空中，大团大团的白云飘忽而过；洒落的阳光下，湖面闪耀出令人迷醉的波光与光晕。《我的阿勒泰》被这样评价：给予了观众一个“干净澄澈的想象空间”。在辽阔的北疆，每个人都过着一种低欲望的极简生活。人情往来不依靠模式化的礼貌或价值交换，而更近似于淳朴的以心相交，依靠信任搭建起人际网络。所以汉族女人张凤侠的小卖部生意总是写了满满几页纸的挂账记录，牧民们不急着给，她也不急着要。当草原上的人们因为一对青年人的婚礼聚集到一起，最富有激情的活动是刁羊（男人们骑着马抢一块羊皮），最快乐的娱乐是伴着音乐跳舞，最悠游自在的事情是围坐在月色下听男女弹着吉他吟唱民谣。阿勒泰的生活就是这样的简单：没人关心你赚的钱多还是钱少，穿的是名牌还是地摊货，只要踏实地过着，生活就会像流水一样自然地向前流淌。凭借着这份随性和简单，阿勒泰成了让人向往的远方。

适用主题：淳朴民风　自然风情　极简生活　诗和远方

才艺主播们，正用“村晚”搅活乡村文化一池春水

用一场“村晚”庆丰收，成了2024年秋分时节的新“民俗”。秋分当天，刀马旦演员甄淑梭就在抖音直播间@甄妮刀马旦里，用一场“村晚”为自己所在的河北保定涞源东神山村村民庆丰收。直播中，很多村民也上台带来了黄梅戏等精彩节目，引得不少网友连连“打Call”。有些村里人从中看到了“熟悉的风景”，城里人由此重拾起“复得返自然”的乡趣，在这样的参与、看见、见证中，一幅乡村文化振兴的画卷就在无形中徐徐铺展。同样画风的“村晚”，还出现在四川等多个省份的才艺主播直播间里。村民们演的是乡亲、说的是乡音、唱的是乡愁、舞的是乡情，网民们看到的是本地特色，是非遗艺术，是民俗风情。就此而言，那些乡村才艺主播举办的集地域文化与民俗文化于一身、融传统艺术与乡村艺术于一体的“村晚”，不光是联欢形式，还是乡村文化艺术的“宝箱”、民俗的“展台”、非遗的“集市”。人们从中能看到乡间的烟火气、乡野的原生态、乡风的淳朴、乡俗的美好。

适用主题：民俗风情　乡村新韵　乡俗烟火　盘活乡风　重拾乡趣

每周一题

【连线考场】

（2024·昆明阶段练习）阅读下面的材料，根据要求写作。（60分）

统编版高中语文教材必修上册第四单元“家乡文化生活”的学习活动中写道：“我们居住的家乡有着各类人物、多样景致和独特习俗，承载着我们丰富的记忆与情感。也许某个人物留下了动人的故事，也许某幢建筑有着不朽的价值，也许某个物件有着特殊的来历……”

家乡，不仅仅是我们成长的地方，家乡的草木风物、砖瓦历史，还锻造了我们的精神品格。

请围绕“家乡·成长·精神”的主题，写一篇文章。

要求：选准角度，确定立意，明确文体，自拟标题；不要套作，不得抄袭；不得泄露个人信息；不少于800字。

【高分佳作】

北疆明珠开新卷，鹤城盛景绘锦章

某考生

运用对偶、比喻的修辞手法，描绘出北疆明珠鹤城未来的美好蓝图。

①她是边塞鹤城，是黑土明珠，闪耀着民族独特的精神光芒；她是地域标识，更是文化徽章，见证着民族融合发展与历史演进的过程，这就是我的家乡齐齐哈尔。（对偶式开篇，凸显家乡独

第①段开宗明义，齐齐哈尔在“我”心中有着独特地位，是边塞鹤城、黑土明珠，是地域标识、文化徽章，表达作者深沉的热爱和眷恋之情。

特地位；紧扣主题，传递自豪之情。）

②她是丹顶鹤之乡，是生态家园。当晨曦第一缕阳光倾洒于芦苇荡，万千丹顶鹤振翅击破长空，于北国苍穹勾勒灵动弧线，吸引着众多游客目光。（描写生动，展现自然灵动美，体现生态建设成果与发展理念，呼应主题。）这里处处闪耀着可持续发展的智慧与担当，这里有世界最大的淡水芦苇沼泽湿地，成为数百种生灵的乐土，成为人与自然和谐共生的伊甸园。

第②段提出分论点一，齐齐哈尔是丹顶鹤之乡、生态家园。描绘丹顶鹤在芦苇荡生活的画面，强调湿地生态价值、旅游魅力，展现可持续发展成果。

③她是文化厚土，是塞上粮仓。默默诉说征战峥嵘往昔，讲述民族分合轨迹。（民族、文化融合，赋予其厚重感，挖掘文化根源。）三百余年时光沉淀，北疆名城积淀了深厚的文化底蕴，脚下万顷黑土孕育出“塞上粮仓”，春种夏耘秋收冬藏，人与自然在此达成最美默契；农耕文化承载着智慧与坚韧，激励着无数后人。（人与自然和谐共生，农耕文化激励后人，为文化传承发展提供依据。）

第③段提出分论点二，齐齐哈尔是文化厚土、塞上粮仓。讲述征战历史、民族分合，呈现文化底蕴，赞美“塞上粮仓”背后的农耕文化传承。

④她是民俗沃野，是风土宝藏。且看汉族的春节，大街小巷一片红，贴春联接福，吃饺子守岁，唱二人转、扭大秧歌，团团圆圆；元宵节，五彩花灯造型别致，猜灯谜、放焰火、吃元宵，其乐融融。（排比列举汉族佳节风俗，引人入胜。）再看达斡尔族的抹黑节，他们身着传统服饰，涂抹祝福的黑色于彼此脸颊，笑声、欢呼声汇成欢乐的海洋。鄂温克族的瑟宾节，篝火边人们载歌载舞，展示着豪迈与温婉。蒙古族的那达慕大会，骑手们策马扬鞭，呼啸而过；摔跤手们霸气矫健，一决雌雄……（采用对偶句，突出蒙古族民俗风情的独特性，给人身临其境之感。）这些民俗活动，灿若星辰，照亮家乡文化天空，流露着各族人民对生活的无限热爱。

第④段提出分论点三，齐齐哈尔是民俗沃野、风土宝藏，列举汉族、达斡尔族等民族节日习俗、特色活动，风土人情如诗如画。

⑤不仅如此，达斡尔族、鄂伦春族，钟情于桦树皮质感肌理，以刀为笔，以刻为墨，精心雕琢生活点滴、自然万象；赫哲族将鱼皮巧妙剪裁与创意拼接，神鱼、飞鸟，神秘的图腾活灵活现；蒙古族皮画立体感强，草原风情难却，馈赠、装饰，赢得一段段佳话。（排比增势，凸显民族传统技艺魅力，突出家乡传承有为

第⑤段提出分论点四，论述民族传统技艺的传承与发展。介绍桦树皮画、鱼皮画等民俗特色，阐述应对传承困境时的多项发展措施。

的一面。）传统手工艺加之口口相传的民间传说、故事，薪火相传，生生不息。然而，这些也曾面临传承瓶颈与困境。为此家乡积极开展民俗文化进校园、进社区活动，培养广大民众的兴趣；举办各类传统手工艺展览和比赛，提高关注度，打开知名度；借助电商平台，拓宽销售渠道，同时巧妙运用大数据、物联网技术，为保护传承提供科学依据；另一方面，通过线上直播、虚拟展示等方式，陆续吸引全球目光，渐次走向世界舞台。

⑥无论走到哪里，齐齐哈尔都是我心中永远的牵挂。心中有梦，梦中有希望。她教会我们尊重自然、传承文化，激励着每一个鹤城人，为了家乡的繁荣，为了故土的价值，不断追寻，勇敢开拓！（总结全文，升华情感，具有感染力与号召力；强化主题，展现发展信念与憧憬。）但见北疆冰雪清香发，散作乾坤万里春……（以景结情，意韵无穷。）

尾段总结全文，呼应开篇，强调齐齐哈尔是“我”永远的精神寄托，激励鹤城人为家乡发展开新卷、绘锦章，结构严谨。

总评

内容	表达	特征	总分
18	19	17	54

紧扣题目，展现家乡的成长变化，表达热爱与憧憬，彰显可持续发展精神，涵盖自然生态、历史变迁、民俗风情、传统技艺等多方面。描绘丹顶鹤故乡生态美，借“塞上粮仓”体现历史厚重感；列举多民族节日及习俗，展现民俗多样性；阐述桦树皮画、鱼皮画等技艺传承与应对困境的思路。行文流畅，结构严谨，先总述家乡地位，再分述人与自然、历史与文化、民族与民俗等关系，最后总结全文，以景结情。语言优美，巧用修辞，如描写丹顶鹤的语句，富有画面感与感染力。整体表现出色，能够让读者深刻感受到作者对家乡深深的热爱、眷恋之情，不愧为考场佳作。

（指导老师：孙春梅）

第 11 周　热考主题：品味经典　悟哲理思辨

主题阐释

经典之所以经典，是因为它容纳了深刻的心灵世界和丰满的生命，具有思想的穿透力、审美的洞察力和形式的创造力，能够跨越时空与读者产生共鸣。

基于此，本周以“品味经典　悟哲理思辨”这一主题为引领，集结《再读〈岳阳楼记〉》《从阅读经典中汲取智慧》《经典视听作品缘何常看常新》《闲时多读古诗词》等时文精选素材，精心设置“阅读策略”“结构梳理”“时文点评”“适用主题”等栏目，旨在通过多元化的经典阅读和欣赏活动，深入理解经典的思想内涵和艺术价值，获得思想启迪和精神滋养，为个人成长和社会发展贡献力量。学生在阅读和思考这些作品的过程中，通过积累和运用相关素材，使写作内容更加多元和丰富；也能够提升自己的思想深度，从而在写作时能够更好地表达自己的观点和见解，写出有深度、有内涵的文章。

命题角度

命题角度	试题链接	
移用、化用和独创，传承与创新，创新需从环境出发，经典作品对人的启迪	2022·全国甲卷	《红楼梦》写到“大观园试才题对额”时有一个情节，为元妃（贾元春）省亲修建的大观园竣工后，众人给园中桥上亭子的匾额题名。有人主张从欧阳修《醉翁亭记》“有亭翼然”一句中，取“翼然”二字；贾政认为“此亭压水而成”，题名“还须偏于水”，主张从“泻出于两峰之间”中拈出一个“泻”字，有人即附和题为“泻玉”；贾宝玉则觉得用“沁芳”更为新雅，贾政点头默许。“沁芳”二字，点出了花木映水的佳境，不落俗套；也契合元妃省亲之事，蕴藉含蓄，思虑周全。 以上材料中，众人给匾额题名，或直接移用，或借鉴化用，或根据情境独创，产生了不同的艺术效果。这个现象也能在更广泛的领域给人以启示，引发深入思考。请你结合自己的学习和生活经验，写一篇文章。

续 表

命题角度	试题链接	
经典名言对当今学习的意义	2022·北京卷	古人说，“学不可以已”，重视学习是中华民族的优良传统。在当代中国，人们对学习的理解与古人有相同之处，也有不一样的地方。 请以《学习今说》为题目，写一篇议论文。可以从学习的目的、价值、内容、方法、途径、评价标准等方面，任选角度谈你的思考。
经典之光，古代文化经典在社会、人生、历史等方面给我们的思想启发	必修下册 第一单元·单元学习任务三	古代文化经典包含着先贤对社会、人生、历史的深刻思考，至今还能给我们很多启发。阅读这些经典时，既要充分理解先贤的思想，也要立足现实，自主思考。从以下两个话题中任选其一，写一篇不少于800字的议论文，阐述你的观点。 话题1：孟子劝说齐宣王“发政施仁”，认为“推恩足以保四海”。他对实现理想社会的设想，在今天看来有什么可资借鉴之处？又有哪些不足？ 话题2：经典寓言的寓意是丰富的。有人认为《庖丁解牛》表达了庄子“顺应自然”的思想，有人则认为主要是强调人要“保全天性”……你怎么理解这则寓言的寓意？
经典语句的启迪与辩证思考	选择性必修上册 第二单元·单元研习任务四	本单元课文中有不少经典语句，虽然产生于两千多年前，但至今仍然闪烁着智慧的光辉，给我们以人生的启迪；有些语句在新的时代下又可以辩证思考，从新的角度作出辨析或阐释。从下列语句中任选其一，也可以从本单元课文中另选一句，准确理解其思想内容，自选角度，自定立意，写一篇不少于800字的文章，阐述你的认识和思考，题目自拟。 士不可以不弘毅，任重而道远。 己所不欲，勿施于人。 致知在格物。 人皆有不忍人之心。 知人者智，自知者明。 千里之行，始于足下。 故天下兼相爱则治，交相恶则乱。

时文精选

再读《岳阳楼记》

【阅读策略】

文章采用总分总的结构，主要阐述了岳阳楼和《岳阳楼记》的文化价值、历史意义、精神内涵及对现代的启示。学生可先快速浏览全文，抓住首尾段的中心句，明确文章主旨；再细读中间段落，梳理文章的分论点和论据，理解作者从不同角度对岳阳楼和《岳阳楼记》价值的阐述。

在阅读时，学生应关注文章中的关键词句，如“先天下之忧而忧，后天下之乐而乐”，思考其在不同历史阶段的内涵变化及现实意义。此外，注意作者如何将传统文化与现代社会相结合，从中汲取精神力量，这对理解文章的深层含义至关重要。

【批注式精读】

再读《岳阳楼记》

（简洁明了，直接点明写作对象。）

①在老祖宗留给我们的宝贵历史文化遗产中，岳阳楼和《岳阳楼记》是浓墨重彩的一笔。它们所蕴含的历史价值、文化价值、审美价值、时代价值，光前裕后、积厚流光（用词精准，既形象又富有文化底蕴，准确传达了岳阳楼和《岳阳楼记》在历史文化遗产中的重要地位），彰显了中华民族的精神品格，延续了中华文化的道统正脉。

（开篇点题，高度概括岳阳楼和《岳阳楼记》的文化地位，为下文深入论述奠定基础。）

②《岳阳楼记》是岳阳楼的灵魂（“灵魂”一词，不仅强调了《岳阳楼记》的核心地位，还暗示了其所蕴含的深刻思想和文化内涵是岳阳楼得以延续和传承的根本所在），楼因文而兴（简洁的语言内蕴深刻哲理，即文化的力量能够超越物质形态，引导读者去探索文化与物质、精神与现实之间的辩证关系）。自滕宗谅重修之后，宋、元、明、清、民国，岳阳楼几经毁弃。今天的岳阳楼，是2007年重修之后的成果。古往今来，先人们建造了不计其数的建筑精品，其中绝大多数都已湮灭在历史的灰烬中不可得窥，如阿房宫，如大明宫。却为何对这座洞庭湖畔的小楼如此执着，毁了、重建，再毁、亦建。（通过岳阳楼与其他建筑的命运对比，突出主题。）南宋中晚期名臣、词人李曾伯在《重建岳阳楼记》中的一句话，“我朝文正范公，惓惓以天下为忧乐，斯文一出，斯楼之伟观增重。去之今二百载，星回物转，而江涛衮衮，与公风烈盖巍然俱存也”（从对范仲淹的评价到对岳阳楼的描述，再到对时间流逝的感慨，层层递进，逻辑清晰，使读者能够更好地理解和感受作者的情感，情感真挚，具有感染力），大概可以回应这种情结。岳阳楼早已不是土砖木瓦的建筑，而是《岳阳楼记》的烈烈风骨（“烈烈风骨”之喻，生动形象地描绘了《岳阳楼记》对岳阳楼的重要意义，使读者能够直观感受到岳阳楼的独特魅力和《岳阳楼记》的精神内涵）。

只要人们还记得《岳阳楼记》，就永远不会放弃和忘记这座与文同生的岳阳楼。

（紧扣岳阳楼与《岳阳楼记》的关系展开，通过历史沿革的叙述，突出《岳阳楼记》对岳阳楼的重要意义，引出下文对《岳阳楼记》价值的深入探讨。）

③我们党的领袖历来对《岳阳楼记》多有推崇。毛泽东同志自青年起多次登临岳阳楼，尤其赞赏“先天下之忧而忧，后天下之乐而乐”，认为“先忧后乐”的思想，较之“吃苦在前，享受在后”的提法，境界更高。邓小平同志用“今天建设社会主义，同样需要‘先天下之忧而忧，后天下之乐而乐’的‘傻瓜’”来教育青年。党的十八大以来，习近平总书记多次引用“先天下之忧而忧，后天下之乐而乐”“气象万千”等名句，并在个人著作和署名文章中多次提到范仲淹和《岳阳楼记》。岳阳楼和《岳阳楼记》作为中华优秀传统文化代表的地位，毋庸置疑。

（从我党领袖对《岳阳楼记》的推崇入手，大量引用原文经典语句，彰显其文化价值和影响力，为下文进一步论述其时代意义做铺垫。）

④今天的游客，仍然喜欢一边登楼欣赏“洞庭一湖”“巴陵胜状”，一边默念“庆历四年春，滕子京谪守巴陵郡……”这些耳熟能详的句子。他们是在看风景？当然是，但又不全是。（通过设问引导读者思考游客登岳阳楼的真正目的，暗示他们还有更深层次的体验和感悟。）透过风景、跨越时空，看到的是中华文化的生生不息、精神传承的延绵不绝。

（从当下游客的游览行为切入，揭示《岳阳楼记》在当代社会的影响力，引出下文对其文化内涵的深入剖析。）

⑤《岳阳楼记》承载着“不以物喜，不以己悲”的家国情怀、“居庙堂之高则忧其民，处江湖之远则忧其君”的担当精神、“先天下之忧而忧，后天下之乐而乐”的忧乐意识，是中国人独特的精神世界，是在长期实践中培育和形成的传统美德规范，是涵养社会主义核心价值观的重要源泉。

（概括《岳阳楼记》的核心思想，明确其在中华文化中的重要地位，为下文论述其现实意义奠定基础。）

⑥《岳阳楼记》蕴含的哲学思想、人文精神，化为了人民群众日用而不觉的共同价值观念，为人们认识和改造世界提供有益启迪，为治国理政提供有益启示，为道德建设提供有益启发，不论过去还是现在，都有其永不褪色的价值。

（阐述《岳阳楼记》思想内涵的现实意义，突出其跨越时空的影响力和价值。）

⑦《岳阳楼记》蕴含的文化气度、精神气息，是中华民族一脉相承的精神追求、精神特质、精神脉络，反映了中华文化独一无二的理念、智慧、气度、神韵，为我们担负起

新时代的文化使命提供丰厚文化滋养。

（强调《岳阳楼记》在新时代文化传承中的重要作用，呼应前文对其文化价值的论述。）

⑧《岳阳楼记》蕴含的文化基因、道德理念，跨越时空、历久弥新，深深融入中国人的血脉之中，同当代中国相适应、同现代社会相协调、同现实文化相融通，为我们进一步全面深化改革、推进中国式现代化提供强大精神动力。

（进一步阐述《岳阳楼记》的时代价值，指出其在现代化建设中的精神支撑作用。）

⑨当前，我国社会正处在思想大活跃、观念大碰撞、文化大交融的时代，战胜前进道路上各种风险挑战，更加需要传承弘扬“浊浪排空”而“波澜不惊”的精气神，不断开创“春和景明”的万千气象。

（结合时代背景，强调传承《岳阳楼记》精神的重要性。）

⑩《岳阳楼记》是历史的回声，更是现实的映照。有人说，我们都是历史之舟的乘客，也是它的划桨人。（比喻形象且具有启发性，能够引发读者对历史、文化传承以及个人责任等方面的深入思考。）对历史最好的继承，就是创造新的历史。再读《岳阳楼记》，读出的是民族文化的精髓，是中华文明的根基，是不断发展新时代中国特色社会主义文化的使命责任。

（总结全文，呼应标题，升华主题，强调再读《岳阳楼记》的时代意义和责任担当。）

（选自《湖南宣传》，2024 年第 11—12 期　作者：文氘　有删减）

【结构梳理】

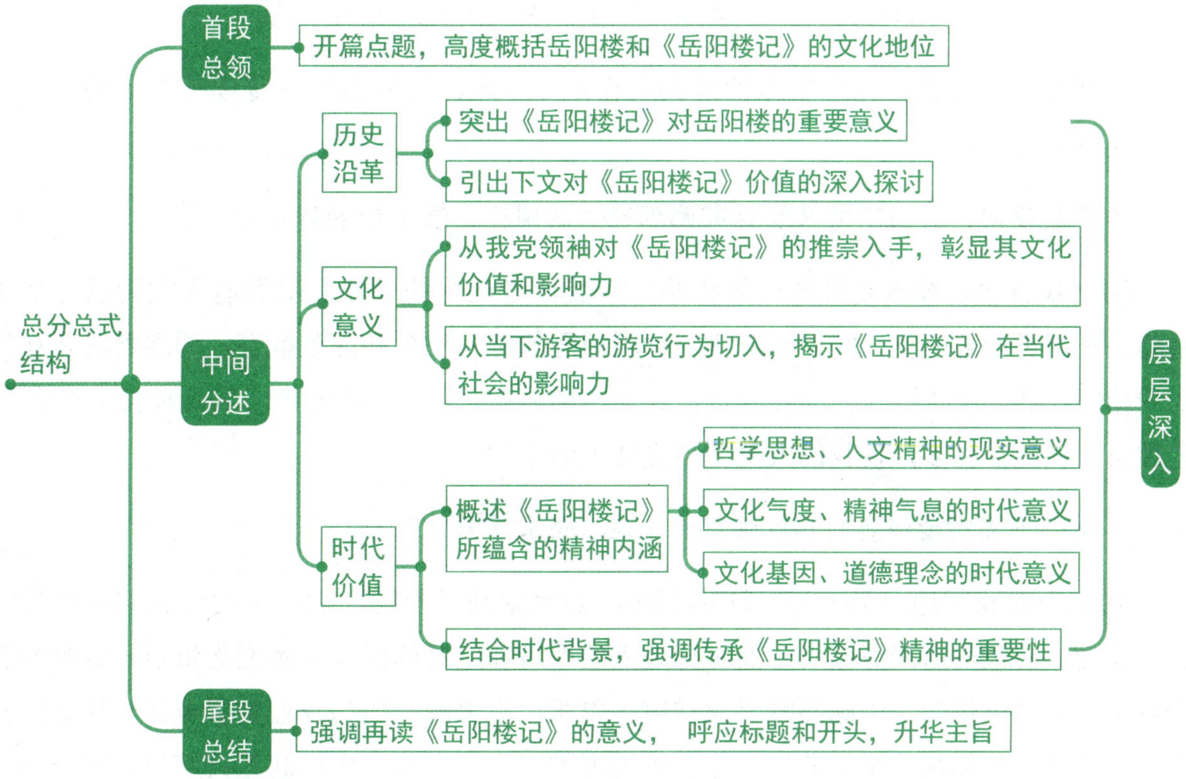

【时文点评】

文章结构严谨，层次分明，凸显了《岳阳楼记》在不同历史阶段的内涵变化及现实意义。对传承中华优秀传统文化、涵养社会主义核心价值观具有积极推动意义，为新时代提供强大精神动力。

文章在阐述岳阳楼和《岳阳楼记》的价值时，引用了大量与岳阳楼、《岳阳楼记》相关的史料和名句，丰富文章内容，提升文化内涵。文章语言凝练庄重，情感真挚，富有感染力，能够激发读者对中华优秀传统文化的热爱和传承意识，促使读者在阅读过程中不断反思和领悟，从而更好地理解和体会文章的思想内涵。

从阅读经典中汲取智慧

【阅读策略】

文章采取总分总的结构，作者通过阐述自己对《简·爱》《红楼梦》等古今中外经典作品的阅读体验，展示了个人的成长历程，表达了自己对阅读经典的热爱，凸显了经典作品对于个人成长的引领作用。阅读本文可先梳理结构，抓住每个部分的核心内容完成略读，要注意某些段落首尾句的提示和过渡作用。精读时，要注意作者是如何将阅读经典与自身成长紧密结合，展现经典的现实意义，以及如何通过细腻的叙述让抽象的感悟具象化。

【批注式精读】

从阅读经典中汲取智慧

（标题即论点，全文总纲所在，点明阅读经典的意义。）

①我热爱读经典，家中收藏的经典著作近 300 本，有的书我反复读了很多遍。为何我对经典如此倾心？

（开篇设问，引出下文对经典有无限魅力的阐述，激发读者好奇心。）

②在我看来，经典是经过时间检验、广受读者认可的著作，凝聚着人类智慧与文明精髓。不同于一般书籍，它们是对特定领域问题的深入剖析和深刻解答，体现着对客观事物规律的把握。（对照一般书籍，精准概括经典的特质，为后文论述读经典的收获做铺垫。）读经典让我受益良多，使我的人生变得更加饱满丰盈。

（总领下文对读经典的具体收获的论述，使文章层次清晰。）

③年少的我初遇《简·爱》这本书时，心灵受到了震撼，被简·爱那看似柔弱却坚毅无比的内心世界所深深吸引。面对身边人的严苛和生活的困苦，她面无惧色，眼神中燃烧着不屈的“火焰”。当她高喊“我贫穷，卑微，不美丽，但当我们的灵魂穿过坟墓来到上帝面前时，我们都是平等的”，这石破天惊的宣言，在我心中掀起惊涛骇浪。那一刻，

仿佛有一股强大的力量在我体内迸发。（引用经典语句，生动展现了简·爱追求平等的精神，“掀起惊涛骇浪”“迸发”等词句，形象生动地突出了这种精神对作者的深刻影响。）此后，我反复阅读此书，每次都有新的感悟。每当生活中遭遇他人的轻视或误解时，简·爱那坚定的眼神和决然的姿态就会在我脑海中浮现，让我挺直脊梁，勇敢地捍卫自己的尊严。在无数迷茫时刻，是简·爱的故事赋予我坚守自我的勇气，让我明白，无论身处何种困境，都要坚信自身价值。

（以《简·爱》的阅读体验为分论点一，将读经典与自身生活紧密联系，展现经典对现实人生的指导意义。）

④从我第一次走进《红楼梦》的世界，迄今已过30载。此间，我不知读了多少遍，每读一遍都有新的收获。初读时，那精妙绝伦的细腻描写就让我赞叹不已。薛宝钗咏柳絮时“万缕千丝终不改，任他随聚随分”的豁达开朗，让我领略到其内心的自由洒脱；贾探春结社时“高情不入时人眼，拍手凭他笑路旁”的清高自在，使我感受到其内心的坚定自信；香菱学诗时“精华欲掩料应难，影自娟娟魄自寒”的执着追求，让我体会到其内心的坚韧不拔。随着反复研读，我惊喜地发现小说背后蕴含的深刻意义，领会到世事的丰富多变和人生的无限可能。（选取《红楼梦》中不同人物的诗词，多角度剖析其精神内涵，展现经典作品的丰富意蕴。）这部著作让我懂得人生的荣辱得失转瞬即逝，应当珍惜当下的美好，不被虚荣和利益所干扰。它让我在面对生活的起伏时，多了一份积极乐观、从容不迫的心态。

（以《红楼梦》的阅读体验为分论点二，总结读《红楼梦》所带来的精神启迪，使感悟更具条理。）

⑤从上大学至今，我读了很多遍《论语》。每次捧起《论语》，我都仿佛与一位德高望重、智慧非凡的贤者倾心交谈。（运用比喻的修辞手法，形象描绘读《论语》的体验，拉近与读者的距离。）初读时，那些简洁却蕴含深意的语句让我如坠云雾，但随着阅历的增加，我逐渐领悟其中的精妙。“学而不思则罔，思而不学则殆”，让我明白学习与思考相辅相成，激励我在求知路上不断探索，广泛学习且深入思考；“君子坦荡荡，小人长戚戚”，使我知晓做人要有宽广胸怀和正直品德，不为琐事烦忧，不为私利心动。（引用《论语》中的名句，结合自身成长，具体阐述读经典对个人成长的影响。）生活中每逢抉择关头，《论语》的智慧就会成为内心的“指南针”，帮助我作出明智抉择。

（以《论语》的阅读体验为分论点三，总结经典作品中蕴含的智慧对个人成长的指导作用。）

⑥经典名著不仅丰富了我的精神世界，而且还在不知不觉中改变着我的行为方式和思维模式。（以“不仅……而且……”的递进复句，总结读经典在精神与行为层面的双重影响，使文章更具深度。）曾经，我是个容易冲动急躁的毛头小伙，遇到问题难以冷静思考。

但在经典的熏陶下，我学会了像《论语》倡导的那样“吾日三省吾身”，时刻反思言行，从而变得更加沉稳成熟。

（以自身变化为例，生动展现经典对个人性格塑造的积极作用。）

⑦经典名著是我人生旅途中最珍贵的灵魂伴侣，伴我度过无数个宁静夜晚，给予我心灵慰藉和智慧启迪。（升华主题，将经典比作灵魂伴侣，突出其在人生中的重要地位。）通过阅读经典，我学会了用诗意的目光欣赏世界，用深邃的思维洞察人生，使自己的成长之路变得更加充实灿烂。

（总结全文，呼应开头，强调读经典对个人成长的深远意义。）

（选自《解放军报》，2024 年 8 月 3 日　作者：杨志强　有删改）

【结构梳理】

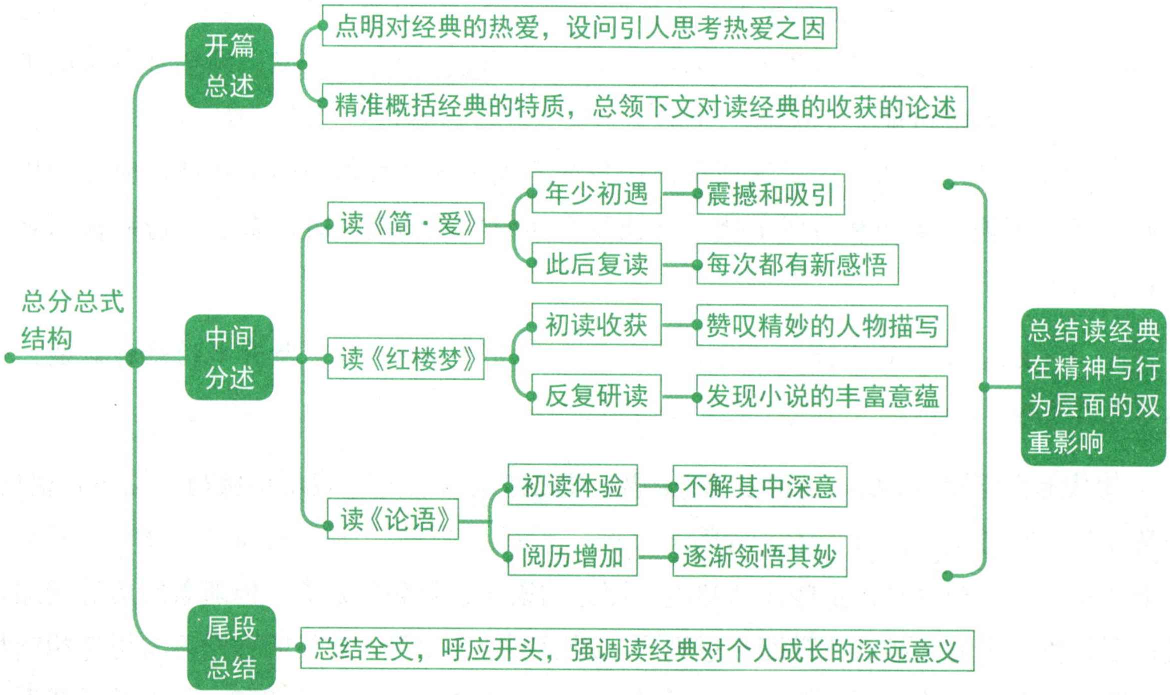

【时文点评】

从结构和内容上来看，本文结构清晰，层次分明，中心突出，行文流畅。整体结构呈总分总式，标题直击主题，开篇点明对经典的热爱，并以设问引人思考；中间分述读《简·爱》《红楼梦》《论语》的收获；结尾呼应开头，总结经典对自己的深远影响，升华主题。

从写作角度上看，论证上，作者用自身读经典的经历、感悟作例证，贴近生活，生动有力；素材运用上，精心选取经典名著中的典型人物、语句、情节，精准剖析其内涵，表达真诚又不失深度，这也是本文的亮点所在。

时文素材

寻找“连接点”，滋养经典名著“再生长”

2024年，400多年前的《西游记》在数字化技术的“加持”下，衍生出的首款3A游戏大作《黑神话：悟空》全球瞩目；2023年，刀郎的一首《罗刹海市》横空出世，掀起《聊斋志异》阅读热……经典名著在新时代焕发出新的生机。

经典名著流传至今的重要价值，是被大众阅读和学习，并且从中获得文化启迪与精神滋养。我们提倡大家读的古典小说，长篇的如四大名著，短篇的如《聊斋志异》、《搜神记》、《世说新语》、唐传奇、“三言二拍”，都是千百年来经过大浪淘沙的结果，是中华民族智慧的结晶，读这样的书可广见闻、长志气、学写作，对青少年来说更是开卷有益。

适用主题：名著价值　文化启迪　精神滋养　开卷有益

经典素材

读书，看见更开阔的世界

读书，向内探求，在于思考人生；向外探求，则能帮助我们看见更广阔的世界。正如谢冕在《读书人是幸福人》中所说，人们从那些往哲先贤以及当代才俊的著述中学得他们的人格。人们从《论语》中学得智慧的思考，从《史记》中学得严肃的历史精神，从《正气歌》中学得人格的刚烈，从鲁迅的作品中学得批判精神，从列夫·托尔斯泰的作品中学得道德的执着。歌德的诗句描绘出睿智的人生，拜伦的诗句呼唤着奋斗的热情。

一个读书人，是一个有机会拥有超乎个人生命体验的幸运儿。人永远无法驻足世界的每一个角落，但读书可以带你跨越古今，穿越宇宙，看见更开阔的世界，获得精神世界的富足与丰饶，这是一种无可替代的美的享受。

适用主题：生命体验　开阔视野　精神滋养　审美享受

经典视听作品缘何常看常新

如果提到当代经典视听作品，你首先会想到哪些？是86版《西游记》、87版《红楼梦》等电视剧，还是动画片《大闹天宫》《小蝌蚪找妈妈》，抑或是纪录片《话说长江》《河西走廊》？这些作品都曾在重温经典频道播出，深受观众欢迎。经典频道迄今已排播电视剧、动画片、纪录片超过百部，收视人群超过2亿人，累计收视时长突破11亿小时。这一现象显示了经典视听作品的广泛影响力，也反映了观众对经典视听内容的持续需求。

如果说《闯关东》《亮剑》《士兵突击》等作品体现了中华民族自强不息、坚韧不拔的精神，弘扬了敢于斗争、善于斗争的亮剑精神，传递了不抛弃、不放弃的人生信条，因而令观众常看常新，那么《去有风的地方》《我的阿勒泰》等则因为展现了特色地域文化和不同的人生态度，受到各年龄段观众的喜爱。经典视听作品能够深刻地反映时代精神和文化价值，记录社会和时代的发展变迁，颂扬真善美，表现人的美好理想和情感。重温经典，已成为人们追求高品质生活的“精神刚需”。

适用主题：重温经典　时代精神　生活追求　文化价值

闲时多读古诗词

诗词，是心灵的寄托，是情感的宣泄，是对生活的感悟。在喧嚣的世界里，寻一处宁静之所，翻开那泛黄的书页，诗词如涓涓细流，润泽着我们干涸的心灵。

读李白的豪放飘逸，感受他“长风破浪会有时，直挂云帆济沧海”的豪情壮志；读苏轼的豁达洒脱，领悟他“回首向来萧瑟处，归去，也无风雨也无晴”的超然心境；读李清照的婉约细腻，体会她“莫道不销魂，帘卷西风，人比黄花瘦”的相思之苦。

品诗词，不只是读文字，更是品味其中的意境和情感。通过诗词，我们可以穿越时空，与古人对话，了解他们的思想和生活。在诗词的世界里，我们感受着岁月的积淀，汲取着智慧的养分。闲时品诗词，是一种生活的态度，是精神的超脱，是灵魂的升华。

适用主题：品读诗词　对话古人　文化体验　精神涵养

每周一题

【连线考场】

（2024·湖北一模）阅读下面的材料，根据要求作文。（60 分）

将有作则思知止以安人。——《谏太宗十思疏》

譬如为山，未成一篑，止，吾止也。——《论语》

大学之道……在止于至善。——《礼记》

陈力就列，不能者止。——《季氏将伐颛臾》

以上含有“止”字的语句引发了你怎样的联想与思考？请写一篇文章。可以就以上某一句话联想思考，也可以把几个语句联系起来思考。

要求：选准角度，确定立意，明确文体，自拟标题；不要套作，不得抄袭；不得泄露个人信息；不少于 800 字。

【高分佳作】

三重止境：人生追求的深邃之旅

标题紧扣材料关键词，以“三重止境”设置悬念，激发阅读兴趣。

某考生

①“止”语数行，纸上生光，先贤之于“止”的洞察闪耀着智慧的辉芒。反复咀嚼，发现“止”意重重，与人生追求的三重境界竟不谋而合，映射出个人修养、精神追求与哲学思考的深邃层次。

第①段语言凝练隽永，以“止”为引，巧妙地将古圣先贤的智慧与人生三重境界相联系，令人耳目一新。

②一言一重境，拆解出三阶人生。（过渡句，自然粘合起上下文。）“将有作则思知止以安人”，步自律之阶，是为一重境；“譬如为山，未成一篑，止，吾止也”，登独立之阶，是为二重境；“大学之道……在止于至善”，升终极之阶，是为三重境。这三重境界，如同人生的三道阶梯，引领我们向人生之旅更高处漫溯，深入探索人生的奥秘。

第②段将名言、止境、人生三者融合，形象生动地展现了三重境界的内涵，为下文的分述列出总纲。

③深味魏征之警语，可知一重境之“止”为行为之“止”。（关联材料，引出分论点一。）这一阶的“止”，作为自律的罗盘，能在放纵的旋涡中校正我们的航程。（承论点诠释概念，“罗盘”之喻，不仅强调了自律的价值，也巧妙地提醒读者在面对诱惑时要有意识地调整自己的行为，以保持人生的正确方向。）晚清重臣曾国藩，以其极致的自律精神著称，他的“日课十二条”帮助他在动荡的时代中保持清醒，成为国家的栋梁。相反，商纣王用象牙箸，施炮烙刑，因放纵无度而失去国家，成为缺乏自律的反例。可见，自律的行为能够帮助人们在诱惑和放纵面前保持清醒，在私欲与公义之间找到平衡，从而在人生旅途中不偏离目标。

第③段从自律的价值角度出发，阐述一重境中的行为之止的内涵。所用曾国藩与商纣王的例证，一正一反，相得益彰。

④细品仲尼之言论，可知二重境之“止”为思想之“止”。（关联材料，引出分论点二。）这一阶的“止”，是独立的旌旗，能在时代的洪流中昭示自我的存在。（承论点诠释概念，“旌旗”之喻，形象地表达了“止”在个人思想独立中的象征意义，成功地传达了“止”在个人成长和社会适应中的重要作用。）诚如斯言，身处信息流量爆炸的“吃瓜”（联系现实，贴近生活，“吃瓜”一词，生动形象）时代，保持独立思考是一种弥足珍贵的能力。因为人们太容易被指尖的信息所诱导和迷惑。面对纷至沓来的声音，我们需如“任性”的筑山者（“任性”的筑山者，关联材料中的名言，别出心裁，引号的使用恰到好处，引人深思），不为他人左右，不为潮流裹挟，不盲目投掷自己的一篑土石。这需要我们明辨己心所向，知止而后勇，才能避免沦为虚假信息的追随者。

第④段从独立的意义角度出发，阐述二重境中的思想之止的内涵。化用名言，比喻贴切，语言生动，观点鲜明。

⑤苦思儒家之经典，可知三重境之“止”为理想之“止”。

第⑤段从至善的追求角度

（关联材料，引出分论点三。）这一阶的“止”，是终极的航标，能在梦想的海洋中指引我们的航向。（“航标”之喻承论点诠释“止”的概念，突出其内蕴的引领作用。）于至善而止，而何谓至善？借曾子之言“仁以为己任，不亦重乎？死而后已，不亦远乎？”可窥见几分真容。（引用经典，增强说服力，“窥见几分真容”用语生动鲜活。）在“至”之一途上，没有最远，只有更远。所以止于至善实为探索不止。这里的“止”不是简单的放弃，而是一种对理想的不懈追求和探索，是对最终目标的坚定追求。这种“止”被赋予了深刻的辩证意义，是最深邃的“止”。

出发，阐述三重境中的理想之止的内涵，深入挖掘，辩证思考，富有哲理，具有启发性。

⑥经典有凭，“止”意无限。三重止境指引我们，适时而止，不盲目而止，不至善境不止。（总括上文，掷地有声。）这样的“止”非停滞，反而促使我们不停向前，从纷扰内寻宁静，于反思中绽智慧，在自我审视和修正的人生追求之旅中，迈向更为深邃的远方。

第⑥段首尾呼应，升华主题。“迈向更为深邃的远方”，余音绕梁，给人启迪。

总评

内容 18　表达 20　特征 20　总分 58

本文以“三重止境”为核心，构建了一篇层次分明、逻辑清晰的议论文。从自律、独立思考到至善理想，逐步深入，形成了一个完整的论证结构，并综合运用对比论证、举例论证和引用论证等多种论证方法，使得文章内容丰富，论证充分。作者在阐述每一重境界时，都采用了生动的比喻和形象的语言，如“自律的罗盘”“独立的旌旗”和“终极的航标”，这些比喻不仅使抽象的概念具体化，也增加了文章的文学色彩。

本文亮点在于作者对“止”的辩证思考，尤其是在探讨理想之“止”时，提出了“止于至善实为探索不止”的观点，展现了作者对主题的深刻理解和独到见解。此外，文章在结构上采用了递进式布局，使得论证层层深入，引人入胜。

（指导老师：韩黎明）

第12周 热考主题：同心筑梦 凝复兴伟力

主题阐释

同心筑梦与民族复兴紧密关联，相互成就。同心筑梦，绝非个体梦想的简单堆砌，而是全体中华儿女心向一处、携手并肩，共同编织宏伟的理想蓝图。这一梦想拥有强大的凝聚力，跨越地域、行业、年龄的界限，将每一个人的奋斗热情汇聚在一起，成为推动民族复兴的核心动力。而民族复兴，则为同心筑梦提供了坚实的物质基础与稳定的社会环境，是中华儿女矢志不渝的追求，是国家繁荣昌盛、人民幸福安康的集中体现。古往今来，无论是面对列强侵略时的顽强抗争，还是在建设新中国征程中的无私奉献；无论是改革开放时的敢为人先，还是新时代科技攻坚的勇攀高峰，都彰显着中华儿女在同心筑梦道路上，为实现民族复兴所付出的不懈努力。

在选材时，可聚焦不同历史阶段和各个领域。从革命年代的热血抗争，到当下经济领域的创新突破、科技行业的自立自强、文化层面的传承弘扬，挖掘中华民族各行业、各群体在同心筑梦过程中，为民族复兴添砖加瓦的典型事例。立意上，我们应紧紧围绕强调同心筑梦对于民族复兴的重大意义，激励人们以团结奋进的姿态，投身民族复兴的伟大事业，为实现中华民族伟大复兴的梦想而贡献力量。

命题角度

命题角度	试题链接	
榜样力量与民族复兴、同心筑梦、凝聚民族复兴的力量、时代对英雄模范的召唤	2024·河北沧衡名校联盟期中	2024年9月，中华人民共和国国家勋章和国家荣誉称号颁授仪式在京举行，习近平总书记发表重要讲话。在讲话中，总书记强调了英雄模范的重要性。他还鼓励全社会以这些功勋人物为榜样，凝聚力量，推动实现中华民族伟大复兴的目标。 作为新时代的青年，以上材料引发了你怎样的思考？请结合材料写一篇文章，体现你的认识。

续 表

命题角度	试题链接	
青年躬身入局，在可为时代，铭历史使命；融家国情怀，启民族复兴征程	2021·全国甲卷	中国共产党走过百年历程。在党团结带领人民进行的伟大斗争中孕育的革命文化和社会主义先进文化，已经深深融入我们的血脉和灵魂。我们过的节日如“五四”“七一”“八一”“十一”，我们唱的歌曲如《义勇军进行曲》《没有共产党就没有新中国》，我们读的作品如《为人民服务》《沁园春·雪》《荷花淀》《红岩》，我们景仰的革命烈士如李大钊、夏明翰、方志敏、杨靖宇，我们学习的榜样如雷锋、焦裕禄、钱学森、黄大年，等等，都给予我们精神的滋养和激励。我们心中有阳光，我们脚下有力量。我们的未来将融汇于中华民族伟大复兴的新征程，我们处在一个大有可为的时代…… 请结合材料，以“可为与有为”为主题，写一篇文章。

时文精选

共赴民族盛会，唱响团结之歌

【阅读策略】

阅读这篇文章时，我们可以先从梳理文章的结构脉络入手。通过划分段落层次，明确文章的整体框架，从而清晰地把握作者的行文思路及文章的核心内容。在这个过程中，素材的运用是我们关注的重点。文中所使用的事例、数据等，要深入分析它们对主题的支撑作用，体会作者凭借丰富且具有代表性的素材增强文章的说服力与感染力的手法，以及素材的时代性所带来的现实意义。

【批注式精读】

共赴民族盛会，唱响团结之歌

（题目精准切题，生动形象地诠释了各民族携手奋进、以团结汇聚民族复兴磅礴伟力的深刻内涵。）

①冬日的三亚，暖风怡人，椰树摇曳……2024 年 11 月 30 日晚，为期九天的第十二届全国少数民族传统体育运动会在这里落下帷幕，来自全国 56 个民族的近万名运动员和嘉宾齐聚南海之滨，共赴民族盛会，唱响团结之歌。

（开篇点题，通过介绍第十二届全国少数民族传统体育运动会举办的时间、地点及参与人员，引出“共赴民族盛会，唱响团结之歌”这一主题。）

②赛场上，运动员们展开高水平竞技。本届运动会设18个竞赛项目和竞技类、技巧类、综合类三类表演项目，在竞赛项目中，既包含了演变于群众生产生活的攀椰竞速、珍珠球等，也包括了独具地方特色的秋千、独竹漂、民族式摔跤等；在表演项目中，《俏花旦—集体空竹》《羌铃赛》《常山战鼓》《灵狮献福送吉祥》等众多表演，浓缩展示了各地文化精髓，多彩的民族文化在此交相辉映，让现场观众爆发出阵阵喝彩……（通过列举《俏花旦—集体空竹》《羌铃赛》《常山战鼓》《灵狮献福送吉祥》等具体的表演项目，丰富了文章内容，凸显多元文化。）这些项目充分展现了各地各民族的传统民俗，借由极具观赏性、趣味性的比赛，使传统民间技艺与民族文化得到传播和延续，在弘扬体育精神的同时，更增强了中华文化认同感。

（详细介绍了运动会赛场上的情况，展现了民族传统体育的丰富多样和独特魅力。同时指出这些项目对于传播和延续传统民间技艺与民族文化、弘扬体育精神以及增强中华文化认同感的重要意义。）

③赛场外，人们高歌“我们都是一家人”。在第十二届全国少数民族传统体育运动会民族大联欢文化活动上，台湾少数民族代表团和香港、澳门代表团深情地唱起民歌《我们都是一家人》，身着盛装的各族运动员在百花民舞场手拉手围成同心圆，欢快地跳起了“圆圈舞”。这张民族团结的“全家福”，是各族人民相亲相爱的剪影，也是铸牢中华民族共同体意识不断深入人心的写照。（将各族人民欢聚场景比作“全家福”，巧妙地采用以小见大的手法，既体现各民族间如家人般的亲密关系，又反映了铸牢中华民族共同体意识深入人心的时代趋势。）

（将视角转向赛场外，描述了民族大联欢文化活动上各代表团共同高歌、手拉手跳舞的温馨场景，以“民族团结的‘全家福’”为喻，生动形象地展现了各族人民相亲相爱的画面，进一步突出了民族团结的主题。）

④“团结起来相亲相爱，因为我们都是一家人。”从2008年到2024年，从北京到海南，这首中国台湾的民歌余音绕梁，不仅因为它唱出了中华儿女的心声，更是因为各民族同胞血脉相融、骨肉相连。（运用了时空交错的手法，同时运用递进句式，增强了语句的表现力和感染力，使读者更能体会到时间的沉淀和空间的广阔，以及在这样的背景下民歌所蕴含的深厚情感。）这场民族体育盛会，为各民族运动员展现体育风采建起舞台，为各民族心与心的汇合搭起桥梁，为各民族情感相依系上纽带。56个民族深情合唱，一同跳起“圆圈舞”，是民族“大团结”的人心所向，也是共同绘好“同心圆”的生动注脚。

（通过引用民歌《我们都是一家人》的歌词，将运动会的意义提升到民族情感和团结意识的高度，使文章主题更加深刻，引发读者对于民族关系和中华民族共同体意识的深入思考。）

⑤“什么是同心圆？就是在党的领导下，动员全国各族人民，调动各方面积极性，共同为实现中华民族伟大复兴的中国梦而奋斗。”以赛为媒，通过全国少数民族传统体育运动会和大联欢，56 个民族的传统体育项目从林海雪原里、从茫茫草原上、从热带海岛中走来，让中国辽阔大地上孕育出的多元文化在同一个舞台汇合、交流，共同书写灿烂的中华文化。（“以赛为媒”，将全国少数民族传统体育运动会和大联欢作为特殊的媒介，表述新颖且精准。运用排比的修辞手法，将中国的地大物博和民族文化的丰富多样生动形象地描绘了出来。）来自各民族的人们通过赛场内外的竞技与联欢，互赠礼物，沟通交流，心与心的距离不断拉近，中华民族共同体意识在欢声笑语中生根发芽。

（引用关于“同心圆”的论述，进一步阐述全国少数民族传统体育运动会和大联欢对于实现中华民族伟大复兴中国梦的推动作用，以及在促进各民族文化交流、增强中华民族共同体意识方面的重要意义。）

⑥“一颗心，一个圆，一齐拥抱紧相连，这片土地五千年；一个梦，一片天，每个赛场共起点。”（引用歌词，“一颗心”“一个圆”“一个梦”“一片天”，选用简单平实的词汇，将民族大团结的核心要义精准呈现，极具概括性。）正如运动会主题曲所唱，在运动会赛场之外，各民族交往交流交融的脚步从未停止。在新时代新征程上，中华儿女“大团圆”，共绘民族“同心圆”，筑牢中华民族共同体意识，推动各民族“像石榴籽一样紧紧抱在一起”，共同团结奋斗、共同繁荣发展。（“像石榴籽一样紧紧抱在一起”运用比喻的修辞手法，把各民族比作石榴籽，形象贴切地展现出各民族之间紧密相连、不可分割的关系，让抽象的民族共同体意识变得具体可感。）

（以运动会主题曲的歌词为切入点，再次强调各民族在赛场内外交往交流交融的持续进行，升华主题，呼吁在新时代新征程上，中华儿女要共同团结奋斗、共同繁荣发展，筑牢中华民族共同体意识。）

（选自光明网，2024 年 12 月 3 日　作者：郝悦　有删改）

【结构梳理】

总分总式结构
- 总：开篇点题，引出“共赴民族盛会，唱响团结之歌”这一主题
- 分：
  - 赛场上，民族传统体育丰富多样——攀椰竞速、珍珠球、秋千、独竹漂、民族式摔跤等
  - 赛场外，各族人民相亲相爱——民歌《我们都是一家人》、“圆圈舞”
  - 分析赛事的意义，论述“同心圆”展现各民族间紧密相连、不可分割的关系
- 总：结尾呼应强调，升华主题

【时文点评】

文章采用总分总式结构布局，开篇以2024年三亚举办的全国少数民族传统体育运动会的基本信息，巧妙引出“共赴民族盛会，唱响团结之歌”的主题，简洁有力。接着，分别从赛场内激烈竞赛和赛场外温馨联欢双向展开，再深入分析运动会的意义。结尾呼应开篇，将主题升华到民族共同体意识与伟大复兴的高度，结构严谨，脉络清晰。论据方面，列举攀椰竞速、《俏花旦—集体空竹》等多种项目，充分展现民族文化魅力。阅读这篇文章，可以学习其总分总的严谨结构，以及丰富多元且紧扣时代热点的素材运用方法，增强文章的逻辑性、说服力与感染力。

同心之花绽放天山南北

【阅读策略】

阅读本文，可先通览标题、首尾段落及小标题，初步明晰文章主旨与大致框架，确定其所属范畴及核心要义；继而对各段落进行精读，着重留意文中所列举的数据、具体事例以及关键描述性语句，借此深入领会文中文化活动、遗产特色等内容；随后剖析文章结构，厘清各部分之间并列、递进等逻辑关系，从而全面把握内容组织脉络；读完后联系实际深入思考，探究文中现象所蕴含的意义与价值，进而提升知识的迁移运用能力，实现深度阅读。

【批注式精读】

同心之花绽放天山南北

（题目以简洁的语言，直观点出民族团结的内涵。）

①一系列艺术精品层出不穷，展示着新疆各族群众积极向上的风貌；丰富多彩的精神文化产品百花齐放，不断满足人民日益增长的精神文化需求；一个个中国故事、新疆故事传播海内外，持续增强中华优秀文化的吸引力和影响力……

（开篇通过列举新疆在艺术精品创作、精神文化产品创作以及故事传播等方面的成果，展现新疆各族群众积极向上的精神风貌，体现中华优秀文化的影响力。）

百花齐放，多彩文体活动构筑共有精神家园

（“构筑共有精神家园”开启下文对文体活动的具体描述。）

②过去一年里，各族民间音乐、舞蹈、曲艺纷纷登上艺术季这个“大舞台”。同时，全国民间艺术展演等配套活动轮番上演，让人目不暇接。

（描述过去一年各族民间艺术登上艺术季舞台及配套活动的情况。）

③全疆各地的文化大院、市集、广场等搭建起群众大舞台。从参观者变身参与者，

各族群众不再满足于台下观看，而是登上舞台一同起舞。据统计，本届艺术季期间，新疆搭设民间大舞台532个，动员民间艺术爱好者2万余名，累计开展文艺活动1 668场次，直接惠及群众超200万人次。（从场地搭建数量、参与人员规模，到活动开展频次和受众覆盖范围，翔实的数据，让读者能真切感受到活动筹备的充分、群众参与的踊跃以及活动影响的广泛，极具说服力。）

（讲述全疆各地搭建群众大舞台的情况，进一步补充关于文体活动的内容。）

④近年来，随着文化润疆工作的深入推进，丰富多彩的文体活动“燃”动天山南北，各族人民在其乐融融的氛围中增加交流、增强认知、增进情感，构筑起各族群众的共有精神家园。

（在前面描述文体活动具体内容的基础上进行升华，点明这些活动的深层意义，体现文化润疆工作的价值所在。）

弦歌不辍，千年文化瑰宝见证文明交流互鉴

（“千年文化瑰宝见证文明交流互鉴”开启下文对新疆文化遗产的阐述。）

⑤从悠扬的十二卡姆到热情欢腾的麦西热甫，从广袤的克亚克库都克烽燧遗址到神秘的交河故城，在新疆，千年丝绸之路上的文化遗产见证了文明交流互鉴。（“从……到……”句式的反复使用，使句子产生一种节奏感，增强了文章的韵律美。）

（通过列举不同类型的文化遗产，读者对新疆丰富的文化遗产有了初步的认识。）

⑥2024年8月，来自清华大学的师生，走进位于新疆吉木萨尔县的北庭故城国家考古遗址公园。陶器、木器、瓷器、铁器、开元通宝钱币、莲花纹方砖、瓦当、筒瓦……这些出土于北庭故城遗址及周边的重要文物，再现了当年“使者相望于道，商旅不绝于途”的丝路繁华盛景，同时也还原了曾经驻守北庭的官员接受中央下达政令、戍边将士抵御外敌的历史场景。（“再现”“还原”两个动词简洁精准，表明文物承载着历史记忆，是历史的见证者，以直白有力的语言阐述文物的关键价值，方便读者理解文物在历史研究中的重要意义。）

（此段通过具体事例深入阐释文化遗产，使抽象的文化遗产变得具体可感，增强读者对新疆文化遗产历史价值的理解。）

⑦这里曾是唐至元时期天山以北的政治、军事和文化中心，众多城址、佛寺、石窟寺、文书、碑刻等文物见证了历代中央政权对西域的有效管理，也诉说着中华大家庭里各民族不断交往交流交融的生动故事和多元文化汇聚、碰撞、互鉴、创新的动人篇章。

（进一步深入挖掘北庭故城文物的意义，从历史角度强调新疆地区在中国历史发展进程中的重要性以及各民族的融合发展。）

热潮涌动，天山南北风光奏响文旅和鸣新曲

（从文化瑰宝的话题转换到文旅融合发展的话题上。）

⑧在伊犁河谷，成千上万的游客共赴“杏花节”这场当地文化盛事，欣赏漫山遍野的杏花；在塔城地区，人们骑马穿越草原，体验牧民生活，感受草原文化魅力；在克拉玛依市乌尔禾区，低空飞行、无人区穿越、越野骑行等旅游项目惊险刺激；在喀什古城夜市，各种新疆特色小吃、手工艺品琳琅满目，还有不少游客扮上精致的“古丽”妆，拍摄极具民族风情的旅行写真……

（详细地列举了新疆不同地区的旅游特色，从文化节庆到民俗体验再到极限运动和特色购物体验等，让读者全面感受到新疆旅游资源的丰富性。）

⑨在新疆这片拥有璀璨文化、厚重历史的土地上，旅游正成为各种灿烂文化资源的黏合剂（“黏合剂”这一比喻，使抽象的文化资源整合概念变得具体可感，仿佛看到原本分散的文化元素像被胶水黏合在一起，形成一个有机的整体。增强了句子的生动性，让读者能够更直观地理解旅游对于整合新疆文化资源的重要意义），在为文旅融合发展提供无限可能的同时，也让各族群众亲身参与到文化传承事业中来，寓教于乐、润物无声，在享受文化、弘扬文化、创造文化中，推动中华民族共同体意识内化于心、外化于行。

（论述新疆旅游发展的重要意义，将旅游与文化传承、民族团结相联系，提升了文章的思想高度。）

（选自《光明日报》，2025年1月6日　作者：李睿宸、赵明昊、靳昊、孙金行　有删减）

【结构梳理】

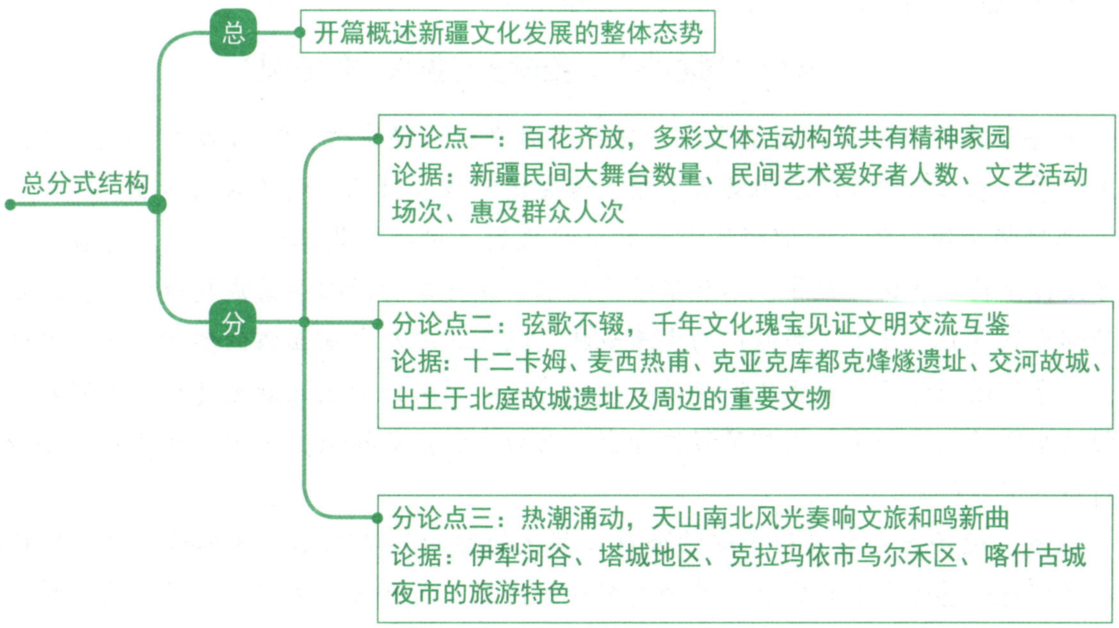

【时文点评】

这篇文章在写作技巧上有诸多可圈可点之处，值得借鉴。在结构布局上，它采用总分模式，开篇概述新疆文化发展的整体态势，接着分别论述文体活动、文化遗产、文旅融合等内容，各部分衔接自然。内容方面，运用丰富的事例，涵盖民间艺术、传统技艺、旅游景点等方面，且以数据增强可信度。描写上，场景描写细致，如喀什古城夜市，使读者仿若身临其境。主题上，深入挖掘内涵，把新疆文化发展和国家层面的民族团结、文化传承及国际文化交流联系起来，整体展现出较高的写作水准。

时文素材

匠心引航　同心筑梦

“我长大了想当一名警察，为人民服务。”“我长大了想当一名飞行员，遨游太空。”“这是我画的爸爸妈妈，我想和他们待在一起。”……

2024 年 12 月 1 日，云南中烟红云红河集团昆明卷烟厂团委组织团员青年前往昆明市盘龙区德馨实验学校开展“匠心引航　同心筑梦”志愿服务活动，与孩子们分享了一堂名为《讲好中国故事——展现伟大时代》的课程。

德馨实验学校是一所综合特殊教育类型学校，昆明卷烟厂的团员青年们通过讲述航空事业的匠人故事，激励孩子们从小树立远大理想、勇于探索未知，为实现中华民族伟大复兴的中国梦贡献力量。随后，孩子们用彩色的笔在彩纸上画下了自己的梦想，并制作成了纸飞机，和团员青年们一起放飞。

青年志愿者们表示，要用爱心和热情点亮希望之光，为社会的和谐发展与美好未来贡献自己的力量，为构建更加美好的社会持续贡献向上向善的青春力量。

适用主题：同心筑梦　点亮梦想　青春力量

援建“同心亭”，绘就乡村振兴“同心圆”

为全面巩固拓展脱贫攻坚成果，持续助力乡村振兴工作，2024 年 10 月 21 日，桂林理工大学土木工程学院赴灌阳县水车镇、黄关镇开展乡村振兴调研帮扶活动。

调研帮扶组一行走访调研了学校对口帮扶的乡村振兴集体经济产业，为当地酒厂厂房建设提供技术咨询与指导，参加了学院为水车镇援建的同心亭落成揭牌仪式，还走访慰问了部分脱贫户，详细了解他们的生活现状、收入状况及当前面临的实际困难，并送上慰问金。学院还组织了专家团队到黄关镇东阳村指导村级产业园区规划建设，为新建大型饰品帮扶车间“三通一平”捐赠了帮扶资金，助力乡村产业振兴，巩固拓展脱贫攻坚成果与乡村振兴有效衔接。

据悉，近年来土木工程学院结合对口帮扶的灌阳县黄关镇、水车镇在乡村风貌提升和人居环境改善等方面的需求，充分发挥专业优势，团结各方力量，先后为当地援建便民凉亭2座，并取名为“同心亭”，象征着高校与地方、各民族同胞、全体村民同心同德、携手建设美丽家园，推进乡村振兴，聚力共绘民族团结“同心圆”。

适用主题：团结互助　建设家园　乡村振兴　同心筑梦

徐立平：在火药上雕琢航天梦的大国工匠

2024年1月11日下午1时30分，停泊在山东近海的一艘发射船上火光闪起，烟雾升腾，全球现役最大固体火箭“引力一号”发射升空。火箭在天上用烟云画下了长长的弧线，航天特级技师徐立平为火箭升空立下了汗马功劳。

徐立平，堪称在火药上雕琢航天梦的大国工匠。他所从事的固体发动机火药微整形工作，在航天领域至关重要却又极度危险。固体发动机作为导弹、火箭的“心脏”，其内部火药需精细整形才能确保飞行正常，可火药十分敏感，操作稍有差池便可能发生爆炸。三十多年来，徐立平怀着对工作的热爱与高度责任感，扎根这一高危岗位。他凭借不懈努力练就精湛技艺，对精度的把控达到极致，误差始终控制在0.2毫米以内。这看似微小的误差范围，在航天中却意义重大，稍有偏差就可能致使航天任务失败。为提升技艺，他日夜钻研火药特性、模拟复杂操作，双手布满伤痕，却从未退缩，用行动诠释着敬业精神。

适用主题：工匠精神　爱岗敬业　不畏艰难　梦想与坚持

经典素材

毛相林：绝壁开路，凿出脱贫天路

重庆巫山县竹贤乡下庄村，四周峭壁环绕，如同被大自然困在“天坑”之中。毛相林便生长于此。自担任下庄村党支部书记以后，一心想改变家乡的生活环境，便毅然决定带领村民在悬崖峭壁上开凿出一条“天路”。没有专业工具，村民们就用最原始的锄头、钢钎一点点凿；没有经验，他们就摸索着前进。施工过程中，危险重重，有村民不幸牺牲，但毛相林从未想过放弃。历经7年，这条8公里长的“天路”终于贯通。此后，毛相林又带领村民发展特色农业、乡村旅游，一步步带领村民走向富裕，让下庄村彻底摆脱了贫困的枷锁。

适用主题：同心筑梦　奋勇拼搏　建设家乡　乐于奉献

每周一题

【连线考场】

（2024·河北沧衡名校联盟期中）阅读下面的材料，根据要求写作。（60分）

2024年9月，中华人民共和国国家勋章和国家荣誉称号颁授仪式在京举行，习近平总书记发表重要讲话。在讲话中，总书记强调了英雄模范的重要性。他还鼓励全社会以这些功勋人物为榜样，凝聚力量，推动实现中华民族伟大复兴的目标。

作为新时代的青年，以上材料引发了你怎样的思考？请结合材料写一篇文章，体现你的认识。

要求：选准角度，确定立意，明确文体，自拟标题；不要套作，不得抄袭；不得泄露个人信息；不少于800字。

【高分佳作】

青年承英雄之志，同心筑就复兴梦

湛江市麻章区第一中学　黎境萱

标题清晰地传达了青年继承英雄志向与实现民族复兴梦想之间的紧密联系。

①2024年9月的国家勋章和国家荣誉称号颁授仪式，是对英雄模范的崇高礼赞。习近平总书记强调其重要意义，激励我们以功勋者为榜样凝聚力量，共筑复兴梦。作为新时代的青年，当承英雄之志，同心筑梦，为民族复兴凝聚伟力。

开篇简洁引述材料，进而提出新时代青年应承英雄之志，共筑复兴梦的观点。

②英雄对卓越梦想的执着追求，是汇聚磅礴力量的源泉。

第②段为分论点一，简洁地阐述英雄对卓越梦想执着追求的意义。

③且看徐立平，投身高危的火药微整形领域，三十余载如一日，精准把控0.2毫米误差，为航天事业的安全保驾护航；又看袁隆平，心怀“端稳饭碗”的信念，扎根田间，历经无数次试验，成功培育高产稻种，为国家粮食安全筑牢根基；再看南仁东，立下建造“中国天眼”的宏愿，二十余载翻山越岭，踏遍西南觅选址，攻克技术难题，建成世界最大单口径射电望远镜，让中国天文探索领先世界。这些追梦者虽然身处不同的领域，但却以各自独特的方式，为国家和民族的发展作出了不可磨灭的贡献。他们对技艺的极致追求，为国家关键领域的发展注入强劲动力；他们心怀苍生的梦想，夯实了国家安全的基础，为民族复兴筑牢根基；他们对梦想的卓越追逐，更是成为推动民族复兴进程的强大精神引擎。（分析论证采用排比句式，不仅增强了语言的节奏感和气势，还从不同角度对英雄人物的价值进行了全面的阐述，从技艺追求到梦想内涵再到精神影响，层层递进，逻辑清晰地表达了这些英雄人物对国家和民族复兴做出的重要贡献。）

第③段通过列举徐立平、袁隆平、南仁东三位英雄的事迹来论证观点，所选取的人物事迹极具典型性和代表性，涵盖了航天、农业、天文三个不同领域，从不同角度论证英雄对国家和民族发展的推动作用，使观点更具说服力。

④英雄群体的逐梦之举，可以汇聚民族复兴的澎湃能量。

第④段为分论点二，简洁地阐述英雄群体的逐梦之举对民族复兴的作用。

⑤君不见，中国航天英雄群体矢志报国，从“神舟”首破苍穹，到“嫦娥”奔月、“天问”探火，他们攻克无数技术难关，让中国在航天领域从无到有、从弱到强，为国家航天事业提供强大的科技驱动力。（夹叙夹议的写作手法，使整个句子既有具体的事实叙述作为支撑，又有深入的思想议论来揭示内涵。叙述部分提供了丰富的素材，让读者对航天事件有了直观的了解，而议论部分则对这些素材进行分析和升华，使读者能够深入理解这些事件背后的意义和价值。这种写法避免了单纯叙述的平淡和单纯议论的空洞，使文章既有事实依据，又有思想深度，增强了文章的说服力和感染力。）君不见，脱贫攻坚英雄群体扎根乡土，数百万干部深入贫困地区，毛相林带领村民在悬崖峭壁上开凿出“天路”，走向富裕；黄文秀把青春和生命奉献给扶贫事业，改写乡村命运。他们齐心协力，夯实民族复兴的民生基础。君不见，2024年奥运健儿群体驰骋赛场，潘展乐在泳池中劈波斩浪，王楚钦、樊振东凭借顽强拼搏精神最终夺冠，全红婵、陈芋汐默契合作，以完美表现惊艳世界。（“劈波斩浪”描绘出潘展乐在泳池中奋勇向前的动态，“顽强拼搏”“默契合作”“完美表现”等词，简洁勾勒出王楚钦、樊振东、全红婵、陈芋汐在赛场上的精神风貌和精彩瞬间，让读者仿佛置身奥运赛场，目睹运动员们的高光时刻。）他们在竞技舞台上展现出中国风采，激发了强大的民族精神力量。这些英雄群体，以无畏勇气与坚定信念，在各自领域发光发热，凝聚起民族复兴的磅礴合力。

第⑤段通过列举中国航天英雄群体、脱贫攻坚英雄群体、奥运健儿群体三个群体的事迹来论证观点，且每个群体都选取了多个典型事例，如航天领域的多个成果、脱贫攻坚中的毛相林和黄文秀的事迹、奥运健儿群体中多位运动员的表现等，丰富的论据充分展示了英雄群体在各自领域的贡献。

⑥青年当以英雄为榜样，同心筑梦以领航民族复兴的伟大征程。

第⑥段为分论点三，从“怎么做”的角度阐述青年的责任。

⑦往昔，革命先烈怀着英勇无畏、坚定不移、忠诚于国家和民族的伟大情怀，为国家“站起来”抛头颅、洒热血，推翻“三座大山”，建立起新中国。（“英勇无畏”“坚定不移”“忠诚”等词汇，以高度凝练的方式勾勒出革命先烈的精神特质，这种简

第⑦段从时间维度回顾往昔、今朝并展望未来，阐述不同阶段的发展成果，进一步说明青年在民族复兴进程中的使命。

洁有力的表述使语句呈现出庄重严肃的风格，契合革命先烈伟大事迹的厚重感，营造出肃穆的氛围，让读者能迅速聚焦于先烈们的崇高精神，产生敬畏之心。）今朝，“富起来”的梦想已然成为现实。改革开放促使经济特区崛起、新兴产业蓬勃发展、民众生活改善、综合国力提升，建设者们展现出开拓进取的精神风貌。展望未来，“强起来”的梦想在前方召唤。中国高铁的速度、5G技术的高度、新能源汽车发展的力度等，这些成果都凝聚着各路精英的拼搏精神。（“速度”“高度”“力度”等词语，使句子结构紧凑，增强了表达的力度，同时也让读者更清晰地感受到这些成果各自的特色。）

⑧英雄是时代的中流砥柱，他们以无畏的勇气、卓越的智慧和无私的奉献，为民族发展铺就坚实道路。作为新时代青年，应紧紧追随英雄的步伐，把个人梦想融入国家发展的宏大叙事中。（“追随”“融入”两个动词的使用，精准有力。“追随”体现青年对英雄的尊崇与效仿，是主动靠近、学习的姿态；“融入”则突出个人与国家发展的深度结合，展现青年将个人命运与国家命运紧密相连的决心，强化语句的行动导向。）只要我们携手同心，传承英雄精神，定能汇聚起磅礴力量，助力中华民族伟大复兴。

第⑧段总结全文，回应材料内容和情境任务，强调英雄的重要意义，再次呼吁新时代青年追随英雄步伐，传承英雄精神，助力民族复兴。

总评

内容 19　表达 19　特征 18　总分 56

这篇文章架构明晰，逻辑缜密连贯。开篇简引材料后顺势提出“青年当承英雄之志，共筑民族复兴梦”的核心观点。论证时，先从英雄个体层面入手，以徐立平、袁隆平、南仁东三人为例阐述其卓越贡献，后从航天、脱贫、奥运领域的英雄群体角度展开，论据丰富且具有代表性，还穿插不同时期国家发展成果回顾以强化青年使命担当。结尾总结英雄伟大意义并呼吁青年追随传承其精神。文章语言简洁流畅，排比句的运用增强气势，精准传达主旨。

（指导老师：陈柳红）

第二章

4 节作文升格点铁成金，冲刺满分

第1节　2024年北京卷作文 升格指导

真题回顾

[节选题目（1）] 阅读下面的材料，根据要求写作。（50分）

几千年来，古老的经典常读常新，杰出的思想常用常新，中华民族的伟大精神亘古常新……很多事物，在时间的淬炼中，愈显活力和价值。

请以《历久弥新》为题目，写一篇议论文。

要求：论点明确，论据充分，论证合理；语言流畅，书写清晰。按要求作答。不少于700字。不透露所在区、学校及个人信息。

写作导引

本题为命题作文。材料共两句话：第一句指出现象，中华文明中，古老的经典、杰出的思想、伟大的精神，它们或常读常新，或常用常新，或亘古常新；第二句总结升华，经典、思想与精神，经过时间的淬炼，在新时代，愈显活力和价值。审题阶段，我们要细分材料内容，抓住关键词，这样会让审题过程事半功倍。

“历久弥新”，我们要抓住“历久”和“弥新”这两个词，分析内涵。“历久”，即经历了漫长的时间，强调时间跨度；“弥新”则表示更加鲜活，更有活力，更具有价值。有价值的事物历久弥新，这是因为其本身有超越时间维度的价值，经得起时间的淬炼，在淬炼中更有活力和价值。

在审题时，我们要重点关注以下几个方面：

首先，明确论述对象。这是一个“是什么”的概念，历久弥新的可以是一种传统技艺，如刺绣、泥塑、木雕等传统手工艺，在传承中创新发展；也可以是一种思想观念，如儒家思想、道家思想、法家思想等，时至今日也具有指导意义；还可以是一种文化传统，如春节、端午、重阳，历经千年传承，并被赋予新的内涵。

其次，分析“历久弥新”的原因。可能是因为具有深厚的内涵与价值，也可能是在传承中不断发展，还可能是满足或触动内心的情感要求，散发永恒的魅力。

最后，思考如何让这些有价值的事物更好地持续释放价值，这就需要对其在传承中加以保护，在发展中加以创新，通过传承与发展使其价值扩大化、持续化，使其历久弥新。

要写好“历久弥新”这个作文，关键是处理好“久”和“新”之间的辩证关系：传承是创新的基础和源头，只有传承文化，才有创新突破；创新是传承的延续和发展，只有挖掘传统在当下的价值，才能使其永葆生机，长盛不衰。在此基础上我们可以立意为“挖掘文化精髓，传承文化经典”或“与时俱进，推陈出新”。我们也可以思考什么样的事物才能“历久弥新”。不难发现，“历久弥新”的一般都是精神层面的创造，它们或能引发跨时代的共鸣，或具有跨时代的指导意义。在此基础上我们可立意为“穿越时空的智慧，薪火相传的魅力”。同时，我们也要关注“历久弥新”的意义与具体做法，关联热考主题“文化自信”和“科技发展”，立意为“文化自信：传承与创新的双重力量”“科技赋能，让文化传承焕发新活力”。

从写作构思来看，可以从社会现象入手引出“历久弥新”这一论题，然后按照“提出问题——分析问题——解决问题”这一过程行文，阐述什么是历久弥新，接着分析原因：历久，因其价值；弥新，因其传承。最后探讨如何做到历久弥新，在传承中创新，勇担时代重任。

此外，还可以有多种构思方略：

例如通过引用习近平总书记的话“文化没有断过流的，始终传承下来的只有中国”，分析原因引出论题——“历久弥新”，紧接着从“经典作品、杰出思想、伟大精神”三个方面探讨历久弥新的具体做法：汲取经典作品的力量、洞察杰出思想新的时代价值、赋予伟大精神新的时代内涵，并且完成从“个人”到“时代”，从“小我”到“大我”的飞跃。

也可以采取“引、析、提、联、结”这样的方式行文：概述所给材料，引出中心议题；分析材料内涵，探究历久弥新的意义价值；提出论点，一要传承文化，二要科技创新；联系生活实际，探究青年在“历久弥新”中的责任担当；最后重申材料，概括总结，深化论点。可运用对比论证、引用论证等论证方法，发出号召，提出期望，呼吁青年学子肩负传承与创新的重任，共同守护，创新传承。

至于搜集素材，我们可以结合生活实践、社会热点，既关注课堂所学，也要关注课外阅读，也可联系相关主题，如“文化自信”“科技创新”等主题，综合立体地构建一个论据体系，让写作素材鲜活丰富。

①传统戏曲的现代化演绎

京剧、昆曲等中国传统戏曲，具有悠久的历史与深厚的底蕴。随着时代的发展，传统戏曲面临着如何传承的困难与挑战。最近几年，一些艺术家开始尝试将传统戏曲与现代元素相结合，推出了形式新颖的戏曲作品。这些作品保留了戏曲的精髓，又融入现代元素，引起了更多年轻观众的关注。

②古典诗词在网络时代的传播

五千年文化，三千年诗韵。古典诗词是中国传统文化的瑰宝。在互联网时代，一些网络平台开始推出古诗词诵读、讲解和创作活动，尤其是央视推出《中国诗词大会》节目之后，立刻吸引了众多网友的参与，进而使古诗词重新焕发生命力。

③古琴与其他音乐元素有机结合

在现代文化的冲击下，古琴曾一度面临失传的危机。近年来，通过现代化的演奏方式和创新的曲目编排，并融入其他音乐元素，古琴艺术得到了新的发展和创造，既出现在音乐会上，又走进了社区、学校，可谓雅俗共赏。

④传统民俗融入科技元素

如今，一些传统节日的庆祝方式已经悄然变化，融入了更多的科技元素，如春节由最初的守岁到现代的看春晚，由以前的压岁钱到现在的电子红包。庆祝的形式在不断创新，但是节日的文化内涵始终不变。

⑤儒家思想的传承与发展

几千年来，儒家思想对中国社会产生了深远的影响，它被后世学者解读，不断发展，与时俱进。时至今日，依然是现代社会的道德规范、道德追求和人生哲学。

考生作文

写作提纲

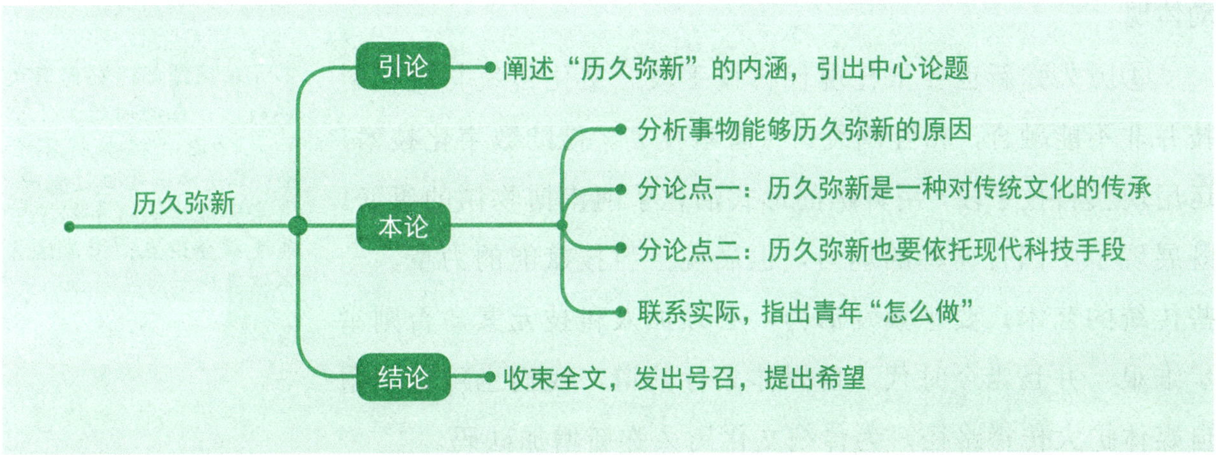

原稿呈现

历久弥新

某考生

①“历久弥新”的意思是：经历长久的时间而更加鲜活，更有活力，更显价值。在历史的长河里，诗词流传千年，经久不衰；昆曲百年传承，焕发活力。（整散句结合，节奏鲜明，音韵和谐，有效地增强文章的表现力和感染力。）这就是历久

第①段重在阐述历久弥新的内涵，存在着两方面的不足：语言虽凝练但文采不足，达不到“凤头”的要求；并未关注历久弥新的对立面，不能与第②段段首照

弥新的最好证明。无论是诗词，还是昆曲，他们都是传统文化的精髓，历经时代的淬炼，永葆活力，熠熠生辉。

应，逻辑性不强。

②那么，为什么有的事物早已消失在历史的尘埃里，而有的事物却能经久不衰，绵延至今呢？这是由事物本身的意义和价值决定的。历史的浪花淘尽了英雄，也让有价值的事物保留下来，例如中国古典小说的高峰“四大名著”，它们经受得住时间的考验，启发了一代代人，也影响了一代代人，这就是经典的魅力，这就是“历久弥新”的力量。

第②段重点分析事物能够历久弥新的原因。运用举例论证，增强了文章的说服力。但是要注意行文的逻辑性，前边问题提及消失的事物和历久弥新的事物，而举例论证时，并没有提及消失的事物，缺乏思辨色彩。

③历久弥新是一种对传统文化的传承。自古以来，中华民族便注重对文化的传承，从文学到思想，从艺术到精神，历史的脚步永不停止，文化的传承永不断流。然而，社会在发展，传统文化也面临着困境与挑战。四大国粹之一的“京剧”已经沦落到了无人问津的地步。于是一些京剧团体开始寻找出路，尝试将传统戏曲与现代元素相结合，推出了一系列新颖的作品。这种传统与现代结合的尝试，正是“历久弥新”文化理念的生动体现。

第③段重在论述如何历久弥新，存在的问题如下：一是分论点不能统摄整个文段；二是语言不够凝练；三是论据不够有力。

④历久弥新也要依托现代科技手段。文化传统与现代科技并非不能融合，相互割裂。《唐宫夜宴》借助数字化技术，运用现代科技手段，用舞蹈的形式活化了河南博物馆的唐俑。既展现了中国古典舞的魅力，也展现了科技赋能的力量。一些传统的艺术，要想焕发活力，必须加入科技元素，否则举步维艰。并且当今时代，自媒体大行其道，我们也可以利用自媒体扩大传播路径，为传统文化历久弥新增加砝码。

第④段继续阐述如何历久弥新，存在的问题如下：一是分论点提取得不全面；二是举例论证过程中，《唐宫夜宴》这个例子不能支撑分论点；三是语言不够准确简洁。

⑤作为当代青年，我们也要融入时代的大潮，积极参与创造历久弥新的事物，留下我们的篇章。愿我辈青年以实际行动，守护传统文化的“根”与“魂”，让历久弥新的瑰宝在新时代绽放绚丽的光芒。

第⑤段虽然联系了实际，但如蜻蜓点水，一带而过，没有结合学生的生活实际，且局限于“小我”层面，缺乏“大我”的责任感与使命感，并且从发出号召上看，太过空洞。

⑥岁月不居，时光如流，无数的传统文化需要我们创新守护，以经得住时代的考验，迎击历史的风浪，唯有“千磨万击还坚劲”，方能“任尔东西南北风”。（巧妙地引用诗句，既做到了准确表达，又增强了语言的气势和文采。）

结尾发出号召，提出希望，但是并没有扣题，略显不足。

总评

总分 35

这篇作文是一篇中规中矩的议论文。优点如下：一是立意准确，围绕“历久弥新”这一话题，体现对传统文化的深层思考；二是结构清晰，基本按照“引论—本论—结论”的结构行文，结构完整；三是论据丰富，举四大名著、京剧、《唐宫夜宴》等例子，举例丰富，视野广阔，有历史纵深感。但是也存在以下缺点：一是语言表达含糊，有些句子表达不够准确或流畅，有些句子也不够简洁，缺少文采；二是举例牵强附会，不能证明论点，如《唐宫夜宴》这个例子不能证明“历久弥新也要依托现代科技手段”；三是逻辑衔接不够自然，例如第⑤段，联系实际与发出号召并没有有效结合。

附：

北京卷的议论文等级评分标准

类别	评分要求	评分说明
一类 （42 ～ 50 分）	切合题意、论点明确 论据充实、论证合理 语言流畅、表达得体 结构严谨、层次分明	以 46 分为基准分浮动；符合一类卷的基本要求，其中某一方面突出的作文可得 48 分以上
二类 （33 ～ 41 分）	符合题意、论点明确 论据较充实、论证合理 语言通顺、表达大致得体 结构完整、条理清楚	以 37 分为基准分浮动；符合二类卷的基本要求，其中某一方面比较突出的作文可得 39 分以上
三类卷 （25 ～ 32 分）	基本符合题意、论点基本明确 论据较充实、论证基本合理 语言基本通顺、有少量语病 结构基本完整、条理基本清楚	以 29 分为基准分浮动；符合三类卷的基本要求，其中某一方面较好的作文可得 31 公以上
四类卷 （0 ～ 24 分）	偏离题意、立意不当 论点不明确、内容空洞 语言不通顺、语病多 结构不完整、条理混乱	以 24 分为基准分浮动

升格指津

增强逻辑关联：改进段落之间的逻辑衔接，整合段内前后逻辑。例如两个分论点不能统摄整个文段，结合文段内容重新整合分论点；最后两段有重复交叉，可以将两个段落整合为一个段落，作为结尾段。

细化论证过程，深化论证分析：从多角度分析历久弥新，例如分析事物能够历久弥新的原因，在举例论证的过程中，可进行正反对比，增强思想的深度；探究如何历久弥新，应补充创新、文化传承的渠道与路径等方面，并深度分析传统文化和现代科技的关系，使文章内容更丰富，逻辑更严密；举例论证历久弥新也要依托现代科技手段，《唐宫夜宴》

这个例子并不恰当，舞蹈本身是没有任何数字化技术的，只是节目经过了特别创作，如5G、AR技术的运用，虚拟场景和现实舞台的结合，呈现出震撼的视觉效果。

优化语言表达：将含糊不清、重复多余的表达改为更准确、更凝练的文字，注意长短句、整散句的有机结合，并且添加比喻论证、引用论证等论证方法，使得语言更简洁优美，富有哲理性、感染力。

升格佳作

升格提纲

- 历久弥新
  - 引论：通过比喻论证、对比论证，引出中心话题
  - 本论：
    - 阐释历久弥新的前提，分析一些事物历久弥新的原因
    - 分论点一：若想历久弥新，应该顺应时代并活态传承，通过创新焕发活力
    - 分论点二：若想历久弥新，应该借助科技手段，拓宽文化传承的渠道与路径
  - 结论：“共同守护，创新传承”，既发出号召，又提出期望

佳作鉴赏

历久弥新

某考生

①岁月浩荡，风起青萍；流光一瞬，华表千年。（以整句开篇，文采飞扬，气势磅礴。）在时光的滚滚洪流里，有些事物如流星划过夜空，展现了刹那间的绚烂之后便归于沉寂；而有些事物如青松傲立天地，虽历经风霜侵袭却更显苍劲与生机。大风泱泱，大潮滂滂，日月其迈，时盛岁新，五千年中华文化以时光淘洗精华，以世事淬炼精髓，历久而弥新。

> 第①段通过比喻论证、对比论证，引出中心话题；运用整散句结合的形式，增强气势，调节音韵；语言凝练、生动，有文采。

②历久弥新的前提是事物本身存在意义和价值，因其有价值方能永葆活力，故能常新。纵观历史，多少风靡一时的事物，在时光的腐蚀下，消了颜色，散了芬芳。（化用《雨巷》中的诗句，合乎语境，又使文章具有感染力。）唯有本身价值巨大的事物在时间的淬炼中愈发光亮。烟枪、烟灯早已消失在历史的尘埃里，唯有经典永不落幕。经典诗词历经千年，依旧璀璨生辉，让我们感受到古人的情感和智慧，这就是“历久弥新”的力量。

> 第②段通过举例论证、对比论证，阐释了历久弥新的前提，分析了一些事物历久弥新的原因；最大的亮点是能将课内素材活学活用。

③若想历久弥新，应该顺应时代并活态传承，通过创新焕发活力。泰戈尔曾言：“古老的种子，它生命的胚芽蕴藏于内部，只是需要在新时代的土壤里播种。”（引用泰戈尔的名言，既增添了文采，又能证明观点态度，具有说服力。）文创产品惊艳了时光，温柔了岁月，故宫日历、故宫口红等层出不穷，火爆出圈。中华戏曲跟随时代发展，将传统戏曲与现代元素相结合，古风、戏腔歌曲一出现，便受年轻人追捧。这不都是顺应时代活态传承的体现吗？这些成功的案例，创新可谓功不可没，传统与现代的结合，就是最好的创新，使得中华“文化大树”枝繁叶茂，亭亭如盖。

第③段提出分论点一：若想历久弥新，应该顺应时代并活态传承，通过创新焕发活力。本段采用引用论证、举例论证，有理有据，说服力强。

④若想历久弥新，应该借助科技手段，拓宽文化传承的渠道与路径。敦煌研究院利用数字化技术对石窟进行保护和修复，让壁画与彩塑“活”起来；通过虚拟现实技术，使观众仿若穿越时空，身临其境，领略敦煌的魅力。数字技术为敦煌文化的传播开辟了新途径，只有这样才能拂去中华文化的历史封尘，让千年文明在新时代焕发光彩与新生，历久弥新。

第④段提出分论点二：若想历久弥新，应该借助科技手段，拓宽文化传承的渠道与路径。本段结合社会热点，举例“数字敦煌”，事例翔实，既增强了说服力，又能引发读者思考。

⑤“须知少日拏云志，曾许人间第一流。”无论岁月，无论今朝，青年一代肩负着传承历史和创新文化的重任。（引用得当，与后文衔接紧密。）无论是文化经典，还是先贤思想，抑或是民族精神，需共同守护，创新传承。千年寰宇，换了人间，躬逢盛世，与有荣焉。我辈青年当以古人之境界，开今人之生面，让中华文化生生不息，历久弥新。

第⑤段简洁有力地收束全文，同时不忘扣题。“共同守护，创新传承”，既发出号召，又提出期望。

总评 总分47

本文紧扣材料立意，结构完整，思路清晰，内容充实。有以下亮点：一是立意高远，紧扣“历久弥新”这一中心话题，从文化技艺到思想精神，从“小我”到“大我”的升华，展示了对其内涵的深刻理解。二是结构严密，严格遵循递进式的论证结构，从阐述内涵到分析原因，再到解决问题，逐步展开论证，逻辑严密。三是论据贴切，援引课内外的素材，论据准确充分，这也给我们一个很好的提示，既要积累课外作文素材，也要不忘深挖教材里的“宝藏”，或是化用，或是引用，恰如其分地表达，旁征博引，论证丰富。四是语言凝练，逻辑性强，句式灵活，富有感染力，增添了文章的文采，同时也体现了文章的深度。

（指导老师：郑文桥）

第 2 节 2024 年新课标 I 卷作文 升格指导

真题回顾

阅读下面的材料，根据要求写作。（60 分）

随着互联网的普及、人工智能的应用，越来越多的问题能很快得到答案。那么，我们的问题是否会越来越少？

以上材料引发了你怎样的联想和思考？请写一篇文章。

要求：选准角度，确定立意，明确文体，自拟标题；不要套作，不得抄袭；不得泄露个人信息；不少于 800 字。

写作导引

这是一道思辨类材料作文题，写作时，应先分析材料内容。作文材料由两句话构成，分为两个层次。材料第一句话向考生陈述了一种现象，第二句话提出了一个富有哲理性的问题。考生在审题过程中要对材料进行结构分析，对关键词进行圈画。

“越来越多的问题”指的是可以凭借互联网或人工智能解答的知识性、技术性问题，“问题是否会越来越少”中的“问题”指的是新出现的未被解答的问题，这个“问题”显然要宽泛很多。考生应该明确回答“我们的问题是否会越来越少”，回答“是”“否”“没有变化”都可以，重点在于能否解释清楚“为什么”，是否言之成理，是否逻辑严密。

文章立意应该指向“为什么”，即原因分析；在说清“为什么”之后可以涉及“怎么做”，但不应该越过原因分析而大谈特谈做法。本题兼具开放性和思辨性。结构方面，建议用递进式结构，逐层深入。论证方法尽量多样化，所选事例应该以当代发生的有说服力的具体事件为主，如柯洁对抗“阿尔法围棋”等。

“人工智能”为当下热点话题之一，其前加上“随着互联网的普及”可以使表述更为清晰，也方便考生分析，毕竟相当一部分考生不太清楚“人工智能”和“互联网”的联系。假如材料中只提到“人工智能”而不提“互联网”，那么可能会出现相当一部分考生难以进行评论的情况。这样的命题策略，既紧贴时代热点又让考生有话可说。考生在写作时应避免脱离材料，如通篇谈科技发展、新生力量、创新奋进等，不联系互联网、人工智能的具体情况及其带来的具体问题进行分析。

考生作文

写作提纲

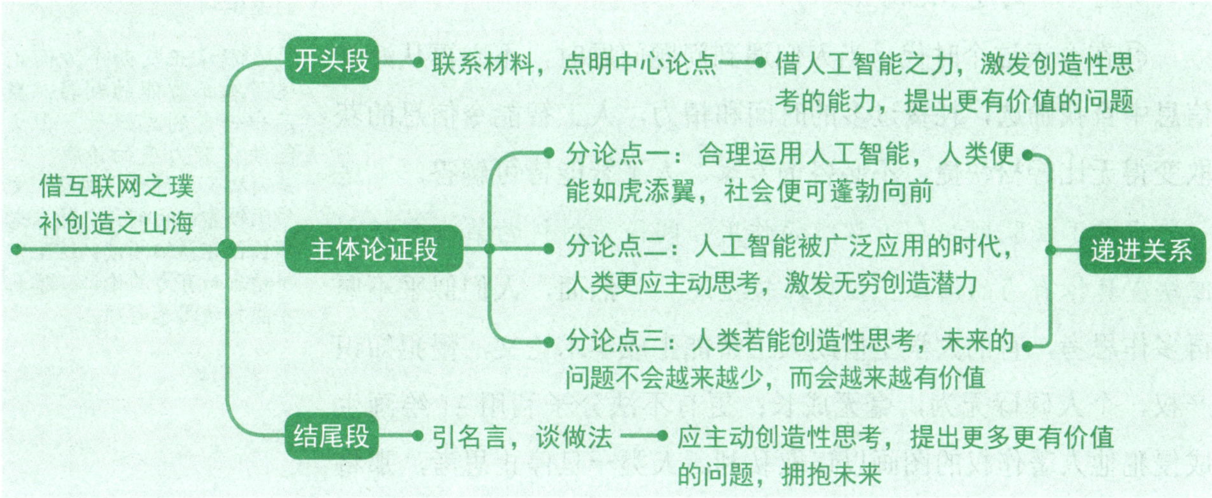

原稿呈现

借互联网之璞　补创造之山海

（题目可以从以下方面进行评价：是否紧扣主题、是否有吸引力、语言是否精妙。题目整体上略能表现立意，显示出“人工智能”对未来的创造有所帮助，也算是回答了材料中的问题。采用的是近年来非常流行的整句句式，这种题目如果引用得当，或化用自然，那就具有画龙点睛的作用。如果只是简单模仿，生硬照搬，则容易画虎不成反类犬。此题目大概想用“女娲炼石补天”的典故，使其具有亮点，但此比喻并不恰切。“互联网”与“璞玉”不宜相比，“补”和“山海”的搭配也不够恰当。建议同学们开拓思维，整句、散句皆可入题，单字、多字并无限制。）

某考生

①时代的浪潮奔涌向前，历史的车轮永不停息。身处互联网和人工智能应用的时代，许多问题动动手指就能得到解答。（开篇联系材料很重要，概述材料引出立意是第①段的关键任务。但注意不要只是简单地把材料抄一遍。）但这并不应成为我们思维懒散、思考怠惰的理由。（这句话和材料并无直接关系，应该删掉。）我们更应借人工智能之力，激发创造性思考的能力，提出更有价值的问题。（第①段最后一句点明文章立意，但未回答材料中“问题是否会越来越少”的问题。）

开篇第①段是给阅卷老师建立良好印象的关键，应做到内容扣题、简短，语言精彩。本段概述了材料中的观点，提到人工智能的作用，但“提出更有价值的问题”作为发展层面的思考，适宜放在文章后半部分，放在开篇会导致文章立意与材料要求产生一定的偏差。

②合理运用人工智能，人类便能如虎添翼，社会便可蓬勃向前。（分论点表述清晰，强调了“合理运用人工智能”的好处，但“便能”一词过于绝对化。）

第②段为分论点一，但缺少能够统领下文的概述段。一般建议考生在第②段分析中心论点或阐释材料中的关键词。

③在今天这个时代，当人们遇到问题问题时，不必再从海量信息中查找筛选，耗费过多的时间和精力，人工智能令信息的获取变得无比轻松快捷，不必咨询专家，人工智能皆可解答。（这一句肯定了互联网和人工智能的作用，阐释了材料的第一句话。但缺少具体有力的例证，显得比较空泛。）然而，人们似乎不愿再多作思考，有的大学生借助人工智能生成学术论文，侵犯知识产权，个人碌碌无为，毫无成长；更有不法分子利用 AI 绘画生成侵犯他人著作权的图画以谋取私利。人类一旦停止思考，那将酿成可怕的悲剧，只有将其合理运用，互联网和人工智能方能成为社会前进的助推器，一路向前。（列举互联网和人工智能时代出现的问题，引出人们不能停止思考的观点。）

第③段从正反两个方面论述了人工智能的利弊，显示出一定的思辨性。但文段缺少有力度的论据，只是列举了几种时代现象。文章比较靠前的部分，阅卷老师往往会精细阅读，这里需要精彩而有力的论证，唯此才能打动阅卷老师。

④人工智能被广泛应用的时代，人类更应主动思考，激发无穷创造潜力。

第④段为分论点二，强调了人工智能时代人类应该怎样做。

⑤世界围棋冠军柯洁为何能一路过关斩将，最后挑战人工智能，虽败犹荣？当其他棋手都放弃了自己的打法，而争相去背诵 AI 棋谱时，他仍选择坚持自我，不断超越自我，终成一代围棋大师。（柯洁的例子可以用在此处，但是重点不应落在“坚持自我，不断超越自我”上，应该谈柯洁败于人工智能这个事件带给我们的启发。）纵使 AI 绘图精巧准确，异彩纷呈，可凡·高、毕加索等大家的名作仍被奉为经典。纵使人工智能算法通天，可人的创造潜力依然是无限的，人类所拥有的创造性思考正是 AI 所不具备的，主观能动性作为人类的独有属性，让我们不被人工智能取代。

第⑤段选用了柯洁的事例来论证，但例证的贴合度还可以再提升一步。评价论据是否得当，一般从“指向”“贴合”和“新颖”三个维度来看。柯洁的事例在“指向”上没有问题，“新颖”程度尚可，但“贴合”一般。这也是考生在写作中普遍存在的问题。

⑥人类若能创造性思考，未来的问题不会越来越少，而会越来越有价值。

第⑥段为分论点三，有一定的深刻性，既提到了“创造性思考”的价值，又回答了材料中“问题是否会越来越少”的提问。

⑦所有的问题都有标准答案吗？当我们认真思考过后，或许能提出更多具有多角度、多判断标准、多元化的问题，而人工智能的解答不过是其中之一，为我们提供了新的思考方式，开拓了我们的思路。而要真正解决问题，只有靠我们自身。问题并不会

第⑦段大讲道理，缺少更加有力的论证。建议把本段作为文章的收束段，可体现出作者较为深刻的思考。

越来越少，而会越来越多元化、开放化，我们的视野也将无比开阔。我们也将拥有更多的可能看待这个世界。（最后一句表达不够通顺，可改为“我们也将拥有看待这个世界的更多视角”。）

⑧狄更斯曾落墨于《双城记》：“这是最好的时代，这是最坏的时代。”人工智能傍身，我们更应主动创造性思考，提出更多更有价值的问题，拥抱未来。

第⑧段引用《双城记》中的句子来收束文章，增加了文章的深度，但此处引用的内容不够新颖。

总评

内容	表达	特征	总分
15	15	15	45

本文立意较为明确，但“借人工智能之力，激发创造性思考的能力，提出更有价值的问题”这个中心论点并没有直接回答材料中的问题。把做法当作结论，是目前相当一部分考生容易出现的问题。本文采用递进式结构，首先分析了人工智能的作用，并从正反两方面对比凸显人工智能在解决问题的过程中所起到的作用；然后引出第二个分论点，人工智能时代，人类更应主动思考，激发创造力；最后，在第三个分论点处明确回答了材料中的问题，点明“未来的问题不会越来越少，而会越来越有价值”。三个分论点层层深入，逐层递进。本文所用例证稍显不足，大部分事例都比较笼统，柯洁这个例子相对较好，但是与分论点的贴合度不够紧密。语言表达比较平淡，个别句子表述不够通顺。

升格指津

原稿中心立意表述较为明确，但没有直接回答材料中的问题。建议在开篇第①段就直面材料问题，这样有利于让阅卷老师迅速明确文章立意。原文结构较为清晰，分论点比较明确，但论证方法比较单一，基本都是举例论证，一般来说，举例论证、引用论证、对比论证、比喻论证都是常用且易用的论证方法，类比论证和归谬法有一定的难度，考生在日常训练中可以针对某种方法做专项训练。文中论据与论点的贴合度也有待提升，要结合分论点进行定向解读。此类作文在写作过程中要明确回答材料中的问题，不能模棱两可。分析部分是突出“是什么”“为什么”，还是“怎么做”，要依据材料指向，不可简单照搬其他范文的思路。选择作文素材时要关注时代热点，尤其是科技领域的创新研究，本书第 4 周热考主题“科技创新　抵未知之境”选取的就是这类素材。当今时代“科技创新”是重要话题之一，但很多考生对此方面的信息关注不够，导致在写作中没有对应的事例可用。或者有的考生仅知其事，未思其理，认知肤浅，讲不透道理。建议考生在广泛收集素材的同时，也要研读评论性文章，多角度、多层次思考，本书第 4 周热考主题下有科技创新方面的热点事例，还有相应的分析文章，可供考生思考与积累。

升格佳作

升格提纲

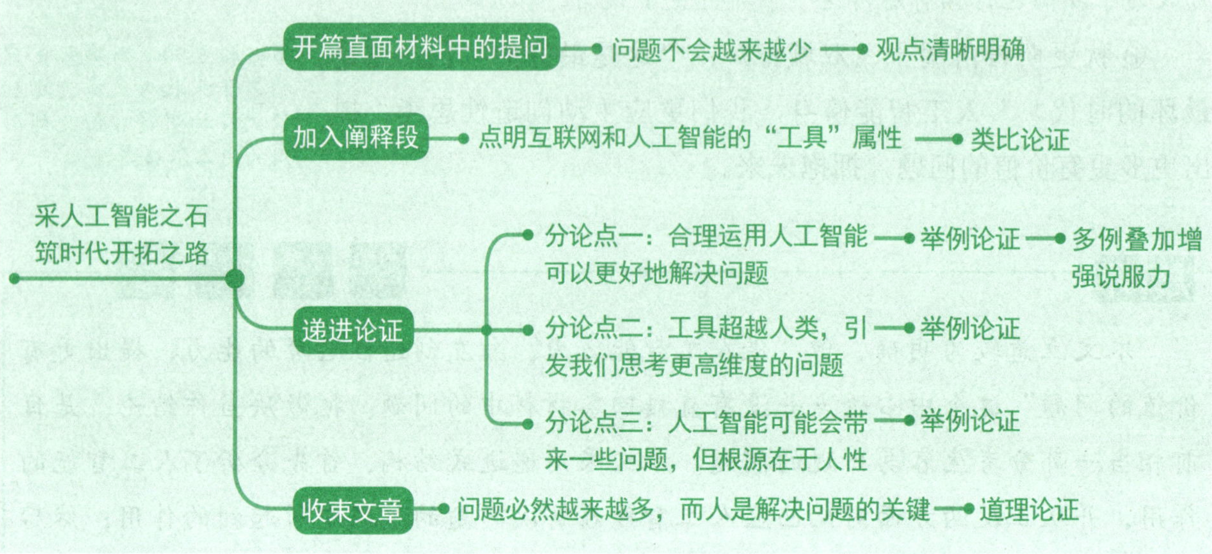

佳作鉴赏

采人工智能之石　筑时代开拓之路

（本题目采用对仗式结构，句式严整，表达有力，又运用比喻的修辞手法，将人工智能与时代的关系生动形象地展现了出来。题目不仅要对称，要“漂亮”，更重要的是要涵盖材料关键词，清晰地表达出观点，让题目成为阅卷老师观视文心的窗口，让阅卷老师看题目即知文意。）

某考生

①互联网大潮奔涌，人工智能日新月异。作为人类创造出来的工具，互联网和人工智能强大而便利，这让我们能够迅速获得许多问题的答案。（概述材料，联系时代背景。）但我们的问题会越来越少吗？我并不这样认为。（直接回答材料中的问题，观点鲜明。）

②互联网和人工智能是解决问题的工具，而不是问题产生的单一来源。就像三峡大坝足以调节长江的流量，但影响不了降雨一样。（类比论证让道理更加简单明了。）所以，我们当采互联网和人工智能的基石，筑就开拓未来的通衢大道。

第②段既可以阐述论点或解读材料关键词，又可以统领下文。

③合理运用人工智能，人类将会如虎添翼，更好地解决问题。

④像 ChatGPT 或 DeepSeek 这样的超强的人工智能软件可以在众多行业中提供几乎与专家媲美的建议，华为高阶智驾可以在

第④段重点论述互联网和人工智能在解决问题中的作用。

驾驶中识别障碍物并自动躲避，豆包、文心一言能够为我们提供精准的答题指导……（多个具体事例叠加更具说服力，尽量避免使用模糊不清的例子。）越来越多的互联网应用和人工智能技术融入我们的生活，帮助我们高效、精准、安全、可靠地解决一系列问题。

⑤但问题解决得更快了，就一定意味着问题变少了吗？（深入辨析，紧紧扣住材料中的关键问题。）人类存在的问题不是定量，而是变量。随着人类对自我与外在的认知越宽泛、深刻，人类的疑问便会越来越多且越来越复杂。我们在借助新技术解决问题的同时，更应该从更高的哲学维度去主动思考——我们该如何看待工具在某些方面必然超越人类的事实？

⑥世界围棋冠军柯洁与 AlphaGo（阿尔法围棋）的大战应该能给我们新的启迪。2017 年 AlphaGo 在“学习”了数百万位人类棋手的棋谱后与人类世界围棋冠军柯洁大战一场，最终人类以 0 ∶ 3 落败，一时之间不少人哀叹悲观。其实大可不必，只要尚未生成自主意识，所有的互联网技术和人工智能便不能摆脱“工具”的属性。（点明互联网和人工智能的工具属性，使论证进一步深入。）这些“工具”帮助或者代替我们解决问题，其实是将我们从某些问题中解放出来，进而去思考其他更高维度和更有价值的问题。我想没有人会哀叹汽车比自己跑得更快，在汽车发明出来以后人类思考的是此前从没有过的问题——如何遵守交通规则？

第⑥段深入分析了互联网和人工智能对人类的意义，所举事例指向清晰，紧贴分论点。

⑦互联网的普及、人工智能的应用无疑正在以更加快速和便捷的方式帮助我们解决问题。但我们也应该警惕人性中的贪婪借助这些超级工具而呈现指数级放大的可能。有不法分子借助 AI 变声软件搞诈骗，有投机取巧者用 AI 写论文……这些种种源于人性却被技术放大的问题正成为我们新的麻烦。但我相信，就像人类能够发明互联网和人工智能一样，终有一天我们也会发明出新的工具或技术来应对这些问题。

第⑦段明确了互联网和人工智能会带来一些问题，并点明问题的根源在于人性，体现出一定的思辨性。

⑧并非所有的问题都有标准答案，人工智能的解答不过是其中之一，仅供参考而已。而要真正解决问题，只有靠我们自身。问题并不会越来越少，而会越来越多元化、开放化，我们的视野与思维也将无比开阔。（保留原文内容，拓展话题。）

⑨狄更斯在《双城记》中写道："这是智慧的时代，这是愚蠢的时代；这是信仰的时期，这是怀疑的时期……"不论未来是怎样的时代，问题必然会越来越多，但我相信借助互联网和人工智能这些强大的工具，我们将更有能力开拓面向未来的通衢大道。

第⑨段引用狄更斯的话来收束文章，并表明对人类的未来充满信心。

总评

内容 19　表达 19　特征 19　总分 57

本文立意深刻，观点明确，直接回答了材料问题。论证思路清晰，肯定了人工智能对解决问题的帮助，又进一步阐明了互联网和人工智能的"工具"属性，明确指出工具是解决问题的助手而不是产生问题的单一来源，人类的问题是随着认知的扩大而不断增加的；最后对人类解决问题的能力报以希望和信心。本文在论证方法上采用了类比论证和举例论证，类比论证比较新颖，一般考生不太容易写出，举例论证采用了多例叠加和单例详述的方式。一般来说，考生使用多例叠加容易出现简单堆砌的问题，考生在采用这种例证方法时需要注意不能选择过于生僻的例子，例子之间应该有共性但又不简单重复。使用单例往往容易出现孤例难证的情况，所选择的单个事例必须有代表性，并且详细分析，不能单纯讲事例。文章语言流畅，表述精准深刻，显示出较好的表达能力，具有借鉴意义。

（指导老师：杨宗涛）

第3节 2024年新课标Ⅱ卷作文 升格指导

真题回顾

阅读下面的材料，根据要求写作。（60分）

本试卷现代文阅读Ⅰ[注]提到，长久以来，人们只能看到月球固定朝向地球的一面，“嫦娥四号”探月任务揭开了月背的神秘面纱；随着“天问一号”飞离地球，航天人的目光又投向遥远的深空……

正如人类的太空之旅，我们每个人也都在不断抵达未知之境。

这引发了你怎样的联想与思考？请写一篇文章。

要求：选准角度，确定立意，明确文体，自拟标题；不要套作，不得抄袭；不得泄露个人信息；不少于800字。

［注］本试卷现代文阅读Ⅰ相关材料：月球绕地球一圈的公转周期完全等于月球自转周期，所以人们只能看到它固定朝向地球的一面……“嫦娥四号”任务取得圆满成功……人类开启了探索月球背面的新纪元！……“玉兔二号”探测到了冯·卡门撞击坑的地下结构以及月球背面的最低温度等，取得了一系列科学成果，为人类揭开了月背的神秘面纱……我国首个火星探测器“天问一号”已飞离地球，中国航天人的目光又随之投向深空。

写作导引

材料以航天领域的重大事件为切入点，先是指出人类对月球的观测从单面到双面的突破，“嫦娥四号”打破以往的认知局限；接着提及“天问一号”向深空迈进，展现人类探索范围的不断扩大，这些事例证明人类在追求理论与实践过程中突破边界，不懈努力，不断求证。材料进而借航天探索类比个人生活，指出人类的太空之旅正如个人不断抵达未知之境。我们从出生便要面对无数个未知，未知是压力，充满各种不确定性；未知是动力，可以催人奋发，也可以助力我们超越自我。在求学、工作等各阶段，也包括此时此刻，我们都会接触新事物、迎接新挑战。突破、拓展未知是做你没做过的、你不愿做的、你不敢做的，从而获得成长、改变、突破，不断拓宽人生边界；进而开创、完善、发展，不断提升人生格局。突破、拓展未知，可以是无限的，由此及彼，由近及远，不断奋进，不断求索。

从整体来看，不但要探索已知之未达，还要探索未知之境，可立意为“勇敢探索未知，书写人生华章”，强调无论是宏观的人类进步，还是微观的个人发展，探索未知都是关键要素，它能为人生带来新的机遇、突破与成长；也可从探索未知所需的精神品质出发，可立意为“心怀好奇与坚毅，探寻未知之境”，突出在面对未知时保持好奇心与具备坚毅精神的重要性，以此激励人们在学习、生活、工作中积极迎接未知挑战，不断拓宽人生边界；还可以立意为“以已知为基，探未知之远，筑人生新篇”，着重阐述探索未知之时，不忽视已有的知识、经验。过往的积累如同前行路上的基石，为我们迈向未知领域提供坚实的保障。例如，爱因斯坦的相对论就是在牛顿力学等前人成果的基础上，进一步深入思考时空关系而诞生的。我们应珍视已知，将其巧妙转化为探索未知的工具与力量，从而在面对未知时，能够更稳健、高效地前行，不断拓宽个人乃至人类的认知视野与实践范围，加快形成新质生产力，增强发展新动能，实现人生境界与社会发展的双重升华，在已知与未知交织互动的道路上留下坚实且闪耀的足迹。

从写作构思来看，首先可以用“探索未知，成就辉煌人生”切入关于个人探索未知的论述。然后可以用三个分论点进行论述，如“探索未知，点燃成长引擎”“探索未知，磨砺精神锋芒”“探索未知，汇聚人类之光”。最后总结前文所论述的个人探索未知的意义与价值，再次强调探索未知是人类永恒的主题与使命。

此外，还可以采用以下构思：

“以已知为基，探未知之境”，先论述中国航天事业发展的成就得益于前人的不断积累，进而联系个人成长，指出在学习中要巩固基础知识，工作中要灵活运用已掌握的技能，同时保持开放的心态接纳新事物，迎接新挑战。然后可设置三个分论点，如“循已知之径，启未知华章”“以已知为舟，渡未知沧海”“驭已知良骥，骋未知广原”。最后发出号召，在传承与创新中稳步走向未来未知，实现个人的发展与社会的进步。

“未知之美，引领前行”，以“于已知晓谕处探寻，向未知曼妙中漫溯，方知人生广袤无垠，皆为胜景。”为题记，开篇从人类对月球背面、宇宙深空的好奇与向往出发，阐述未知激发探索欲望，进而延伸到个人对未来职业、生活方向的憧憬。以习近平总书记的讲话“我们既要敢为天下先、敢闯敢试，又要积极稳妥、蹄疾步稳”“敢为天下先是战胜风险挑战，实现高质量发展特别需要弘扬的品质”为指引，讲述在追寻未知过程中，收获的独特审美体验与深刻感悟，虽有迷茫挫折，但未知始终引领我们不断向前。可采用对比论证、假设论证，也可以采用类比论证、因果论证，号召吾辈青年珍惜探索未知的机会，一起续写人生华章。

在选材上，可以个人或团体为写作对象，多纬度阐述“探索未知，成就辉煌”的观点。在个人生活方面，如身边人进入新环境或学习新语言，从陌生未知到熟悉已知，展现其对个人发展的提升与促进；在体育竞技方面，如翼装飞行运动员面对诸多未知，不断突破自我，推动项目整体化发展；在文化艺术方面，如梵高不受传统束缚，以独特色彩与笔触探索绘画，虽历经坎坷却开启现代艺术新篇章；在科技创新方面，如黄志伟与张刚发明的“便携式坐位体前屈训练器”、鲁勇研发的“CZXL-Ⅲ型车载设备线缆智能综合检测台”、金亚东及其团队研发的“大数据应用+化纤喷丝板化学清洗法+3合1环保净化装置一体机”，都在已知与未知中克服重重困难，解决了一些长期存在的问题，提高了效率，创造新的可能性，填补一项又一项科研空白，甚至改变我们的生活与工作方式。总之，考生要全方位、多角度地论证探索未知对于个人成长、社会进步以及人类文明发展的重要意义，使文章内容更加丰富，富有说服力，能够深刻地触动读者的心灵，激发他们对探索未知的热情与勇气，引导他们在各自的人生道路上勇敢地迈出探索未知的步伐，追求属于自己的人生辉煌。

考生作文

■写作提纲

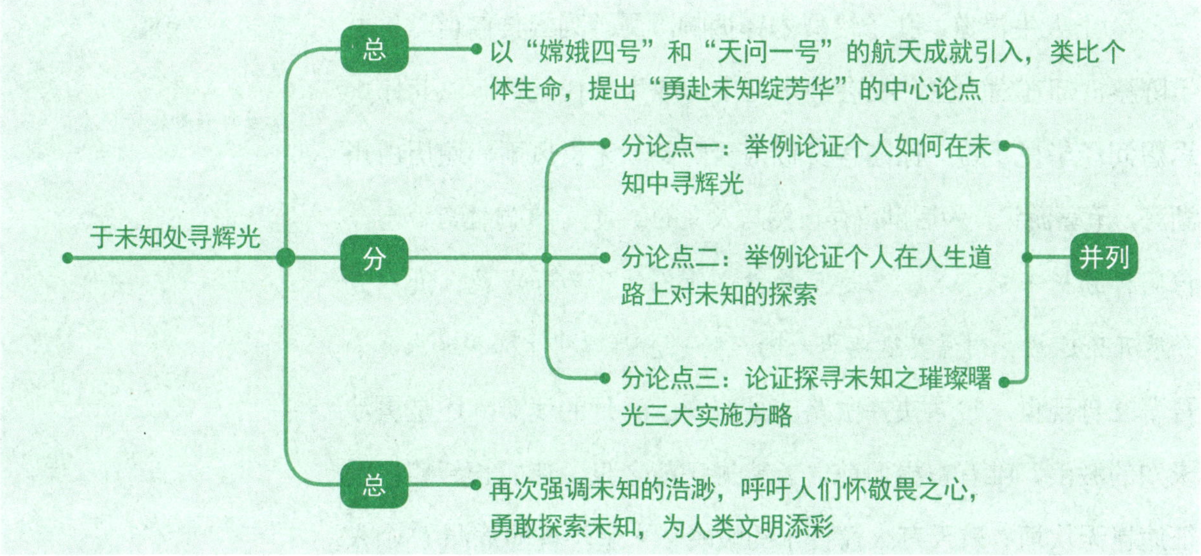

■原稿呈现

于未知处寻辉光

（简洁明了，直接点明文章主旨，具有一定的吸引力与导向性。）

黑龙江省齐齐哈尔市克山县第一中学校　张涵禹

①“嫦娥四号”翩然落月背，“天问一号”迢迢向天问，中国航天以无畏之姿，在浩渺宇宙镌刻探索的轨迹，这是对未知的叩问，亦是对人类进取精神的昭彰。于个体生命而言，亦如扁舟行于浩海，唯勇赴未知之渊，方能览胜景于彼岸，绽价值之芳华。（自然流畅且富有文采，能够引起读者的兴趣，并快速切入主题。）

第①段以“嫦娥四号”和“天问一号”的航天成就引入，类比个体生命，提出“勇赴未知绽芳华”的中心论点。

②遥瞻历史，哥白尼仿若破晓之鸡鸣，冲破“地心说”的沉沉暗夜，以“日心说”启智人心，使人类对宇宙的认知曙光初现；麦哲伦环球领航，以坚毅的帆影印证地球之圆，驱散狭隘观念的迷雾，拓宽世界认知的版图。在科技的征途上，爱迪生千番试错，以执着为灯丝，燃亮电灯，驱散黑暗；互联网从微末肇始，织就信息之网，重构世界之联络。（事例丰富，但有堆砌之感，缺乏对每个事例深入且独到的分析，未能紧密围绕主题进行有效论述，与个体生命的联系不够紧密。）诸般突破，盖源起于对未知的好奇，此精神为人类文明的车辙铺就砖石，如熠熠星辰引航历史的行舟，驶向智慧的海洋。

第②段作为第一个分论点，举例论证个人如何在未知中寻辉光。

③于人生漫道，孔子恰似木铎振响，周游列国传儒道，虽厄于陈蔡，却在对人生、社会的求问中，成为一代圣贤，以其伟大思想润泽华夏千古；徐霞客身似闲云野鹤，无畏风雨，遍历山川湖海，笔著游记，为后世留存自然与人文的矿藏。（事例较为典型，但同样分析不够深入，只是简单描述他们的行为和成就，没有充分展开论述应如何借鉴这些古人的经验来应对现实生活中的未知。）吾辈立身现世，常遇抉择岔路，是偏安于岁月的浅滩，还是勇涉未知的激浪？唯有奋楫而前，方能掘潜能之泉，启成长新篇。然征途岂无坎坷？航天有火箭技术的峻岭、太空环境的危渊，个人

第③段作为第二个分论点，举例论证个人如何在人生道路上对未知进行探索。

亦有学习的迷障、创业的险滩。但正是这些磨难，锻意志之钢，促吾辈破茧化蝶，振翼于成长的苍穹。

④在生活的苍茫天地中，吾辈当何以探寻未知之璀璨曙光？首要乃是果敢地跨越未知的藩篱，无畏幽深，踊跃踏足新兴领域；扬帆远航，于陌生之境砥砺奋进。其次，应恒秉谦逊向学之志，丰富自身应对未知的才略。再者，精于盘活过往，无论成败皆为镜鉴，萃取智慧，拓展新境。唯其如此，方能在未知的广袤征途上笃定前行，直抵未知之光明彼岸。（语言优美且富有文采，用词精准生动。但整体表述稍显书面化、文学化，对于部分读者而言可能存在一定的理解难度。）

第④段作为第三个分论点，论证探寻未知之璀璨曙光的三大实施方略。

⑤“路曼曼其修远兮，吾将上下而求索。”乾坤浩浩，岁月悠悠，未知浩渺无垠。愿我们以敬畏为司南，以勇气作楫橹，向着星汉灿烂，奋然启程。愿你我皆为逐梦者，于未知之境绘就传奇，为人类文明的锦缎添华彩，使探索精神成为世代相传的火炬，引领后来者跨越重洋，奔赴那熠熠生辉的未来之约，在历史的长河中，激荡起永恒的奋进回响，让生命在探索未知中，绽放永不落幕的辉光。（语言富有感染力，但仍停留在较为宽泛的呼吁层面，缺乏具体的行动指导与对未来的展望，略显空洞。）

第⑤段通过引用名句再次强调未知的浩渺，呼吁人们要怀敬畏之心，勇敢探索未知，为人类文明添彩，使文章主旨得到升华。

总评

内容	表达	特征	总分
16	14	15	45

文章立意较为明确，能够围绕“于未知处寻辉光”展开论述，且开头、结尾富有文采与感染力，能够通过运用比喻等修辞手法提升文章的可读性与吸引力。然而，文章存在较多不足之处——论证主要依赖事例的列举，缺少严密的逻辑推理与深入的分析论证。例如在阐述个人面对未知的抉择和困难时，只是简单提及，没有具体论述为什么要选择勇涉未知，以及如何凭借探索精神克服困难，论证显得较为空洞与乏力，说服力不足。在论证结构上，虽然采用总分总的结构，但分论点之间缺乏明显的逻辑层次与递进关系，未能形成一个紧密的论证体系。此外，在语言表达上，除了开头、结尾的亮点部分，中间的论述部分较为平淡，且部分语句存在表意重复的问题，整体上还需要进一步打磨，提升语言的精炼度与准确性，使其能够更加精准地表达观点，增强文章的可读性与逻辑性，从而更好地阐述“在未知处寻辉光”的重要性及方式方法，让读者能够从中获得更有价值的启示。

升格指津

从“嫦娥四号”揭开月背神秘面纱，到“天问一号”飞向遥远深空，人类的太空探索之旅自开始就从未停歇，不断拓展着对宇宙的认知边界。每个人的人生旅程亦如此，无数次向未知进发，无数次成长与突破，螺旋式上升。如果围绕“探索未知，点亮人生”来写，首先应明确立意，紧扣“探索未知”的主题，深入挖掘其对个人、社会乃至人类发展的重要意义，不仅涉及物质层面，更涉及精神层面。在论证过程中，注意要逻辑清晰，层层递进，可从现象引入，阐述“探索未知”的必要性，再深入到具体做法。

学生须积累丰富素材，如历史上的郑和下西洋，勇敢踏出已知领域，收获新的地理发现与文化交流成果；当代的屠呦呦探索青蒿素治病奥秘等。尤其在新时代背景下，“北斗”全球组网，科研人员攻坚克难填补卫星导航系统的空白；“奋斗者”号深潜万米海底，挑战海洋未知深度，推动海洋科研进步；在脱贫攻坚战场上，众多基层干部深入贫困地区探索脱贫之路，创造彪炳史册的人间奇迹等。这些素材涵盖不同领域，能为文章提供有力支撑，展现时代脉搏下人类探索未知、勇攀高峰的精神风貌。同时，可引用具有哲理性的“纸上得来终觉浅，绝知此事要躬行”的诗句，或具有抒情性的“我喜欢出发。凡是到达了的地方，都属于昨天。哪怕那山再青，那水再秀，那风再温柔。太深的流连便成了一种羁绊，绊住的不仅有双脚，还有未来”的句子来增添文采。

可关联“乐学善思　秀真我风采”“品味经典　悟哲理思辨”主题，突出在未知挑战中磨砺真我意志、提升哲思与实践能力；还可关联“激扬青春　与时代共振”“同心筑梦　凝复兴伟力”主题，说明个体与群体对未知的探索，汇聚成推动时代与民族前行的力量，从而使文章内涵深刻，富有时代气息，展现积极向上的精神风貌。

原稿《于未知处寻辉光》在立意方面，文章已体现探索未知对个人和人类发展的重要意义，但立意停留在“要勇敢探索未知以实现价值”层面，深度略显不足。建议进一步挖掘探索未知与构建人类命运共同体、升华个人灵魂等更高维度的联系，如阐述探索未知如何促进人类在精神、文化等方面的交融与进步，以及个体在探索中如何实现对自我存在意义的深刻认知与对生命价值的终极追寻等，使文章立意更具深度与高度，提升文章的思想境界。

在内容丰富度方面，在讲述哥白尼等事例时，可适当增加一些细节描述，如哥白尼在提出“日心说”后面临宗教压力和学术质疑时，他是如何在困境中坚持自己的观点并进行深入研究的。这些细节能让事例更加鲜活生动，也能增强文章的可读性与感染力。补充一些当代在不同领域探索未知的事例，如在环保领域，科学家们对新型可再生能源的探索；在文化领域，一些小众文化传承者对濒临失传的古老技艺的挖掘与传承，丰富人类文化的多样性。这样可使文章内容更具时代感与新鲜感，体现对当下社会问题的多重关注与深层思考。另外，在论证探寻未知之璀璨曙光的三大实施方略时，内容较为抽象，虽阐述了探寻未知的方法，但缺乏具体事例支撑观点，使读者难以快速将这些方法与生活中的具体场景相结合，可增加事例，融入适当的阐释，效果会更好。

在论证方面，原稿采用总分总的结构，但“提出问题——分析问题——解决问题”的结构更适用于一些具有现实针对性、需要提供具体解决方案的议论文写作，建议改成此种结构。在论据方面，可增加一些普通人在平凡生活中探索未知的事例，如一位普通工人通过自学编程，尝试开发新的工作流程，优化软件，虽历经多次失败，但在不断探索中提升技能，不仅改变其职业发展轨迹，还提高企业生产效率。这样更贴近读者生活，增强说服力，同时也能更好地呼应“吾辈立身现世”的论述，使个人层面的论证更加全面、立体。还可以增加特定群体对未知探索的例子，如某个科研团队在攻克癌症难题过程中协作努力，不同专业背景的成员如何发挥各自优势，一步步向攻克癌症的目标迈进，展现群体探索未知的力量与价值，丰富文章内容。

在语言雕琢方面，适当增加一些经典诗词、文学名著中的语句并进行巧妙化用，如引用“千磨万击还坚劲，任尔东西南北风”“长风破浪会有时，直挂云帆济沧海”来形容在探索未知中面对困难时的坚韧态度、坚定信念，使文章语言更具文化底蕴。进一步优化修辞手法的使用，如在描述航天探索时，可写“‘嫦娥四号’似灵动仙子翩然落月背，‘天问一号’如坚毅行者迢迢向天问”，运用比喻、拟人的修辞手法，赋予航天器以人的形象和气质，使表达更加生动形象；在论述探索未知的困难时，可写“学习的迷障仿佛重重迷雾，创业的险滩恰似汹涌暗流”，运用比喻的修辞手法将抽象的困难具象化，增强语言的表现力、感染力，让读者更直观地感受到探索未知的艰辛与挑战，激起奋发向上的勇气与动力。在语言连贯方面，重在优化段落的衔接。如从历史事例过渡到“人生漫道”的论述时，添加“历史的车轮滚滚向前，其辙印中闪耀着探索未知的光芒，而这光芒亦照亮了我们当下的人生旅程”，使文章的行文过渡更加自然流畅，结构更加紧密，让读者能够清晰地跟上作者的思路，更好地理解行文脉络。

升格佳作

■升格提纲

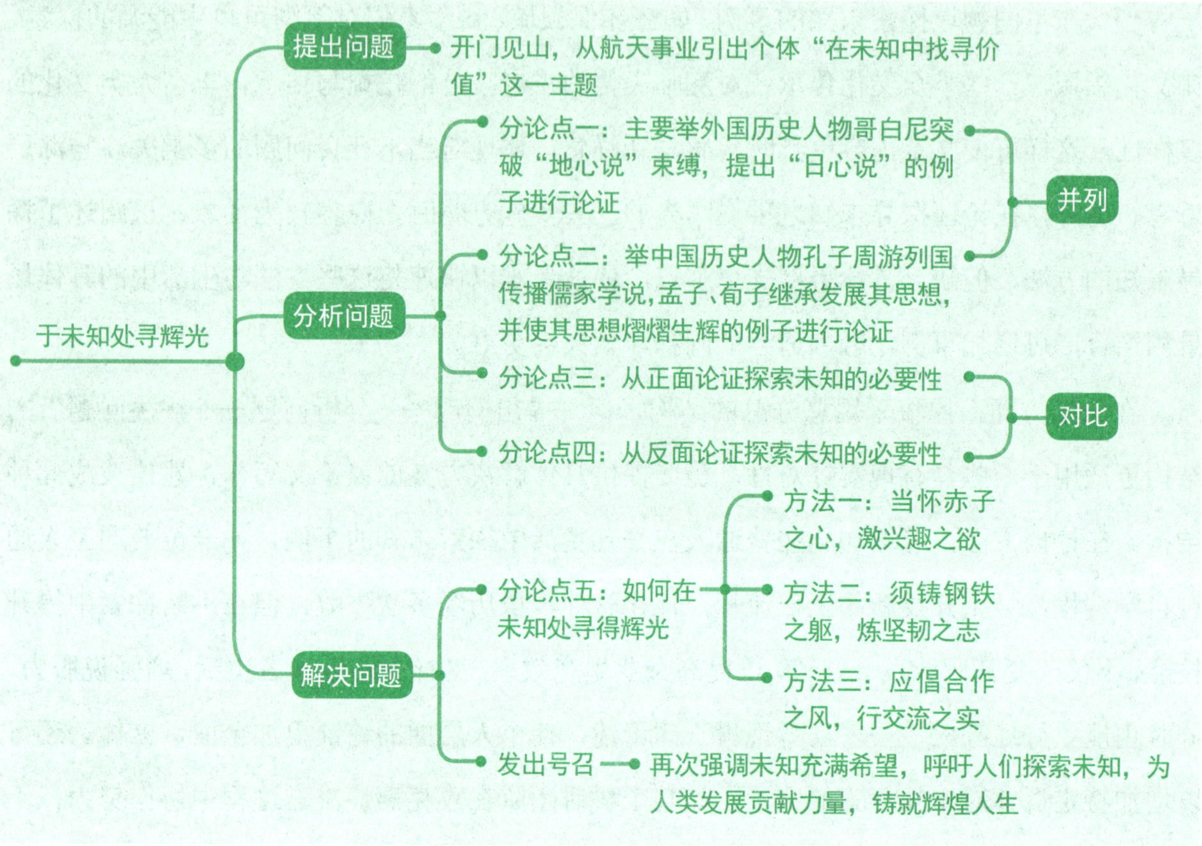

■佳作鉴赏

于未知处寻辉光

黑龙江省齐齐哈尔市克山县第一中学　张涵禹

①“嫦娥四号”翩翩落月背，“天问一号”迢迢向天问，中国航天以无畏之姿，在浩渺宇宙镌刻探索的轨迹，这是对未知的叩问，亦是对人类进取精神的昭彰。于个体生命而言，亦如扁舟行于浩海，唯勇赴未知之渊，方能揽胜景于彼岸，绽价值之芳华。

②往昔，一位孤勇者哥白尼，凭借自制的“象限仪”等简陋的天文仪器，经过无数次验证以及大胆假设，勇敢地否定“地心说”，提出“日心说”，麦哲伦环球领航、爱迪生千番试错燃亮电灯等无不将人类引入宇宙认知的新境。（细化分析与简要列举相结合，突出探索未知对人类认知宇宙的重大意义，论证深入有力。）

第②段作为第一个分论点，主要举外国历史人物哥白尼突破“地心说”束缚，提出“日心说”的例子进行论证。

③古之圣贤孔子，在乱世中携弟子周游列国传播学说，虽一路屡遭困厄，但在与各家流派的思想交锋与交流互鉴中，不断完善儒家学说体系。孟子不辞辛劳辗转各国推行仁政，荀子承儒学又启法家，儒家思想宛如明灯照亮华夏文明的漫漫长路。反观那些在乱世中只求苟安自保之辈，皆被历史洪流无情吞噬。（细化分析、正反对比增强文章的说服力，使读者深刻认识探索未知的积极意义。）

第③段作为第二个分论点，举中国历史人物孔子周游列国传播儒家学说，孟子、荀子继承发展其思想，并使其思想熠熠生辉的例子进行论证。

④“海阔凭鱼跃，天高任鸟飞。”今之青年，正以蓬勃之姿续写探索未知的华章。秦玥飞在耶鲁学成后毅然回乡，扎根基层，破旧立新，助力乡村振兴；曹原专注于石墨烯超导领域，取得重大突破……更有投身人工智能、量子计算等新兴领域的开拓者们，在复杂算法、微观粒子等诸多未知难题面前，勇敢地跳出已有经验，踏入未知领域，用青春的汗水诠释成功的奥义。（事例丰富且具体，时代感与现实性强，为文章增添青春活力与正能量，使读者感受到当代青年的担当与勇气。）

第④段作为第三个分论点，从正面论证探索未知的必要性。

⑤诚然，当今电商行业兴起之时，一些传统店主不愿尝试线上销售模式，优胜劣汰可想而知；在数字化办公浪潮来袭时，个别员工不愿上进求知，工作效率低下，错失提升或晋升机会。这些人往往被固定思维钳制，原地兜兜转转，躺平摆烂，不懂得“无限风光在险峰”的大道理，也无法领略未知领域潜藏的无限可能与魅力。只能望洋兴叹，空留懊悔与遗憾，被历史的洪流裹挟而去。（增加一些普通人在平凡生活中探索未知的事例，以此更贴近读者生活。）

第⑤段作为第四个分论点，从反面论证探索未知的必要性，使文章的论证更加全面、严谨，引发读者反思，增强文章的现实针对性。

⑥身处“百年未有之大变局”的时期，吾辈该如何于未知处寻得辉光？

第⑥段从现象论述过渡到实践指导，增强文章的实用性与导向性。

⑦其一，当怀赤子之心，激兴趣之欲。学习牛顿那般对苹果落地这一寻常现象产生的好奇心与观察力，注重细节，敢于质疑求证，悟出方法并探索规律。

⑧其二，须铸钢铁之躯，炼坚韧之志。面对未知挑战时，亦

有屠呦呦那般奋力攻克疟疾的坚定信念，在困境中砥砺，在逆境中翻盘。

⑨其三，应倡合作之风，行交流之实。积极主动地与他人沟通协作，学会尊重、倾听，分享所得，激发创新的灵感，携手攻克未知领域的重重难关，共同推动人类文明的进步与发展。

第⑦~⑨段从兴趣、毅力、合作交流三个方面提出在未知处寻辉光的方法。

⑩“路曼曼其修远兮，吾将上下而求索。”未知如浩瀚宇宙充满希望，让我们心怀敬畏与勇气，开启探索征程，传承进取精神，在历史的长河中，激荡起永恒的奋进回响，让生命在探索未知中，绽放永不落幕的辉光！

第⑩段首尾呼应，升华主题，使读者产生强烈的共鸣感。

总评

内容	表达	特征	总分
18	18	18	54

这是一篇优秀的议论文。文章紧扣材料主旨，围绕“于未知处寻辉光”展开论述，通过古今中外的丰富事例，深刻阐述探索未知对个人成长、社会发展以及人类进步的重要意义，立意高远且具有现实针对性，能够引发读者对自身生活与未来发展的深入思考。

采用“提出问题——分析问题——解决问题”的结构，层次分明，逻辑清晰。开头从航天探索入手提出问题；中间列举中外历史人物、现代青年的事例，运用正反对比论证等论证方法分析问题，突出怎么来解决问题，各部分之间过渡自然、衔接紧密；结尾呼应开头，使文章形成一个有机的整体，环环相扣，有力地论证文章的中心论点。

文中运用大量典型且新颖的素材，包括哥白尼、孔子等历史名人，秦玥飞、曹原等现代青年，以及航天事业、新兴技术发展等领域的事例，涵盖科学、文化等多个方面，且对素材进行详细、生动的描述与深入的分析，增强了文章的说服力与可读性，充分展示了作者丰富的知识储备与对素材的驾驭能力。综合运用多种论证方法，使文章的论证更加充分、深入、有力。例如通过正反对比论证探索未知的必要性，增强文章的说服力与感染力。

文章语言富有文采，运用大量的修辞手法，使文章的表达更加生动形象、富有感染力。同时，引用名人名言，增加文化底蕴，提升艺术品位，使读者在阅读过程中既能享受到语言的美感，又能感受到思想的启迪。

总之，这篇文章无论在立意、结构方面，还是在素材、论证方法与语言等方面都表现出色，具有较高的借鉴价值，可以引导学生在写作中注重思维的深度、逻辑的严谨性、素材的丰富性以及语言的表现力，从而提高写作水平。

（指导老师：孙春梅）

第 4 节　2024 年全国甲卷作文 升格指导

真题回顾

阅读下面的材料，根据要求写作。（60 分）

每个人都要学习与他人相处。有时，我们为避免冲突而不愿表达自己的想法。其实，坦诚交流才有可能迎来真正的相遇。

这引发了你怎样的联想和思考？请写一篇文章。

要求：选准角度，确定立意，明确文体，自拟标题；不要套作，不得抄袭；不得泄露个人信息；不少于 800 字。

写作导引

第一步：分析材料，找到关键句子。材料共三句话，第一句引出话题“与他人相处”，第二、三句提出“不愿表达自己的想法”和“坦诚交流”两种对立的相处方式。“其实”一词表明“坦诚交流才有可能迎来真正的相遇”是材料的关键句。第二步：确立核心概念。关键句中的“坦诚交流”“真正的相遇”毫无疑问是构成立意观点的核心概念，但材料中还包含另一个关键词，即“冲突”，这也是我们不能忽略的。

“每个人都要学习与他人相处”这句话表明与他人相处是无法避免的，是必要的，也是有意义的；我们需要学会与他人相处的方式方法。故与他人相处的必要性、意义和遇到的问题是我们写作的前提。

针对“为避免冲突”这一原因，可以从以下角度质疑：不表达自己的想法是否真的可以避免冲突？表达了想法就一定会有冲突吗？表达想法产生的冲突就一定是没有价值的吗？冲突能给我们带来怎样的影响？……这样的质疑能体现出考生的思辨能力，亦足以证明考生“思想的深刻性”。

针对“真正的相遇”这一结果，可以从以下角度质疑：“真正的相遇”是面对面的相遇吗？只有面对面才是真正的相遇吗？内心世界相遇不是真正的相遇吗？这样的相遇完美无缺吗？这提示我们不必苛求完美的人际关系，以致畏惧冲突，真正的相遇就应该做好遇上冲突的准备，允许不同观念的碰撞、不同思想的交融，而不是为了表面和谐而违背一方或双方意愿。

材料中三个核心概念关联起来讲的就是在允许发生冲突、接纳不完美的基础上的真心相待，包括认清自我需求，以真诚的态度对待遇见的人；也包括遇到真心之人，交到志同道合的朋友。真正的相遇对个人成长是有意义的，对社会发展是有价值的。

总而言之，只要考生围绕核心概念间的关系，根据自己的联想和思考有所侧重地展开写作，都是符合题意的。

参考立意：

①坦诚交流，不惧冲突；

②坦诚以待是相处之道；

③坦诚交流，寻真正的相遇；

④积极沟通，建立健康的人际关系，共同成长；

⑤正视相处问题，成就真正的相遇。

考生作文

写作提纲

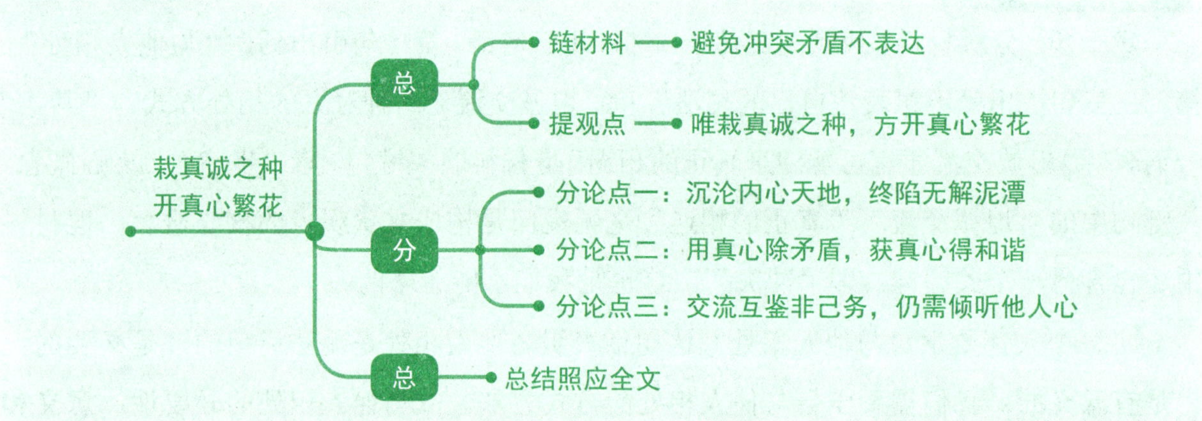

原稿呈现

栽真诚之种　开真心繁花

（核心概念不够准确，前后句关系不紧密，表达稍不顺。）

辽宁省建昌县高级中学三年级十九班　孙凯

①在人与人的交往中，冲突往往潜藏和谐之下（此处为病句，改为“潜藏于和谐之下”）。有时，我们为避免冲突而不愿表达自己的想法，矛盾看似缓和，却在看不见的地方酝酿。我们应该做的是疏通而非堵塞，是付出真心而非虚情假意，唯栽真诚之种，方开真心繁花。

开头第①段完成了引材料提论点的任务，但是语句不顺畅，论证逻辑不强。

②沉沦内心天地，终陷无解泥潭。

第②段提出第一个分论点，应紧承开头，这里却转为反面的论述，转折突然。

③古往今来，凡天姿卓绝者如过江之鲫（“过江之鲫”是贬义词，此处褒贬误用），然最终傲立潮头的人却屈指可数，

正如韩愈笔下的千里马，未遇伯乐之时，泯然于芸芸众生。这不正与封闭自我的人有相似之处？关闭向外展现自身的大门，旁人无法窥探其华彩，甚至还比不上未遇伯乐的千里马，既便知遇伯乐（关联词使用错误，改为“即便”），也难以被发掘潜能，最终落得个“骈死于槽枥之间”的下场。（千里马事例与“为避免冲突矛盾而不表达”的观点不对应，应予以调换。）

④所谓“他山之石，可以攻玉”，自古以来，文明因多彩而交流，因交流而互鉴，因互鉴而发展。文明在交流互鉴中焕发新的生命力。你观，李斯言谏逐客，方得秦一统天下；你看，李子柒向外输出中华文化，引发了一波又一波国风的热潮。可见，只有交流互鉴才能走出泥潭。（“交流互鉴”的观点有思考的深度，是观点创新性的具体呈现，但是缺乏层层深入的过渡，故分论点应重新调整顺序。且列举的李斯的事例不贴切。）

⑤用真心除矛盾，获真心得和谐。

第⑤段中，“真心”这个概念凭空而至，显得突兀，有偏题之嫌，应由观点切入，这样才顺理成章。

⑥岁月化不开、大洋隔不断的是人与人之间的真心，唯有真心相待，才能化解冲突与矛盾。酌古，唐太宗交真心于魏征，方得流传千古的犯颜直谏；斟今，拉贝先生付真心于受难的中国人，他的子孙同样得到了中国的真心回报。矛盾或许无处不在，但真心弥足珍贵。火车飞机到不了的地方，真心能到；枪支炮弹打不穿的垒壁，真心能融化。只有托付一颗真心，才能收获和谐。（“酌古……斟今……”这样呈现论据具有文化韵味，事例因此展现出时间的轨迹，对比鲜明，值得借鉴。）

⑦交流互鉴非己务，仍需倾听他人心。

第⑦段的观点与第④段论述的观点一致，可把第④段和第⑦⑧段内容合并成一个分论点。

⑧交流互鉴不是单方面的输出，并非仅将自身的理念生搬硬套地强加给他人，还要去倾听他人的心声。站在他人的角度和立场去理解问题，方可收获不同的感受。当局者迷，旁观者清，只站在自己的角度思考，终会将自己切削为一个孤岛，而他人的话语，能够丰富自身的见解，真正走向进步的阶梯。（病句，改为“使人真正走向成功”。）

第⑧段的论证语言有逻辑，有力量，但是论述的内容不够充分。

⑨“唯大英雄能本色，是真名士自风流。”潜藏自我赢不来真心的相遇，坦坦荡荡才是人生的信条，吾侪青年谨以坦荡之姿，看云卷云舒方为英雄本色。（引用论证为议论语言增添光彩，但是总结照应全文分论点的文字略少，结尾与主题衔接不紧密。）

总评

内容 13　表达 14　特征 14　总分 41

本文中心论点贴近材料，分论点有一定的创新性，对素材的整理运用有一定章法。分论点独立成段，表面看起来思路清晰，实则三个分论点之间的关系不明晰。由于思路不清，也就导致有些素材运用失当，文脉藕断丝连，表达似是而非。文章中心论点与三个分论点衔接不紧密，有“剥离”之感。文章的语言表达逻辑混乱，文不从字不顺，使得素材与观点疏离，不能用论据很好地证明论点。

升格指津

这篇作文看似以“坦诚交流”为中心，但实则包含三个核心概念“坦诚交流”“冲突”“真正的相遇”，只有在论点中阐明其中的关系，立意方有深度。在对第三个概念进行分析时，要注意“冲突”是反面论述的前提，“真正的相遇”是“坦诚交流”的结果，三个分论点可依据这样的关系进行调整：第一，坦诚交流，用真心破除矛盾，方能与心灵真正相遇；第二，交流互鉴，换位共情，更能与命运共同体真正相遇；第三，避免冲突的不表达会使自我封闭，内心被禁锢，沉沦于焦虑泥潭而无法自拔。这样一来，思路不清的问题就迎刃而解了。

考生可注重国际视野和人际关系的素材积累，关联本书第 5 周“国际视野　看合作共赢”和第 8 周“人际关系　思立身处世”的热考主题。第 8 周素材指向分论点一，第 5 周素材可以充实分论点二。有针对性地对应、积累、运用主题素材可以让素材与观点衔接紧密，运用恰当。

之所以会出现语言表达似是而非的问题，主要是因为考生进行概念替换时不对已有概念进行阐释衔接，而是直接替换，才有了另起炉灶之嫌。写作时应紧密衔接核心概念和替换的概念，适当过渡，方可处处点题，逻辑严谨。

升格佳作

升格提纲

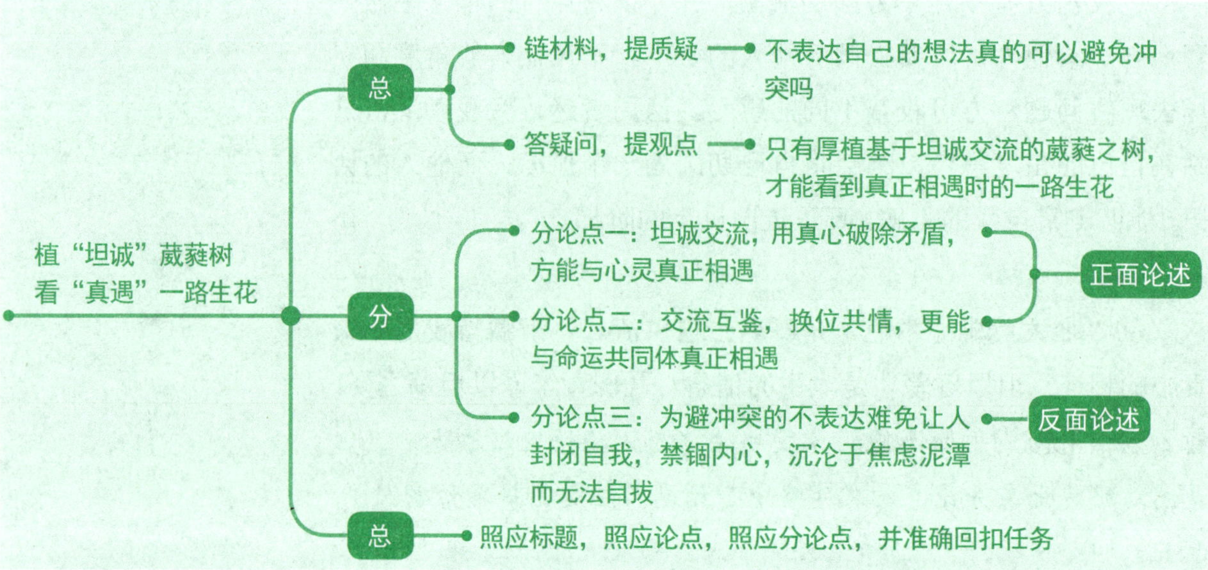

佳作鉴赏

植“坦诚”葳蕤树 看“真遇”一路生花

（比喻修辞的运用，让标题熠熠生辉。）

某考生

①“夫人之相与，俯仰一世”，学会与他人相处是必修课，常有人为避免冲突而闪烁其词。试问，不表达自己的想法真的可以避免冲突吗？答案是否定的。因为不表达恰恰是矛盾冲突升级的催化剂。私以为，只有厚植基于坦诚交流的葳蕤之树，才能看到真正相遇时的一路生花。（衔接材料有韵味，观点提出清晰有依据。）

②坦诚交流，用真心破除矛盾，方能与心灵真正相遇。

第②段，提出分论点一，指出只有坦诚交流，用真心破除矛盾，方能与心灵真正相遇。

③岁月化不开、大洋隔不断的是人与人之间的真心，唯有真心相待，才能化解冲突矛盾。酌古，唐太宗交真心于魏征，化解君臣藩篱，方得流传千古的犯颜直谏；斟今，拉贝先生与受难的中国人坦诚交流，他的子孙得到了中国的真心回报。矛盾或许无处不在，但坦诚交流的真心足以融化矛盾的坚冰。枪支炮弹打不穿的垒壁，真心能融化，只有托付一颗坦诚交流的真心，才能收获心灵与心灵的“契阔谈讌”。（紧承中心论点，突出强调“坦诚交流”的意义和价值。）

④交流互鉴，换位共情，更能与命运共同体真正相遇。

第④段，提出分论点二，合并了原作中的两个“交流互鉴”观点的段落，让观点更集中，结构更合理。

⑤交流互鉴不是单方面的输出，并非仅将自身的理念，生搬硬套地强加给他人，还要去倾听他人的心声。你观，李斯想秦王之所想，思秦国之所用，与秦王换位思索，言谏逐客，方得秦一统天下；你看，李子柒与世界共情，向外输出中华文化，引发了一波又一波国风的热潮。（事例古今辉映，叙议结合，例理结合，典型且有号召力。）可见，只有交流互鉴才能走出泥潭。站在他人的角度和立场去理解问题，方可收获不同的感受。当局者迷，旁观者清，只站在自己的角度思考，终会将自己切削为一个孤岛，而他人的话语，能够丰富自身的见解，使我们走向合作共赢。

⑥为避冲突的不表达难免让人封闭自我，禁锢内心，沉沦于焦虑泥潭而无法自拔。诚然，对冲突的逃避本是人之常情，然而，如果人人都掩藏心迹，不愿坦诚，交流时含糊其词，唯恐自己的一片真情实感碰上了对方的“说话留三分”，生怕因暴露了自己

第⑥段，提出分论点三。从反面论述，和第②~⑤段的论述形成对比，并对材料作了有力回应。

真实的想法和情绪而丧失交流的主动权。这样就关闭了向外展现自身的大门，旁人无法窥探其华彩，自身的潜能也难以被发掘。（运用道理论证，增强论证的力度。）古往今来，不避冲突的勇敢表达昭示着独立思考和不改初心的坚定。嵇康在《与山巨源绝交书》中直陈“有必不堪者七”“甚不可者二”；王安石在《答司马谏议书》中有理有据地反击了司马光的责难，令指责不攻自破；孟浩然“行不为饰，动以求真”，直陈胸中“不才明主弃”的郁结之气。他们光辉的历史形象因他们不避冲突的坦诚表达而勇立历史潮头，经久不衰。（例证语言表达有底蕴，传统文化的浸润可见一斑。）

⑦所谓“他山之石，可以攻玉”，植“坦诚”葳蕤树，方可看“真遇”一路生花。潜藏自我赢不来真心的相遇，坦坦荡荡才是人生的信条，吾侪青年应以坦诚之姿，看云卷云舒，书写真实而丰盈的人生。

结尾段照应标题，照应论点，照应分论点，并准确回扣任务，丰富有新意。

总评

内容 18 表达 19 特征 18 总分 55

在立意上，这篇作文以“坦诚交流”为中心，辩证分析“坦诚交流”“冲突”“真正的相遇”三个概念之间的底层逻辑关联，立意有深度，这是本文的亮点。在结构上，开头引材料、提观点，结尾回扣材料，回扣观点，回扣任务；文章正反论述相结合，主体论述部分具有较强的思辨性，论述框架条分缕析，思路清晰；说理透彻，说服力强。在论证上，综合使用例证、引证等多种论证方法，使论证更加有力，观点更加鲜明。在语言表达上，各种修辞散见于其中，让人不禁沉浸在文字与文化之美中，底蕴丰厚，亦是本文一大亮点。

（指导老师：李　岩）